白先勇・廖彥博 合著

悲歡離合四十年

白崇禧與蔣介石

國共內戰。

目錄

第十章

遺恨失東北

往事追維，真令人痛心疾首者也。

——白崇禧一九五六年致蔣介石密函

一九四六年五月二十二日晚間，派赴東北四平街督戰的白崇禧，由前線趕回南京，參加蔣介石官邸的軍事會報，報告當前戰況。

會議結束後，白崇禧呈交給蔣氏一份「意見報告書」。報告書共八頁，寫在「東北保安司令長官部政治部用箋」上，由白氏前一晚親自以鋼筆繕就，全文共一千四百餘字，有幾處增補塗改。

通篇文字，流露出一種「時不可再」、良機稍縱即逝的急迫感：國軍於四平街一戰大獲全勝，擊潰林彪部共軍，「倘能一鼓掃蕩，不難根絕，若予以喘息機會，任其利用山岳地帶及裹脅伎倆，並獲得北滿豐富資源，及與外力成犄角之勢，則東北前途恐將不免釀成南北朝之局勢。」因此，要解決東北問題，「必須另籌有效辦法，下最大決心，在最短期間，謀徹底解決。」

白崇禧在報告中建議：在軍事上「立即編組民間武力」，「為爭取時機」，迅速選派幹員過松花江，收編東北偽軍，掩護黨政發展；並求在最短時間內，恢復瀋陽兵工廠生產。行政方面，「東北各省市主席市長人選，應立即調整，選忠勇堅貞、具備軍事知識、適於處亂應變之人員充當。」財政方面，一切舉措，都應以「爭取時機」為著眼，不能拘泥於普通法律程序，「以免貽誤事機」。最後，蘇聯及中共在東北發行的各種貨幣票券，「應立即停止使用」，改為就地印製流通券，作為替代。[1]

這份報告，是在軍事上獲得重大勝利之後，對東北提出的緊急建言。通篇提到「時機」、「立即」、「以免貽誤事機」等時效字眼，共十二處，顯示國共東北戰爭已經到了最關鍵的時刻。白崇禧為何與東北戰事發生關係？白在關鍵時刻提出的建言有沒有被蔣採納？東北國軍從此時的大獲全勝之局，又怎麼會落得兩年半之後的滿盤皆輸？一切都須回到抗戰勝利時說起。

I

白家一直記得一個故事：當年毛澤東到重慶談判時，拜會白崇禧。正當穿著一襲簇新深藍色中山裝的毛，大步踏進白副總長寓所前院時，白崇禧的三子先誠當時十二、三歲，走到父親跟前問道：「那是毛澤東嗎？」白崇禧回答：是的。

「既然是毛澤東，」先誠抬頭問父親：「為什麼不把他抓起來？」[2]

按照《毛澤東年譜》的記載，這一天是一九四五年九月三日。毛澤東在八月二十八日由延安飛抵重慶談判，於九月三日下午，分別往訪于右任、戴季陶、白崇禧、吳稚暉等四位國民黨大員。白崇禧則於隔天上午來到毛下榻的桂園回訪。[3] 這應是白崇禧軍政生涯中，與毛澤東唯一的晤談。

孩子不知道，毛澤東是抓不得的，他的人身安全有美國的保證。毛澤東到重慶談判，是二次大戰後期以來，美、蘇、國、共「兩強四邊」政治博弈中的一環。抗戰後期，國共兩黨本已劍拔弩張，之所以坐上談判桌，背後是美、蘇兩國的政略盤算。美國對於戰後中國，有以下的構想和認定：第一，中國政府應該是一個實行民主政治的親美政權；第二，從抗戰以來的經驗，國民黨一黨專政、貪汙腐敗，不足以承擔上述的任務；第三，中共是改革農村的民族主義者，並非共產黨；最後，美國軍隊不參與中國內戰，美援物資不得用於中國內爭。[4] 因此，促成國、共合組聯合政府，拉攏中共不為蘇聯所用，合乎美國利益。

至於蘇聯的戰略著眼，則盯向中國東北。就蘇聯而言，東北像一柄利刃，直插蘇聯遠東國境腹部，如不牢牢掌握，將來必成威脅。美國在大戰後期，為了盡速結束對日戰事、減低美軍在遠東的傷亡，極力促使蘇聯對日參戰。蘇聯遂提出以控制滿洲（**中國東**

---

❶「白崇禧呈蔣中正意見報告書」（1946年5月21日），《蔣文物》，典藏號：002-080103-00064-008。

❷ 承白先勇教授告知這則故事。

❸ 中共中央文獻研究室（編），《毛澤東年譜》，下卷（北京：中央文獻出版社，2013年），頁22。

❹ 梁敬錞，〈附錄：馬歇爾奉使來華〉，收於：梁敬錞（編註），《馬歇爾使華報告書箋註》（台北：中央研究院近代史研究所，1994年），頁631。

北）作為代價。一九四五年二月，美、英、蘇三國領導人於黑海之濱的雅爾達（Yalta）召開高峰會議，討論戰後世界局勢。為換取蘇聯承諾對日作戰，美國犧牲同盟國中國的利益：蘇聯取得中國東北的大連、旅順兩個港口、中國長春鐵路的控制權，並且促成外蒙古獨立（實質納入蘇聯勢力範圍）。八月六日，美國投原子彈於日本廣島。九日，蘇聯對日宣戰，一百七十萬紅軍兵分三路，大舉攻入東北。日本關東軍在火力、兵力上都居劣勢，難以抵禦。到了八月二十八日，蘇聯佔領東北全境。

美、蘇兩強私相授受，中國迫於情勢，只能忍辱負重。一九四五年八月十四日，行政院長宋子文、外交部長王世杰在莫斯科簽訂《中蘇友好同盟條約》，對蘇聯取得東北利權正式加以承認。國民政府希望藉由在外蒙和利權的忍痛讓步，換取蘇聯對中國領土主權的尊重，以及不支持中共的保證。

毛澤東在重慶四十三日，期間與蔣介石見面十一次、直接會談八次；政府代表張群、王世杰、張治中等與中共代表周恩來、王若飛亦商談多次，在十月十日發表〈政府與中共代表會談紀要〉，又稱為「雙十協定」，毛澤東於隔日飛返延安。會談重點，大致可分成「軍隊國家化」與「政治民主化」兩大項。政府要求中共先交出軍隊，而後開放政權；中共的要求，順序正好相反。雙方雖然都同意召開政治協商會議，實際並未達成任何實質結論。

「談判的結果其實是失敗的，」當時還是校級軍官的郝柏村後來指出：「但雙方為掩飾失敗，而以雙十會談紀要公布。」毛澤東更因親身來到重慶，期間一面做出和平姿態，一面觀察國民黨的虛實，從而確立接下來「邊打邊談」的方針。[5]

II

中共在日本投降前後，已經發展成一個擁有一百二十餘萬軍隊、轄下一億人口的政治勢力，早有與國民黨平分天下的雄心。抗戰勝利，中共制定全國戰略，決定「向南防禦，向北推進」。東北資源豐富、工業發達，戰略形勢上背靠蘇聯，進可入山海關爭奪華北，退可倚靠蘇聯獲取援助，是中共必爭之地。❻日本甫投降，中共即搶得先機，派遣八路軍、新四軍、各機關學校大批骨幹人員，沿長城內外兼程抵達東北。這裡所謂「骨幹人員」，指的是軍隊中富有作戰經驗的排、班長、戰鬥小組組長等戰鬥員，以及基層黨組織裡的資深幹部。中共明白蘇聯因為《中蘇友好同盟條約》的限制，不能與其正式接洽，但「部隊可用東北軍及義勇軍等名義，只要紅軍不堅決反對，我們即可非正式地進入東三省，」在各地建立政權，放手發展。❼

陸路之外，還有海路。九月十一日，中共中央指示山東分局：「我黨我軍目前在東北極好發展。為利用目前國民黨及其軍隊尚未到達東北（估計短時間內不能到達）以前的時機，迅速發展我之力量，爭取我在東北之鞏固地位，」自山東膠東半島根據地抽調

❺ 郝柏村，《郝柏村解讀蔣公日記：一九四五～一九四九》（台北：天下文化，2011年），頁126-127。

❻ 「中央關於向北推進向南防禦的戰略方針致中共赴渝代表團電」（1945年9月17日），中央檔案館（編），《中共中央文件選集》，第15冊（北京：中共中央黨校出版社，1992年），頁278-280。

❼ 「中央關於迅速進入東北控制廣大鄉村和中小城市的指示」（1945年8月29日），《中共中央文件選集》，第15冊，頁257-258。

抗戰勝利後，國民黨聲勢到達頂點，但已失去接收東北的先機。圖為一九四六年二月十八日，蔣介石主席（前排中）率領高級將領謁南京中山陵。前排右一為陳誠、右二薛岳、右三胡宗南、右四湯恩伯、右五白崇禧。（國史館提供）

四個師、三萬兵力，經由海道分途進入東北。[8]「從八月中旬到十二月初，（山東煙台）龍口和欒家口碼頭處於一種史無前例的亢奮中。」描寫東北內戰的長篇紀實文學《雪白血紅》作者張正隆，形容當時大批共軍人員經由海路到東北的盛況：「岸上擠，灣裡更擠。沿海能徵集到的船隻全來了，擠擠匝匝開了鍋似的。一眼望去，一隻隻船划過去，好像就能一直走到東北。」[9]據國府方面的情報，海路進入東北的共軍前後多達八萬人。[10]

中共中央東北局於九月十五日成立，以彭真為書記。十月三十一日，進入東北的共軍統稱為「東北人民自治軍」（隔年一月起又改稱「東北民主聯軍」），由已經六年沒帶過兵的林彪掛帥出任總司令，彭真擔任政治委員。中共進入東北後，大力收編原來偽滿軍隊，全軍到了年底，號稱發展至三十萬人馬。[11]

中共爭奪東北初期，在發展上面臨不少問題。首先是基層士兵視「闖關東」為畏途，爆發逃亡潮。一開始是被動員參軍的新兵逃跑，接著是基層幹部開小差，後來甚至連「戰鬥英雄」也在溜號之列。九月初，東北挺進縱隊司令員萬毅向林彪、彭真報告：「部隊採取逐次動員，但逃亡仍嚴重」；十一月中旬，新四軍第三師師長黃克誠向東北局報告，該師從蘇北出發時，共三萬二千五百人，「到達冀東（河北省東部）者共約二萬八千人」，許多人沿途逃跑、掉隊、病號，不願到東北。中共為求急速擴充，在東北大肆收編地方武裝和原來偽滿的保安團隊，但這些部隊紀律敗壞、士氣低落，「不但不能發動群眾，反而成為群眾對我不滿；不但不能消滅敵人，反助長敵人士氣；不但不能打土匪，且受土匪勾引。」而東北淪陷十四年，民眾「想中央，盼中央」，有正統觀念，認為「八路」不是「正牌」國軍。有的人虛與委蛇，「明投八路，暗投中央」，等待機會反正；有的甚至暗中破壞、對路過的共軍「沿村抗擊」，逼使「民主聯軍」只能在夜間行軍。[12]

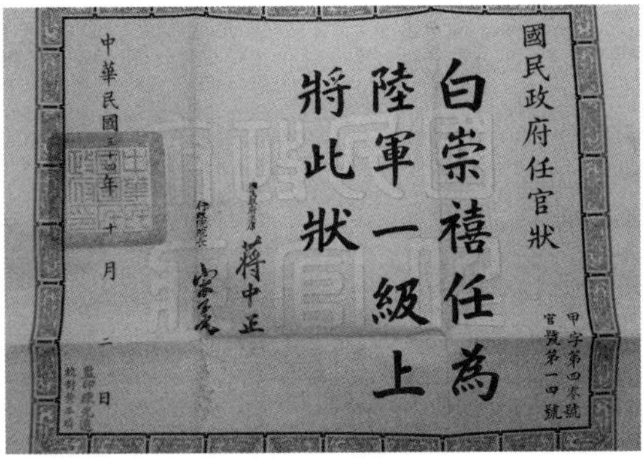
國民政府任官狀

白崇禧任為陸軍一級上將此狀

蔣中正

宋子文

中華民國三十四年十月 日

此時蘇聯給予中共的幫助相當有限。雖然蘇聯東北佔領軍統帥部對中共進入東北開了方便之門，並和中共保持密切聯繫，希望利用中共的力量牽制美國和國民黨，以防美國力量進入東北，然而矛盾的是：蘇聯並不相信這時的中共具有與國民黨抗衡的實力，更不願意給美國製造口實，因此對中共進駐東北各城市，決不正式移交，更給予種種限制。⑬

儘管有上述困難阻礙，中共畢竟抓住了這個「千載難逢」的時機，搶得了爭奪東北的先機。

⑧ 「中央關於調四個師去東北開闢工作給山東分局的指示」（1945 年 9 月 11 日），《中共中央文件選集》，第 15 冊，頁 274。

⑨ 張正隆，《雪白血紅：國共東北大決戰歷史真相》（香港：天地圖書，2016 年重排本），頁 46。

⑩ 熊式輝，《海桑集：熊式輝回憶錄》，頁 513。

⑪ 「中共中央發言人關於東北現勢與中共對東北問題的主張答新華社記者問」（1946 年 2 月 13 日），《中共中央文件選集》，第 16 冊，頁 75-76。

⑫ 張正隆，《雪白血紅》，頁 39、105-106、169。

⑬ 楊奎松，《中共與莫斯科的關係（1920~1960）》（台北：東大圖書，1997 年），頁 528-532。

III

相較於中共，國民政府接收東北已失了先著，形勢上顯得困難重重。東北與其他淪陷區不同，與國民黨打交道的不是日本，而是蘇聯。因此，如何應付蘇聯，以及如何在蘇聯暗助中共的情況下，順利接收東北，國民黨內各有兩種看法：對蘇聯，有一派主張在《中蘇友好同盟條約》規定下，為求交涉順利，盡量委曲求全；另一派則認為必須伸張國格，對蘇聯擺出強硬姿態。至於接收東北，則也有一派意見認為，考慮到國軍主力於日本投降時尚在西南，對華北、東北，鞭長莫及，應該先接收華北，再徐徐進圖東北。

在關於接收東北的各方意見中，本書的主人翁白崇禧認為東北之事應該從長計議，安定華北才是首要之務。據黃旭初回憶，日本宣布投降後，李宗仁曾用長途電話和白崇禧商量，共同向蔣委員長提出「先接收，後受降」的建議：「當前政府的基本任務，在於迅速接收東北和華北，確切控制淪陷的地區。為達到此目的，應責成日軍統帥岡村寧次通飭各地日軍暫駐原防，切實保護交通，嚴防破壞」；同時，接近華北前線的國軍各部，則應採取「波浪式」推進，一層疊一層，交互掩護，沿津浦、平漢兩線向前挺進，先行收復華北各省，進而安定東北全局。等華北各省底定，才接受日軍投降，收繳日軍武器，將其遣送回國。不過這項建議並未被中央接受，政府決定採取「先受降，後接收」的順序。[14]

一九四五年八月二十四日，白崇禧函呈蔣介石，提出數項緊急處置建議。「近查華北各省，自敵軍投降後，中共軍隊乘機積極進展，壓迫偽軍，侵奪要點，並思利用敵偽武器擴軍抗命。」由於「黃河以北，我黨政力量均屬微弱，」白氏因此主張，「黃河以北黨政軍各機關漸次向北推進」。國軍應從陸空兩路，迅速推進，派遣部隊控制各要點，以免本來歸順或仍在觀望的偽軍，遭到中共併吞。其次，盡速發表北平行營主任人選，並由北平行營指揮偽軍及地方武裝，布防山海關、喜峰口、古北口之線，防堵中共由陸路進入東北。[15]

「政府是否急需派兵出關收復東北？即令必須急收東北，是否必須立佔長春？」九月初，考試院院長戴傳賢於陳立夫寓所，約集何應欽、白崇禧等軍政要員，討論此一重大議題。戴傳賢從歷史事實著眼，主張步步為營，先安華北，再出山海關，否則孤軍深入，顧慮甚多。白崇禧則以軍事角度分析，認為「欲保東北必先固平津；欲固平津，必須先收熱、察。」即使國軍必須出關，也只能先以瀋陽為限，待包頭、綏遠、錦州、承德依次肅清之後，才能向北推進，否則部隊的彈藥，入冬後士兵的寒衣，補給上都有困難。[16]

九月十五日，白再致函蔣，申述對蘇聯動向的判斷。「默察蘇聯自參加遠東戰事後，對所定國策更為積極，例如對新疆加緊策動匪黨，在張家口不肯交防，在東三省佔領山海關各處要隘，有等待奸黨（**指中共**）接防模樣。東三省各級行政首長，聞蘇方將

---

[14] 黃旭初，《黃旭初回憶錄——李宗仁、白崇禧與蔣介石的離合》，頁 281；唐德剛（撰寫），《李宗仁回憶錄》，下冊，頁 758。

[15] 「白崇禧呈蔣中正函」（1945 年 8 月 24 日），《蔣文物》，典藏號：002-020400-00003-061。

[16] 梁敬錞，〈附錄：馬歇爾奉使來華〉，頁 640。

由民選，當然扶植東北潛伏之奸黨，使其掌握政權，將來是否藉治安或其他問題延緩撤兵，或留兵鎮守，均難逆料也。」[17]

兩個半月過去，局勢變幻更加快速。十二月一日，白崇禧上書蔣主席，對全局提出三項建議。白氏認為，「近自奸黨披猖，強鄰（即蘇聯）侵逼，危機四伏，國步日艱。過事寬容，固難遏亂源；一味忍讓，尤足長凶焰。」他開宗明義，主張「以政治收拾人心，以軍事勘定叛亂，以條約維護國權」。具體做法，分別是：對中共明令討伐、懲辦陳公博等偽政府漢奸首腦，而赦免脅從、以及堅守中蘇條約，維護東北礦產國權。

「以條約維護國權」涉及東北問題。白崇禧回憶幾日前參加蔣主席官邸會報，當聽到蘇聯要求在東北共營工礦產業時，曾立刻發言反對，「極力陳述萬不可應允」。蘇聯野心，比往日的日本為大，「或者謂若不允蘇要求，則東北交涉不易，熟知蘇之野心，直欲併吞整個東北，豈區區之工礦乎？」白氏主張，今後對蘇聯交涉，應該嚴格遵守中蘇條約，以條約為退讓底線，「過此限度，不可允行。」即使拒絕蘇聯要求，致使蘇方將東北工廠設備拆卸一空，「寧可任其搬去，其礦產仍舊我有，不至引狼入室，啟其野心。」[18]這封建言書經蔣氏細細披閱，更以紅色鉛筆在「以政治收拾人心，以軍事勘定叛亂，以條約維護國權」等句旁畫線圈點。

由上述可以看出白崇禧的反蘇態度，可謂旗幟鮮明。一九四六年三月，駐莫斯科大使傅秉常返國述職時，訪晤白崇禧，兩人詳談蘇聯情況，以及對東北的意見。傅秉常是對蘇外交的溫和派，這次與白氏談話，雖然白對他相當客氣、表示親密，「但其語氣間對蘇聯似甚懷疑，以為蘇聯對其東西南各鄰邦，欲以武力逼其成為蘇聯之附庸，對東三省、內蒙及新疆亦如此，並主東北問題提出安全理事會」，立場十分強硬。傅氏寫道：「白之態度如此，真出余意料之外。」[19]又一年後（一九四七年），外蒙軍隊在蘇聯支持下，於新疆北部的北塔山與國軍爆發武裝衝突，是為「北塔山事件」（參見下一章國防部長）。當時國民黨正在南京召開全會，白崇禧出席時憤然表示，政府應該就蘇聯掠奪東北兵工廠、製造北塔山事件等二事向聯合國提出控訴：「我們的外交太弱了，難道挨了別人的打，連哭都不敢哭嗎？」言畢，會場立時響起一片掌聲，而外交部長王世杰正坐在其身後。[20]

IV

當時國民政府在長春設立東北行營，以熊式輝為主任，為政府駐東北最高長官；以張嘉璈為經濟委員會主任委員，負責經濟接收；以蔣經國為外交特派員，負責對蘇聯交涉；以杜聿明為東北保安司令長官，負責軍事指揮。一九四五年十月十二日，熊式輝率行營人員進駐長春。十二月七日，在重慶國府路軍訓部辦公的白副總長，收到一封寄自「北平西單北大街和平商行」的航空掛號信。寄信人是曾任職軍訓部砲兵監的遼北省主席劉翰東。

---

[17] 「白崇禧呈蔣中正函」（1945 年 9 月 15 日），《蔣文物》，典藏號：002-080200-00620-023。

[18] 「白崇禧呈蔣中正函」（1945 年 12 月 1 日），《蔣文物》，典藏號：002-080200-00620-024。

[19] 傅錡華、張力（校註），《傅秉常日記：民國三十五年（1946）》（台北：中央研究院近代史研究所，2016 年），頁 59。

[20] 馬天綱、賈廷詩、陳三井、陳存恭（訪問、紀錄），《白崇禧先生訪問紀錄》，下冊，頁 590。

「日前我接收東北工作，未能順利進行，實由我主持大計之人，過於退讓，致既定之條約，彼不肯實踐，甚為遺憾。」在信函開頭，劉翰東便向「健公部長」痛陳，東北接收失敗的主要原因，在於「人謀不臧」。首先是東北行營主任熊式輝，對蘇聯態度軟弱：「此次東北接收工作失敗之主因，雖由於蘇方卵翼中共阻撓進行，而東北行營熊主任式輝在長（春）措施，既不能悉協機宜，而對蘇態度，尤足令人惋惜，」劉接著描述熊式輝與蘇方交涉時的窘迫情狀：「一遇對方稍形緊張，即覺惶恐無計；再遇對方稍示和緩，又覺欣喜忘形。我無定見，操縱由人，遷延貽誤，致啟蘇方覬覦之念，而成中共坐大之局，實應負重大責任。」

劉翰東認為，與蘇方辦理一切交涉，雖然有《中蘇友好同盟條約》可以憑據，但必須同時掌握實力，否則難以進行。所謂「實力」，就是足以保障行營本身安全的憲警武力。無論是由重慶空運部隊，或是就地改編原有團隊、接收偽滿的公安局，蘇聯最初

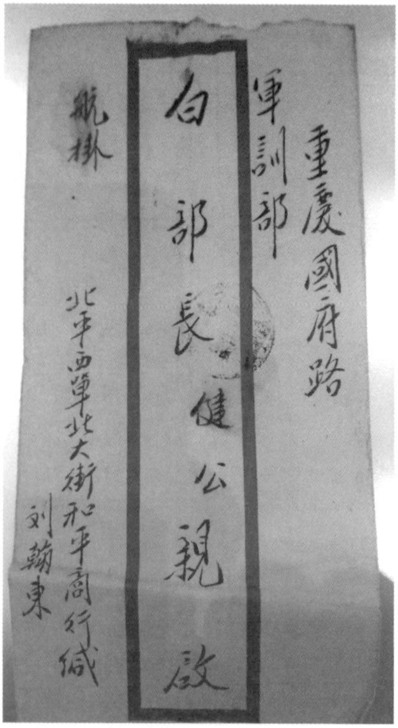

劉翰東致白崇禧親筆函原件。
（廖彥博攝影）

並無異議。然而「熊主任不此之圖，以為蘇聯可以完全信賴，坐待蘇軍全部撤離東北之後，再行著手辦理各項工作。蘇方見我顢頇庸懦，遂得寸進尺，逕將長春市府及公安局等重要機關，先後委派中共黨人僭行盤據，機場四周為八路軍所包圍，馴至整個長春市，乃至東北其他各大都市，均漸入中共掌握之中，及中共控制東北大勢已成，蘇方始催促我方進行接收，情勢至此，事實上我方職權已絕難行使。」

再者，由於顧慮蘇方反應，「熊主任一再諭令各省市負責人員，非經核准，不得接見當地工作同志，倘必須接見，亦應不著實際，當地工作同志，既均大感失望，而東北行營，遂亦如聾如盲，對現地實際情況，所知甚少，一任中共在各地迅急發展，漠不注意，一切事機，均形貽誤。」

在信函末尾，劉翰東沉痛吶喊：東北自「九一八」事變後，淪陷十四年，百姓歷盡劫難，苦等國土重光的一日；政府對日抗戰八年，犧牲軍民數千萬，其目的也在於光復失土。「不意倭寇敗降之後，竟以人謀不臧，將使東北河山，再投豺虎！實何以奠定國家長治久安之基業，而撫慰東北歷劫未死之人心！」他因此建議中央，盡速派遣部隊進駐東北，並「調整東北行營人事，另行遴派沉雄剛毅、魄力宏偉之大員，前往東北主持軍政」；而往後對蘇交涉，除條約規定之外，不再做任何讓步。這些建議與白崇禧十二月一日呈蔣的意見書，可說是不謀而合。白氏閱後相當感慨，在信上批註：「劉翰東報告東北接收失敗情形，核查所見，極為正確。」[21]

[21]「劉翰東致白崇禧函附報告書」（1945年12月3日），毛筆原件，白先勇教授提供。

國府在戰後將東三省劃分為九省，原來的遼寧省分為遼寧、遼北、安東三省，而以出身東北軍、籍貫遼寧丹東的劉翰東擔任遼北省政府主席。十月底，劉偕同其他省府委員由重慶飛往長春，在東北行營內開始籌備接收工作。然而因為蘇聯多方阻撓，藉口拖延，眼見接收無望，劉翰東與其他人員在十一月十七日撤離，分批飛回北平待命。[22]他致白崇禧痛陳東北接收失敗的函件，正是在停留北平時寫成。劉翰東的故事還沒有結束，他的遭遇和後面要提及的四平街會戰密切相關。

V

劉翰東接收遼北省失利，終至暫時撤退，是國民黨接收東北初期眾多失敗案例之一。十一月三日，在美軍幫助下於秦皇島登陸的國軍第十三、第五十二兩軍，與山海關中共守軍爆發戰鬥，東北國共戰爭從此開始；[23]迄至十一月上旬，熊式輝的東北行營被困長春，動彈不得，各省市接收到處受阻，蘇聯紅軍又以「不能保證安全」為理由，拒絕國軍在東北各海口登陸。「俄國之毒辣，其扼著吾人之咽喉，不使稍有呼吸之間隙。其事未到著手之時，則悅耳動聽，其言如蜜；既到其時，則其所有約言，一概不認，始則大連，繼則葫蘆島，最後則營口，先諾而後皆違約，藉口已有中共部隊到達，彼乃臨時撤退，不能保證安全交防。」十一月七日，蔣介石於日記中沉痛地寫道，「今既於東北各海口不能登陸，只能由山海關陸路前進之一途，此後對東北，只可如俗語所謂『死馬當作活馬醫』而已，必須先收復關內與內蒙，而後再圖東北也。」[24]這就是所謂「先安關內，再圖關外」之策。

蔣氏因困難過大，決意暫停接收東北，讓蘇聯背負違反中蘇條約的責任。九日，派蔣經國在近期赴莫斯科與蘇聯領導人史大林（Joseph Stalin）會談，「作最後之一著」，準備攤牌。[25]十一日起，連續召集高級將領會議，宣示這項重大決定。十五日晚間，正式通知蘇聯駐重慶大使，東北行營撤回關內，除了留下聯絡參謀隨蘇軍總部行動外，所有人員分批空運回北平。蔣於十六日表示：「我們寧可將東北問題暫時擱置，留待將來解決。我決定將東北行營移駐山海關。而以原來準備開入東北的五個軍，加入華北方面，首先來肅清華北方面的土匪，先安關內，再圖關外。」[26]

既然決定先安關內，蔣介石於十二月十二日飛抵北平視察，並指導國軍各部進攻熱河、察哈爾。白崇禧由於出席政工會議，無法陪同，特別致電北平行營主任李宗仁，請其將幾項重要意見轉呈蔣氏。白崇禧對蔣先定關內的決策相當贊同。「蘇聯不講信義，多方恫嚇，並唆使奸匪脅迫，幸賴鈞座（指蔣）當機立斷，撤回關內，始免劫持，」他在報告中寫道，「今後不宜輕進長春，如國軍接收長春、瀋陽順利，再進駐瀋陽指揮部署」，瀋陽昔日是張作霖本部所在，交通與資源條件皆充分，可以作為國軍於東北的指揮中心。

---

[22] 劉翰東，〈本省接收一年之回顧與前瞻〉，收於《四戰四平》（長春：中共吉林省黨史工作委員會，1988年），頁365。
[23] 楊奎松，《中共與莫斯科的關係》，頁544。
[24] 「蔣中正日記」（未刊本），1945年11月7日。
[25] 「蔣中正日記」（未刊本），1945年11月9日。
[26] 蔡盛琦（編），《事略稿本》，冊63，頁555-556。

其次，白認為進軍東北，補給不易，加上熱河、綏遠目前都有戰事，是以「此刻只能鞏固錦州，以關外關內之兵會攻承德，」先行解決熱河戰事。其三，東北已入隆冬，白氏據杜聿明報告稱，出關部隊目前只有棉衣，還未領到皮衣，「北風凜冽，侵襲肌膚，非皮（衣）難以禦寒，」請蔣在北平就近督導，盡快配發，「據報新疆國軍去冬凍死者百分之三十，未死者亦畏寒不前。拿翁（拿破崙）及希特勒在俄境失敗，受天候影響甚大，可為殷鑑。」[27]

蔣介石決心「先安關內」，對蘇聯與華北、東北的中共武力同時造成極大壓力。蘇聯與中共的態度開始軟化。蘇方在重慶通知撤回東北行營決定後，立刻表示願意遵守中蘇條約規定，協助中國政府接收東北，並同意國軍於十一月底出山海關進駐錦州。中蘇雙方重新商議，蘇軍延到一九四六年二月止，全數從東北撤回蘇聯國境；而自一九四五年十二月下旬起，國府行政人員從蘇方手中，陸續接收長春、瀋陽、哈爾濱等東北大城。[28]

中共方面，此時則明白「獨佔東北」已不可能。「蘇聯為了照顧與美國的關係，不能完全拒絕蔣軍進入東北，和接收大城市；我們亦不能完全阻止蔣軍進入東北。」是以中共決定不與國民黨爭奪瀋陽、長春等大城市，而注重農村根據地的發展。[29] 十二月底，在華北、熱河等地軍事衝突硝煙裡，中共恢復與國民黨的談判。

學者蔣永敬認為，由上述蘇聯、中共的退讓反應，可見「先安關內」之策逐漸收到效果。由於此策的實施，在關外緩和與蘇聯的緊張關係，關內則於對中共作戰取得戰略優勢。[30]「東北接收問題已漸好轉有望，但始終不敢樂觀。」蔣介石在一九四五年日記的年終反省錄中寫道：「而且自我方針堅定，事事審慎，或可免陷絕境乎。」[31]

然而不久之後，「先安關內」方略竟發生大幅逆轉，改成「先圖關外」，而東北四平街會戰也因此爆發。起因是美國在此時宣布，派馬歇爾（George C. Marshall）將軍來華調處國共停戰。

VI

一九四五年十一月二十八日，美國駐華大使赫爾利（Patrick Hurley）辭職，十二月十五日，美國總統杜魯門（Harry Truman）發表聲明，希望國共之間停止軍事敵對行動、中國各黨派召開國是會議以解決內爭、促進統一，而如中國依循上述方針邁進，則美國願意全力給予援助和支持。為了執行上述政策，特派馬歇爾上將為總統特使，來華調停國共衝突。[32]

馬歇爾在二次大戰期間為美國陸軍參謀總長，主導美國戰略，擊敗納粹德國，此時為世界名將。他來華調處，國、共兩陣營都表示歡迎。馬氏於十二月十八日抵達中國，隨即展開調停工作。一九四六年一月十日，國民政府頒布停戰令，同日召開政治協商會

27 「白崇禧致蔣中正電」（1945 年 12 月 12 日），《蔣文物》，典藏號：002-020400-00001-127。

28 〈我駐蘇軍事代表團團長董彥平報告書〉（1946 年 7 月 12 日），秦孝儀（主編），《中華民國重要史料初編——對日抗戰時期》，第七編：戰後中國（一）（台北：中國國民黨中央委員會黨史委員會，1982 年），頁 220。

29 「中央關於東北工作方針與任務給東北局的指示」（1945年12月7日），《中共中央文件選集》，第 15 冊，頁 465-466。

30 蔣永敬，《蔣介石、毛澤東的談打與決戰》（台北：台灣商務印書館，2014 年），頁 46-47。

31 「蔣中正日記」（未刊本），1945 年 12 月 31 日，上月反省錄。

32 梁敬錞（譯註），《馬歇爾使華報告書箋註》，頁 1-5。

議，並在北平成立軍事調處執行部，由美方、國府、中共各一名代表組成，下設執行小組，分赴各地制止衝突行動。二月二十五日，簽訂整編與統編軍隊方案。不到兩個月的時間，馬歇爾已先後促成軍事停戰、政治協商、國共部隊整編方案等三大協議。

但是在停戰令中，其實暗含玄機。其第二條條文為「除一部分特定區域外，國內停止一切軍隊調動」，[33]所謂「特定區域」，按照馬歇爾向國共雙方所提建議，就是東北。[34]從這一提案看來，美國乃有意介入東北問題。[35]而國軍後續開入東北的部隊，則由美方協助海運。[36]如此一來，關內停戰，國軍開始向東北增兵。原來「先安關內」的決策，因此反而逆轉成為「先圖關外」了。

國方重心轉回東北，背後有美國介入跡象，蘇聯的態度立刻發生變化。一月十四日，接收營口的國軍「忽遭受新式武器裝備並有坦克大砲之共軍萬餘人攻擊」，傷亡慘重；[37]十六日，蘇方突將國方保安隊一千人繳械，並指責國民黨在東北秘密組軍；[38]同日，接收撫順煤礦的東北行營工礦處副處長張莘夫及隨員八人，在撫順郊外遭到殺害；[39]蘇軍則拖延撤兵日期。美國出面調處國共衝突，結果卻適得其反，大規模內戰由東北爆發，和蘇聯之間的矛盾更形擴大，最後造成整個停戰協定形同具文。

美國派馬歇爾來華，事前並未照會中國。陳立夫日後回憶，當初得知馬歇爾將來華調處時，他曾經對蔣介石力言此事不妥：「國共問題，宜直接商諸蘇聯，反易解決，若由美國出任居間，使蘇面子過不去，徒增阻礙，」況且美方人員對於中共了解有限，易被其操縱，使中共得到擴充壯大的機會。馬歇爾以當世之英雄，來中國調處，要是失敗，必定將責任歸咎於國民黨。[40]

蔣氏對此未必不知，他在日記中對馬歇爾更是多有批評，但是中共既然有蘇聯在背後扶助，則他也只能選擇站在美國這一方。「蔣之親美而遠蘇，美是成事不足，蘇是破壞有餘，」史家蔣永敬評論道，因此改善與蘇聯關係，對於促進國共和解，或許比馬歇爾調處更為有效，「但蘇之條件，直要蔣屈伏，亦非蔣氏所能接受。美則口惠而實不至，只是一味對蔣施壓。蔣氏處境，可謂難矣！」[41]

VII

面對此一困境，以武力打開局面不失為一條出路。停戰令頒布時，副參謀總長白崇禧正沿津浦線視察國軍部隊，他盱衡局勢，認為戰爭不可避免。「停戰命令，國軍確已遵守，惟中共如不能恪遵軍令，服從政令，勢必繼續用兵，」白氏乃向蔣提出建議：

---

33 「停戰令」（1946年1月10日），《蔣文物》，典藏號：002-020400-00006-004。

34 梁敬錞（譯註），《馬歇爾使華報告書箋註》，頁61。

35 蔣永敬，《蔣介石、毛澤東的談打與決戰》，頁53。

36 「蔣中正致魏德邁電」（1946年1月2日），《蔣文物》，典藏號：002-080200-00585-001。

37 〈軍事委員會副參謀總長白崇禧有關東北接收情形報告〉（1946年4月1日），《中華民國重要史料初編》，第七編：戰後中國（一），頁216。

38 〈我駐蘇軍事代表團團長董彥平報告書〉，頁218。

39 陳嘉驥，〈張莘夫殉國三十年〉，頁342-371。

40 陳立夫，《成敗之鑑》，頁343。

41 蔣永敬，《蔣介石、毛澤東的談打與和戰》，頁131。

「今後剿匪戰法，不能完全因襲江西剿匪之成法。」抗戰勝利時，蔣委員長曾對各軍發下一九三三年頒布的《剿匪手本》，強調控制戰略據點與交通線，包圍堵截共軍。但是眼前共軍「遍布黃河南北，區域遼闊，且有盤踞甚久之根據地，如專用圍剿成法，中央實無此龐大兵力。」因此建議改用中心突破戰法，「每一方面，必須配屬一美械裝備軍為突擊部隊，如能擇其最重要之方面，附以戰車，更為有效。」此外，「現代戰爭，制空與補給，均為決勝重要因素」，必須特別注重。蔣介石將這些意見批轉給參謀總長何應欽，命他與白「秘密準備，待命實施」。[42]

一九四六年二月三日，白崇禧致電在重慶的蔣主席報告，他已遵照蔣的指示，草擬完成部隊整訓計畫，而「此次視察，對於全局，均有重要意見面報，」因此請准予返回重慶。蔣回覆，要白暫留南京開會。[43] 此時白崇禧的「重要意見」，應與整軍復員政策有關，而蔣要白留在南京參加的會議，則是於二月十六日召開的第二次復員整軍會議（第一次會議於一九四五年十一月中旬在重慶召開），會中將決定「復員整軍的最後辦法。」[44]

復員整軍即是一般所稱的「整編」。從一九四五年初起，軍政部長陳誠已經陸續對各部隊展開裁減整併，到一九四六年初，整軍進入第二階段：軍降編為整編師、師降編為整編旅，各裁去三分之一的編制與人員。舉例來說，一個原來轄有三師九團的軍，即縮編成二旅六團的整編師。據當時軍政部軍務署副署長郭汝瑰回憶，整編的目的本來是「汰弱留強」，但是因為各軍要求公平，於是改為齊頭式一律裁減三分之一，結果卻導致強者更強，弱者更弱。[45]

陳誠的整軍做法，軍界一片譁然，其中以白崇禧反對最為激烈。白並不反對整軍，但反對在大敵當前時進行自廢武功式的裁軍，更主張以現有兵力對中共明令討伐。「從古打仗的歷史，戰時擴大，並鼓勵各級幹部敢於犧牲，敢打。」二月十六日，白崇禧在蔣親自主持的復員整軍會議上發言：「現在打共匪，不能裁，一起去打，鼓勵人去打，要裁只有在剿匪之後，承平之後放馬南山才沒問題，宋太祖杯酒釋兵權亦在承平之時。」此話一出，許多本來對裁軍有意見而不敢言的與會將領紛紛鼓掌。

蔣氏見狀，當即對白表示：「這是國家既定的政策，你這樣講與政策違背。」白回應：「我不同意這個政策。」[46]為此，蔣連續二日約見白，談「**整縮軍隊，及對共軍交涉經過**。」[47]並要他將這項政策轉達給華北將領。

二月二十四日，白崇禧奉蔣氏之命，到北平宣達中央整軍政策。他和北平行營主任李宗仁、第十一戰區司令長官孫連仲、軍事調處執行部政府代表鄭介民、北平市長熊斌等將領、官員商議之後，都感覺事態嚴重，因此聯名致電蔣氏，請求「將整軍方案緩二、三個月後實行。」白崇禧等人認為，共軍自停戰後仍不斷阻礙交通、對各大小城市緊縮包圍，進行糧食封鎖，國軍只能困守孤立城市據點，「整個華北，遍伏危機，殆不忍言。」而東北共軍正在蘇聯暗中扶持之下快速擴充，「恐因東北問題，將使整個停戰為不可能。」停戰既然毫無把握，在此情況下實施整軍，無異是自毀長城。蔣的批示是

42 「白崇禧致蔣中正電」（1946年1月23日），《蔣文物》，典藏號：002-020400-00008-005

43 「白崇禧致蔣中正電」（1946年2月3日），《蔣文物》，典藏號：002-080200-00533-015。

44 顧祝同，《墨三九十自述》，頁235。

45 汪朝光，〈簡論一九四六年的國共軍事整編復員〉，《民國檔案》（南京），1999年第2期，頁105-112。

46 馬天綱、賈廷詩、陳三井、陳存恭（訪問、紀錄），《白崇禧先生訪問紀錄》，下冊，頁859-860。

47 「蔣中正日記」（未刊本），1946年2月17日。

「隴海路及其以南部隊，仍照南京會議辦法限期整編，該路以北部隊應照與共軍整編協定，擬具辦法呈核。」[48]

蔣執行整編復員的意志極為堅決，白力勸不果，只好退而求其次，減少裁編帶來的衝擊。按照軍政部原訂計畫，各師直屬部隊，包括工兵連、輜重營、野戰醫院、衛生隊等，本來預定一概裁撤，但是白氏認為，野戰部隊如果缺少上述單位，「均極妨礙作戰」，「在中共未聽命前，實有保存必要。」白並且建議，將編餘的軍官、士兵編組入地方保安團隊，擔任民眾組訓工作，以免置這些戰鬥經驗豐富的人員於無用之地。[49]

對於和平，蔣與白看法差異很大。蔣至少在表面上對於和平抱持希望，白則壓根不認為內戰可以避免。駐蘇大使傅秉常在一九四六年三月返回重慶參加國民黨六屆二中全會，他記述三月九日上午，「白健生主席宣讀閻錫山來電，歷述中共不守停戰協定，圍攻各處之情形，謂我停戰而中共不停。白又述中共最近在各處之不法行動。……中共在直、魯、豫、冀、察、綏等地之活動，謂苟不及早防備，必蹈南宋之故轍，甚或如 **Kerenski（克倫斯基，遭到列寧推翻的俄國臨時政府領導人）**或戴高樂同一命運云云。」

三天之後蔣氏的演說，則似乎針對白崇禧上述意見而來：「吾黨現在已有軍事力量及有政治地位，應該專用，以達和平建國之目的。有人以為既有力量及地位，何不痛痛快快用武力解決一切？須知如此做法，對於社會及國際方面均不適宜，且增加人民之痛苦。使用武力，非我建國之道，是以決定不輕用武力以平定內亂。」[50]

蔣介石在決策時，受到政治、外交、社會等多方面因素的牽制和影響，白崇禧則從戰略層面著眼，白氏的見解與判斷從事後看來，卻更為精確。

VIII

遼北省主席劉翰東率領省府人員，於一九四六年一月八日重返省境，在四平建立遼北省政府，並收編地方武力二千餘人，作為國軍正式進駐以前的保安團隊。[51] 三月十三日，駐紮在瀋陽、四平等城市的蘇軍突然開始撤退，十六日夜間，由原新四軍第三師組成的東北民主聯軍部隊一萬餘人即從西南郊攻進四平市區，經過一夜激戰，至十七日中午攻下省府大樓，省主席劉翰東、秘書長徐鼐等被俘（**經過交涉後，劉、徐等人獲釋，被送回長春**）。[52] 這就是中共東北戰史「四戰四平」當中的「一戰四平」，又稱「四平解放戰」。

四平，又名四平街，為遼北省府所在地，位處於中長鐵路瀋陽與長春之間，既是南滿交通樞紐，又為工業與軍事重鎮。就戰略意義上而言，國軍如果拿下四平，即擁有北進長春、哈爾濱的門戶；反之，共軍如果握有四平，就能屏障長春、哈爾濱，進窺瀋陽。

---

[48] 葉健青（編），《事略稿本》，冊 64，頁 663-665。
[49]「白崇禧呈蔣中正報告」（1946 年 4 月 30 日），《蔣文物》，典藏號：002-080200-00533-096。
[50] 傅錡華、張力（校註），《傅秉常日記：民國三十五年（1946）》，頁 66、69。
[51]「劉翰東致蔣中正電」（1946 年 1 月 31 日），《蔣文物》，典藏號：002-020400-00001-182。
[52] 楊依峰，〈第一次解放四平〉，四平戰役紀念館館藏資料，收於：尹相新（編），《亮劍四平街》（長春：吉林文史出版社，2011 年），頁 130-132。

之前東北民主聯軍由於立足未穩，在錦州、遼西遭遇國軍時，多半採取運動戰、游擊戰，避實擊虛，且戰且退，不計較一城一地之得失。但是此時中共東北軍政高層，似乎自認其實力已可以和國民黨一戰，決心以戰爭迫使國民黨承認中共在東北的合法地位。三月十日，黃克誠等人提出，應佔領四平，控制四平一線，阻止國軍北上，並「吸引頑軍於長春沿線」。彭真更報告中共中央，蘇軍代表表示「凡蘇軍撤退之地，包括瀋陽、四平街，我都可以放手大打，並希望我放手大打。」

對此，領導中共代表團在重慶與國民黨談判的周恩來表示異議，他認為中共中央既已同意簽署關於軍隊整編的基本方案，在東北政府軍編為五個軍，中共為一個軍，便形同承認了中共在東北實際上有軍隊，如照協議實施，更等於認可中共的合法地位。東北共軍目前搶佔中長鐵路沿線城市的做法，並沒有意義。周向中共中央表示，如果共方不同意長春路沿線、蘇軍撤退區讓國民黨接收，將使談判破裂，影響全國局面。[53]

毛澤東本來因為身體不適正在休養，日常工作交由劉少奇主持，此時親自站出來支持東北局的意見。「東北同志的想法和你們及我們都有很大距離，他們雄心很大。」毛以中共中央名義在給中共談判代表團的電報上說道：「不了解為什麼要讓出許多地方給國民黨，東北全黨全軍都是這種心理，東北局諸同志不過是反映這種意見。」再加上「東北友人（即蘇聯）態度甚硬」，中共中央因此指令談判代表「切不可一般承認國軍有權全部接收長春路及蘇軍撤退區。」並緊急通告各中央局、分局，在東北即將有大規模衝突發生。[54] 毛決心要在四平決戰，「不惜重大傷亡」，以求在停戰談判之前獲取更大利益，逼使國民黨承認中共在東北具有合法地位。彭真主持的東北局支持這項決策，認為「此次作戰為決定我黨在東北地位之最後一戰。」[55]

四月四日，林彪進駐四平，統領黃克誠、李富春、萬毅、周保中、呂正操等部共十四個師，十萬餘人，以市區為核心，向外修築環形陣地，準備迎擊國軍。

此刻國軍部隊，則隨著蘇軍撤退，一路北上接收防務，至三月下旬，開始與各地共軍爆發衝突。國軍進攻四平，兵分三路，以新一軍、第五十二軍第一九五師為中路，由瀋陽沿中長鐵路前進；新六軍、第七十一軍第八十八師為右路，由本溪迂迴四平側背；第七十一軍（欠八十八師）為左路，由新民、法庫攻擊四平左側。新一軍和新六軍為抗戰時的駐印軍，全部美式訓練、全套美軍步兵師標準裝備，緬甸之役屢摧強敵；第七十一軍則為中國遠征軍，在雲南與日軍打過好幾場硬仗。這三個軍的戰績、火力與戰技素養，都不是中共新四軍、八路軍老戰士在抗戰時遭遇的國軍游擊隊、地方團隊可以比擬。

馬歇爾於三月時自請返國述職，交涉援華事宜，期間軍事調停雖然繼續談判，但是毫無進展。馬歇爾返華後，結合民盟等第三方面人士，極力促使國共在東北停戰。談判的關鍵在長春。先是馬歇爾返回中國當日，共軍三萬餘人進攻長春，俘虜國府任命的市長趙君邁；馬歇爾與民盟人士折衝於國共之間，希望以長春為中立城市，劃分東北疆界，北屬中共，南歸國府，但不被雙方接受。

53 楊奎松，〈一九四六年國共四平之戰及其幕後〉，《歷史研究》（北京），2004年第4期，頁135-136。

54 「中央關於東北問題的談判方針給東北局和中共赴渝談判代表團的指示」（1946年3月13日）、「中央關於目前時局及對策的指示」（1946年3月15日），《中共中央文件選集》，第16冊，頁89-92。

55 楊奎松，〈一九四六年國共四平之戰及其幕後〉，頁143-144。

IX

談判既然沒有成果，蔣介石在四月初決定以武力強行北上接收。但是東北國軍高層的部署指揮狀況，卻讓蔣氏深為憂慮。東北保安司令長官杜聿明，原任昆明防守司令，一九四五年十月三日，杜奉蔣密令，強制改組雲南省政府，以武力迫使省主席龍雲就範，辭去省府主席、昆明行營主任等職務。事後蔣為了綏撫雲南人心，便將杜與內定出任東北保安司令長官的關麟徵職務對調，由杜前往東北。[56]杜在十月二十六日就任，但到了一九四六年二月，便因為施行腎臟手術於北平入院療養。

杜聿明既然因病不能指揮，擔心職務被奪，於是向蔣推薦多年老搭檔鄭洞國擔任副長官，代理長官事。[57]蔣同意由鄭代杜指揮，並命令東北行營主任熊式輝到錦州坐鎮。四月六日，蔣致電熊式輝，責備「我軍在東北部署散漫薄弱，而在北寧全線後方基地尤為空虛」，他極「不以為然」，應盡速調整；「如我軍決心向北挺進，」蔣接續指示：「則對南除收復本溪湖以外，不必再求發展，應暫取守勢，而用全力向長春挺進。」而當前共軍「主力全在瀋北，應抽調新六軍及其他有力部隊向北挺進，集中全力擊破其四平街以南匪部而消滅之，則大局定矣。」[58]隔（七）日又再次致電，「我軍應集中所有全力，凡最有力之部隊皆應向北抽調，先擊破四平街以南之匪部，故應從速調整現在散漫之部署」。[59]四月十三日，蔣氏嚴令熊式輝，必須於二十日前「佔領四平街與公主嶺勿誤。」[60]但國軍進展遲緩。十八日，蔣再次指示熊式輝，判斷共軍「必在長春或公主嶺準備與我決戰，則我於兵力未集中以前切勿輕進」，應特別注意確保後方補給線。決戰關係重大，必須「計出萬全」，而何時進攻長春「則無甚緊要也」。[61]然而一直到五月中旬，四平仍在共軍堅守之中。

蔣介石對於東北國軍部署「薄弱散漫」、進展遲緩相當不滿，部署薄弱是因為指揮混亂，而他本人實際上正是造成指揮系統紊亂、令出多門的原因之一。「東北行營主任，原是軍事最高長官，而東北軍事，則以屬於東北保安司令長官之指揮，」四月六日，熊式輝在日記中寫道，「杜聿明長官離職養病，（蔣）乃於三月四日以手啟電令，命余坐鎮錦州，直接指揮軍事，但未及一週，即三月九日又奉令以鄭洞國為副長官，兼代長官事。當然部隊仍交回於兼代之人指揮，」既有鄭洞國代理，又命熊在錦州坐鎮，「今日事權，當屬諸何人？舉棋不定，危道也。」這種令出多門的情況，如果出現差錯，熊式輝不禁問道：「責任究屬於誰？」[62]

四月二十一日，蔣電令熊式輝等人：「四平街會戰，國軍應徹底集中兵力，一舉擊破共軍之主力，」如攻勢順利，「視戰果及甲軍（**即蘇軍**）情況，乘勢收復公主嶺、長

---

56 參見楊維真，《從合作到決裂：論龍雲與中央的關係，一九二七～一九四九》（台北：國史館，2000年），頁233-234。

57 杜聿明，〈國民黨破壞和平進攻東北始末〉，中國人民政治協商會議全國委員會文史資料研究委員會（編），《遼瀋戰役親歷記：原國民黨將領的回憶》（北京：文史資料出版社，1985年），頁541-542。

58 「蔣中正致熊式輝電」（1946年4月6日），《蔣文物》，典藏號：002-020400-00008-019。

59 「蔣中正致熊式輝電」（1946年4月7日），《蔣文物》，典藏號：002-020400-00008-022。

60 「蔣中正致熊式輝電」（1946年4月13日），《蔣文物》，典藏號：002-020400-00008-026。

61 「蔣中正致熊式輝電」（1946年4月18日），《蔣文物》，典藏號：002-020400-00008-033。

62 熊式輝，《海桑集》，頁522。

春、遼源，或在四平街方面暫取守勢，抽出有力一部先擊破張學思部，奪取本溪湖。」63隔日，蔣因「東北軍事甚為焦慮」，再次派員向熊「面授軍事機宜」。「蔣主席對於東北軍事焦慮萬分，又派人員前來授旨，」熊式輝在日記寫道，「余（熊氏自稱）忝負重寄，但於軍事有責無權，部隊之指揮是保安司令長官之事，余固不便過分干涉。」四平戰況膠著，熊對於部署卻無法過問，有苦難言。二十四日，熊式輝約見陸軍副總司令范漢傑，本來預定討論民眾組訓辦法，范卻突然表示，「來瀋（陽）時蔣主席示意，在代杜聿明指揮部隊事」。熊這才明白：范來東北時攜帶電台、屬員，「浩浩蕩蕩，神秘人所難測」，原來意在取杜而代之；而杜聿明竟也在這時返回瀋陽，在未銷假的情形下重返前線接掌指揮。北平某小報甚至配合刊出消息：杜聿明返回瀋陽，萬餘民眾持國旗迎接云云。熊認為杜是在對范漢傑表態，「示毋問鼎之意。」

東北國軍指揮權，因此在熊、鄭、杜、范四將領之間轉移，遊移未定。「一月之間，凡三易手，」熊式輝感慨地寫道：「現在瀋陽者，余為行營主任，名則軍事最高長官，而於軍事有責無權。鄭（洞國）為副長官受命代理司令長官者，而於指揮有名無實。」而范漢傑得蔣授意到東北後，情況更為複雜：「杜為真正司令長官，名雖病假期中，實際卻仍在指揮軍事。范漢傑曾秘密授意旨，隱隱然對杜有取而代之勢，故軍事上重要命令之傳達等，莫不身與其事，杜之返瀋，力疾從公，實有所為而然者。」64

杜聿明、鄭洞國、范漢傑，均為黃埔一期的「天子門生」，都奉有蔣的命令，熊式輝難以駕馭，杜等對熊氏的指揮本領也不佩服。65 蔣氏眼看戰況膠著，而高級將領之間意見分歧，於是有派遣預定出任國防部長的白崇禧到東北督戰的決定。

X

關於四平戰事，白崇禧曾在四月十八日致電蔣介石，建議大量運用空軍在東北作戰。「中央現已決定以武力接收東北，擬請迅速使用大量空軍協同陸軍作戰，不特可以增強戰力，且免曠日持久，減少官兵之犧牲。」當時有一種顧慮，認為如國軍在東北使用空軍，則蘇聯也會派飛機協助中共作戰，白氏則認為這一點無須擔心。「照軍事調解執行部之協定，東北為接收區而非停戰區，有美方為證，蘇必須顧慮者。」況且既已決定用兵，應從軍事上做最有利的設想，而不能顧及外交。[66] 蔣似乎相當看重白此一意見，幾日後一再叮囑杜聿明等人注重運用空軍及地對空聯繫。[67]

四月下旬，白崇禧在隴海、平漢鐵路沿線視察部隊，檢討整編成效。「於四月二十一日，由浦口至蚌埠，二十三日赴徐州，二十六日赴開封，二十七日赴鄭州，二十八日赴新鄉，二十九日抵西安。」[68] 中共中央對白的行蹤，消息頗為靈通，認為白係

63 「蔣中正致熊式輝杜聿明電」（1946年4月21日），《蔣文物》，典藏號：002-020400-00008-037。
64 熊式輝，《海桑集》，頁525-526；杜聿明，〈國民黨破壞和平進攻東北始末〉，《遼瀋戰役親歷記》，頁543-544。
65 杜聿明，〈國民黨破壞和平進攻東北始末〉，頁546。
66 「白崇禧致蔣中正電」（1946年4月18日），《蔣文物》，典藏號：002-090300-00023-137。
67 「蔣中正致杜聿明電」（1946年4月23日）、「蔣中正致王叔銘電」（1946年4月23日），《蔣文物》，典藏號：002-020400-00008-038、002-020400-00002-057。
68 「白崇禧呈蔣中正報告」（1946年4月30日），《蔣文物》，典藏號：002-080200-00533-096。

奉蔣之命，部署圍攻共軍王震、李先念部：「據你們（**中原軍區**）三十日電國軍紛紛調動，據另一密息白崇禧最近至徐州、開封、新鄉、鄭州於卯三十到西安，同日蔣介石亦到陝，均為進攻五師及全國性內戰」。[69] 據軍事調處三人小組政府代表徐永昌向蔣報告：五月一日深夜，中共代表周恩來突然來訪，聲稱握有確實證據「中央已派白副總長到徐主持，於五月五日至九日化裝解決李先念部。」徐永昌向周一再解釋，白崇禧出巡，目的是督促整編，但周堅決不信，而且頗為「恐慌，以為如此將不免造成大亂」，要徐致電政府制止，徐以「絕無其事，不便照轉」，拒絕所請，只答應以三人小組立場向蔣轉報。[70] 之後證明並無其事。

其實蔣準備派白到東北督戰。五月七日，蔣介石將原本在青島視察的白崇禧召回南京。[71] 蔣在約見白時，除了告知將任命他為第一任國防部部長之外（**參見下一章「國防部長」**），同時交付任務，命白即到華北、東北視察軍事，相機調整部署。[72] 想必蔣氏是要白到東北協調諸將，他知道白於桂南崑崙關之役曾指揮過杜、鄭等將領，具有威信，比起熊式輝，白崇禧更能讓杜聿明等人信服。

白於五月十七日由北平飛抵瀋陽，當晚與杜聿明詳細研究四平戰況。此時國軍各部從十三日起對四平發動總攻。新一軍由老軍長鄭洞國指揮（**現任軍長孫立人此時尚在歐洲訪問**）擔任正面進攻任務，在道路化雪泥濘的不利情況下，發動多次猛烈攻勢，一度攻入四平市區，但是東北民主聯軍防禦極為頑強，幾次打退國軍進攻，雙方鏖戰多日，都已精疲力竭，亟待休整。

四月二十六日時，林彪曾特地將第三師第七旅的情形轉報東北局與中央：僅第七旅的傷亡、失蹤就已達一千七百餘人，他希望藉此婉轉提醒中共中央和東北局，四平守軍大幅減員、戰鬥力嚴重受創，士氣體力低落，已經很難支撐。但戰事進行至此，毛澤東自然不肯輕言放棄，於是在四月二十七日以中央軍委名義致電林彪：「四平守軍甚為英勇，望傳令獎勵。請考慮增加一部分守軍（例如一至二個團），化四平街為馬德里。」73 毛澤東在此說的「馬德里」，所用典故是西班牙內戰（一九三六至三九年）時，由政府軍與左翼陣線組成的聯軍，在西班牙首都馬德里抵擋佛朗哥（Francisco Franco）將軍之右翼國民軍進攻，堅守數月之久的戰例。

但是，正如西班牙左翼陣線最後還是守不住馬德里，五月中旬時的林彪也已無法在四平繼續堅持下去。五月十八日，白崇禧在杜聿明陪同下，來到鄭洞國設於開原的前進指揮所，就近監督國軍發動的總攻擊。74 此前，杜聿明利用共軍調本溪守軍增援四平的機會，以新六軍主力攻下本溪，為這時的迂迴包抄創造機會。白崇禧與杜聿明視察戰況，認為之前歷次進攻犯了兵力逐次投入的錯誤，因此將新一軍主力全部投入正面總攻，並以新六軍、第七十一軍等五個師迂迴至四平兩側。十八日中午，新六軍以強大火力，配合戰車與空軍炸射，攻下足以瞰制四平市區的制高點塔子山。共軍後路有被切斷的危險，防線全面動搖，林彪知道大勢已去，於是不待請示中央，逕行傳令守軍各部撤出戰鬥。新一軍於十九日上午攻入四平市區。

69 「中央關於中原軍突圍方向的指示」（1946 年 5 月 1 日），《中共中央文件選集》，第 16 冊，頁 147。
70 「徐永昌致蔣中正電」（1946 年 5 月 2 日），《蔣文物》，典藏號：002-090300-00020-123。
71 「蔣中正致李先良轉白崇禧電」（1946 年 5 月 7 日），《蔣文物》，典藏號：002-010400-00002-004。
72 「白崇禧呈蔣中正函」（1946 年 5 月 11 日），《蔣文物》，典藏號：002-080200-00620-021。
73 楊奎松，〈一九四六年國共四平之戰及其幕後〉，頁 145-147；張正隆，《雪白血紅》，頁 156、161。
74 鄭洞國，《我的戎馬生涯》，頁 424。

一九四六年五月二十七日，蔣主席（中）、白崇禧（左）、杜聿明（右）在瀋陽檢閱東北國軍。（國史館提供）

一九四六年五月二十七日，親自到東北的蔣介石（中）與行營將領合影。前排左一為東北保安司令長官杜聿明、左二為白崇禧、左四為東北行轅主任熊式輝。（國史館提供）

白崇禧偕同杜聿明等將領於二十一日進入四平視察。[75]四平街經過三十多天激烈攻防戰鬥，市區處處斷垣殘壁，滿目瘡痍，屋牆彈孔累累。林彪倉皇撤出，白氏日後回憶：「我看林彪部在四平街打敗，在白天撤退的，臨退把十六個列車炸毀了，如此狼狽」。[76]後來成為知名明史學者的黃仁宇，此時是副長官鄭洞國的上尉副官，他隨鄭到新一軍新三十八師防線視察，沿途「看到鐵軌旁和田野裡散布著無數的屍體。」[77]白氏入四平街時所見到的景象，或也同樣如此。

XI

一九六六年一月七日，中研院近史所訪問人員陳存恭問白崇禧：「民國三十五年健公到東北督戰，此事請健公詳述。」白答：「共軍得了關東軍槍械，守長春、四平街，杜聿明攻打未下，蔣主席著急了要我去東北。我到了以後，部署一下，打了三天，把四平街打下了。」白崇禧到達前線時，四平攻堅已近尾聲，因此白氏晚年在台北接受口述歷史訪問，幾處提及到東北督師，對於攻取四平只以幾句話交代。[78]他著墨更多的，是此後的追擊戰。

一九四六年五月二十日，蔣在南京得知國軍進佔四平之後，立即致電杜聿明，攻取四平的三路縱隊中的右路（即新六軍），「如情況許可」，應「相機佔領海龍要點」，並要杜與白崇禧、熊式輝等人「熟籌之」。[79]海龍為四平外圍據點，蔣氏身在南京，不清楚前線情況，所以令杜、白等先鞏固外圍，不急著進行追擊。

此時白崇禧已經見到投誠的林彪總部作戰科長王繼芳。王繼芳，四川人，為陝北出身的老幹部，十九日在義和屯（今屬吉林四平市公主嶺市）持國軍散發的安全證明來投。王投誠後提供的重要情報，包括東北共軍實力統計與林彪各部撤退路線，[80] 對白氏主張進取長春帶來決定性的影響。王繼芳向白、杜等國軍高層透露：[81]

（1）林（彪）為東北共軍總指揮，約三十五萬人，其中為黃克誠之新四軍八萬，來自山東（由龍口上船，於營口之田莊台登陸），戰鬥力最強。三萬六千為八路軍林彪之一、二師及某某旅，戰鬥力次之。其次為周保忠〔中〕部幾個旅，戰鬥力又次之。再為萬毅部五個旅，直無戰鬥力。總之，今日作戰全憑黃、林關內十一、二萬而已。

（2）一般共軍情緒不甚佳，原因在國際不予承認，尤其知識較高之青年，以為如此從蘇聯做下去，頗似賣國。其所以能作戰者，實多畏法嚴與監視密。

（3）因畏美關係，隊伍中無蘇聯人。

75 「白崇禧致蔣中正電」（1946 年 5 月 21 日），《蔣文物》，典藏號：002-090300-00153-039。

76 馬天綱、賈廷詩、陳三井、陳存恭（訪問、紀錄），《白崇禧先生訪問紀錄》，下冊，頁 815。

77 黃仁宇（著）、張逸安（譯），《黃河青山：黃仁宇回憶錄》（台北：聯經出版，2001 年），頁 189。

78 馬天綱、賈廷詩、陳三井、陳存恭（訪問、紀錄），《白崇禧先生訪問紀錄》，上冊，頁 457-459；下冊，頁 815-816。

79 「蔣中正致杜聿明白崇禧等電」（1946 年 5 月 20 日），《蔣文物》，典藏號：002-080200-00307-038。

80 張正隆，《雪白血紅》，頁 171。

81 《徐永昌日記》，第 8 冊，頁 279。

（4）林原令死守四平街，後漸不支，十九日下令退卻。渠（林）率親近避民舍。某（王繼芳自稱）投國軍，且謂如追得快，長春可下。

這段話清楚顯示此時中共在東北立足未穩的情況：黨政組織尚未在基層扎根、軍心動搖、缺乏號召力，又由於親蘇立場，被知識青年視為賣國。林彪以新集烏合之眾，對抗訓練有素、裝備精良的國軍，之所以能夠堅持三十多天，完全以嚴厲軍法支撐。一旦開始撤退，部隊軍心動搖，失去掌握，崩潰四散遂不可免。王繼芳正是見四平共軍潰敗，「見風使舵」，前來投靠國軍，這類情形，此時並不少見。[82] 他的報告中，更透露出林彪所部在撤退時發生無組織秩序的混亂潰逃情況，白崇禧因此決定向北繼續追擊。

二十一日晚間九時，白自四平街視察返抵瀋陽，即以電報向蔣報告：據王繼芳供稱，關內各省到東北的共軍精銳共約十一萬餘人，「其精銳已大部使用」，現在四平以北公主嶺地方還有萬餘共軍、長春守軍約四千人。「匪軍業經擊破，正猛追消滅，」白氏明白蔣可能顧慮國軍追擊輕敵，以致冒進受挫，又特別寫道，共軍實力，「職（**白氏自稱**）在前方較明，當慎重將事，請釋鈞念。」並建議將關內美式戰車營調來東北使用**（當時東北前線所用者為日製戰車）**。[83]

蔣介石於隔（二十二）日仍以手令致杜、白、熊三位將領，國軍追擊部隊應原地待命，不可進入長春：「我軍如已收復公主嶺，應暫就原地停止候命。如匪部已退出長春，則我軍只可指派少數最有紀律之軍隊入城維持秩序，不准各部隊擅自進駐，如有違者，以抗命論處。」[84]

杜聿明接到蔣氏手令之後，對於北上追擊頓起猶豫。原來「這時中央得了一個情報說有六千俄國紅軍便衣隊在長春支持林彪，下命令給杜聿明：打下四平街後不准過遼河，不准過公主嶺。」白氏晚年回憶道。在開原返回瀋陽的火車上，當白崇禧表示應當把握時機向北追擊、攻取長春時，杜向白出示蔣氏的手令：「中央有命令不能過遼河。」白崇禧隨即連問杜數次：「你有沒有把握把長春打下來？」杜猶豫片刻，終於很肯定的回答：有把握。於是白表示，要杜繼續追擊，至於違背蔣氏手令的責任，「既是我下命令追擊，責任當由我負。」同時決定當晚飛返南京報告。[85]

---

[82] 張正隆，《雪白血紅》，頁 168-177。

[83] 「白崇禧致蔣中正電」（1946 年 5 月 21 日），《蔣文物》，典藏號：002-090300-00153-039。

[84] 「蔣中正致杜聿明白崇禧熊式輝手令」（1946 年 5 月 22 日），《蔣文物》，典藏號：002-080200-00552-172。

[85] 這段文字由以下三種材料組合而成：馬天綱、賈廷詩、陳三井、陳存恭（訪問、紀錄），《白崇禧先生訪問紀錄》，上冊，頁 457-459；下冊，頁 815-816；杜聿明，〈國民黨破壞和平進攻東北始末〉，頁 555-556；白先勇，〈憂國之心——四平街之憾〉，收於《父親與民國：白崇禧將軍身影集》，上冊，頁 237-239。或有謂白崇禧與杜聿明的回憶文字互相牴觸，在白的回憶中，他是主張追擊者，杜聿明猶豫不決；而杜聿明的回憶裡，則是白主張以四平為限，不再向長春進擊，反而是杜一再請命，方說服白氏。其實，只要比對函電文件，便可知道兩人的回憶各有側重部分，並不牴觸。杜的回憶強調五月十七日夜與白崇禧會商戰況的內容，白當時說不主張進取長春，實際上是傳達蔣介石的意旨。而白的口述紀錄則是側重五月二十一日在四平街視察所見，並綜合王繼芳投誠後提供的情資判斷，認為長春可一舉而下，要杜立刻追擊。《中國時報》創辦人余紀忠，當時是東北保安司令長官部政治部主任（兼東北行營新聞處長），親眼目睹白氏在火車上詢問杜聿明的一幕。

杜聿明不敢違抗「校長」的令旨、猶豫不決的態度，另有一則旁證：四平街會戰一年之後，即一九四七年五月底，林彪大舉南下，進攻四平，熊式輝主張傾長春、永吉之兵南下，與瀋陽北上兵團夾擊林彪主力，但是杜聿明不敢違抗蔣氏固守長春的意旨，爭論不休，重演四平會戰時的令出多門狀況；見熊式輝，《海桑集》，頁 580-582。

一九四六年五月二十七日，蔣介石與白崇禧在瀋陽東陵合影。
（國史館提供）

杜聿明有白崇禧承擔責任，遂放手追擊，至下午七時已完全佔領公主嶺，國軍追擊前進十餘公里，當面共軍紛紛潰敗逃散。白氏登機之前接獲報告，長春「有滿載物資之列車四列駛哈爾濱」，判斷中共並無守長春的意圖。他立刻將上述情況電告南京，並請蔣等他回京報告之後，再定東北各項軍政大計。[86]

XII

二十二日晚間，蔣在官邸召開軍事會報，聽取自瀋陽趕回的白崇禧報告視察東北情形。白在會報中詳細報告督戰所見情況，力主繼續追擊，將共軍驅逐出國境，或壓迫至佳木斯、黑龍江一帶：「戰勝則當進，或追出國境，或予以殲滅，蓋匪已倉皇撤退，全無鬥志矣！」

蔣氏聽後，仍有疑慮，反問：「據報長春有六千著便衣紅軍，萬一肇事起衝突，怎樣？」

[86] 「白崇禧致蔣中正何應欽電」（1946 年 5 月 23 日），《蔣文物》，典藏號：002-090300-00153-084。這通電報被標註為五月二十三日發出，可能誤記為收到的時間，白氏發出電報時間，應該是二十二日夜間。

白認為共軍已呈潰散狀態，「多六千紅軍亦不濟事。」

蔣又問：「若紅軍再來，如何？」白立刻回答：「此非我人之責任，按撤兵規定，紅軍應已撤回，若紅軍再來，此乃聯合國之問題。」蔣聽後連聲「唔！唔！」不置可否。

「健生自瀋陽飛回詳報四平街收復後共匪總部作戰科長王某投誠，詳報匪情內容，」

蔣在當天日記寫道，**「林逆彪之低能無智殊生我意料之外也。」**[87]

林彪潰敗的程度為蔣料想所不及，加上白崇禧獨斷專行，命令杜聿明展開追擊，蔣放心不下，決定親自到東北視察。二十三日早晨，白氏正要搭專機趕回瀋陽，蔣介石卻要他稍等：「我們一起走。」於是白崇禧與蔣氏夫婦、張嘉璈一起搭乘專機，於下午四時降落瀋陽北陵機場，東北行營主任熊式輝、東北保安司令長官杜聿明、遼寧省主席徐箴等文武官員已在機場迎候。蔣下機時，杜聿明立刻趨前報告：國軍戰車已於今晨進入長春，沒有遭遇大規模抵抗，市區裡潛伏的共軍殘部，到中午時已經完全肅清。[88] 攻取長春如此順利，蔣大為高興，視為奇蹟，他在當天日記中寫道：**「此次長春收復之速，共匪主力敗潰之慘，實在想像之外，非有上帝保佑，何能有此奇蹟也。」**[89]

白崇禧向來堅決主戰，中共方面對其動向一直非常在意，此次他匆匆由瀋陽返回南京，隔日又與蔣同往東北，中共擔心他可能說服蔣氏乘勝追擊。周恩來於同日下午六時到南京寧海路五號馬歇爾公館請見，專為討論東北局勢而來。一見到馬歇爾，周便表示他已得知「白崇禧將軍昨日返抵南京，而今日委員長便前往滿洲。」周接著對馬歇爾說道，以他對東北情勢的判斷，甚為擔憂蔣氏在此時缺席談判，「或許顯示其意圖以武力徹底解決滿洲問題。」如此一來，談判協商的努力，以及中國人民的福祉，都會受到妨害。[90]馬歇爾以本身的軍事素養研判局勢，向來不看好國軍。他認為東北國軍沿中長鐵路線北進，將會使兵力分散，補給線愈拉愈長，「以目前政府之力量，殲滅中共之軍隊，並無可能。」至此他似乎也傾向周的看法，認為蔣選在此時到東北，是刻意迴避談判。他在報告中寫道：「委員長及其夫人於五月廿三日赴瀋陽。此行導致連鎖事件，其影響所及，幾使全局成為不可挽救之挫敗。」「今則政府軍事將領，覺得武力可以解決問題，遂不願再與中共談妥協。」[91]馬開始對蔣施壓，連番要求盡速頒布停戰令。

「馬與（宋）子文等表示，對我軍攻佔長春甚不贊同，」蔣介石在日記中批評馬歇爾「不問我國之利害禍福，亦不顧其本國之政策如何實現，而惟以其個人功利之成敗與緩急是圖」，他在瀋陽期間，幾乎都在為回覆馬歇爾來函而費神思索。[92]

蔣自然不會只因為馬歇爾迭次催促逼迫而屈服，他到東北之後，心中似已形成定見。蔣的真正意圖何在？稍後就會揭曉。

---

[87] 「蔣中正日記」（未刊本），1946年5月22日。

[88] 葉健青（編），《事略稿本》，冊65，頁633。

[89] 「蔣中正日記」（未刊本），1946年5月23日。

[90] “Minutes of Meeting Between General Marshall and General Chou En-lai,” *FRUS, the Far East: China*, Vol. IX, pp. 885-886.

[91] 梁敬錞（譯註），《馬歇爾使華報告書箋註》，頁137、213、222、225。

[92] 「蔣中正日記」（未刊本），1946年5月24日。

XIII

白崇禧回到瀋陽後，力主即刻展開追擊。據當時駐瀋陽採訪的中央社記者陳嘉驥回憶，白氏和杜聿明為了消滅松花江北岸林彪主力，「決定自關內調派兩個軍至東北，組成一個機動追擊兵團，緊躡林彪行蹤之後從事無休止追擊」。此計畫預定於六月下旬開始行動，預計到十月東北進入冬季之前可望告一段落。到時「縱不能將林彪全部消滅，亦將驅其進入數十里不見一個村鎮的蠻荒邊區，在綿長半年以上的冰天雪地中，共軍亦等於全部消滅。」[93]

五月二十六日下午，白崇禧隨蔣介石至瀋陽市政府會見地方仕紳二百餘人，此時美國駐瀋陽總領事柯樂博（Oliver Edmund Clubb）奉馬歇爾命，緊急求見蔣主席，希望立即停戰，[94]蔣以需要到二樓陽台面對民眾為詞，命白崇禧代見接談。柯樂博能操中文，他甫提及「停戰」，白氏即大聲喝止：「這怎麼可以！」這一幕為在場的瀋陽市長董文琦等人親眼目睹。[95]

五月二十七日，白崇禧呈蔣「收復東北九省國土與主權建議書」，進一步申述他經營東北的構想。[96]白氏的經營方案，以他五月二十一日的意見報告書為本，分成外交、軍事、財政經濟三大項。外交方面，白崇禧綜合王繼芳提供共軍內部情形與其他情資，研判「蘇聯因顧慮國際環境，似無直接支援共黨以武力割據東北之決心。」共軍中並無蘇方人員參戰，而根據情資，共軍遼東軍區副司令員高鵬在幹部會議中，曾當面質詢林彪：為何蘇聯不給予中共以有力援助？林彪回答：「中共需倚靠本身力量保持在東北之地位，縱令退出長春，蘇聯亦難給予直接援助。」可見此時國軍經略東北，蘇聯干擾的因素雖然存在，卻不會造成嚴重影響。

其次是軍事方面，也是最重要的一項。白崇禧從這次四平街會戰及公主嶺追擊戰當中林彪所部的表現觀察，研判目前東北共軍「與國軍裝備及戰鬥力比較相差仍遠」；但是白也看出共軍擴充與恢復的速度極快，如果不能在短時間內徹底掃蕩根除，東北很可能演變成國共隔松花江對峙的局面。

白氏對國軍兵力不足的情況深有所知，因此他以自身在廣西組訓民團的經驗，提出「建立三百萬地方武力」的目標。三百萬是以東北三千萬人口的十分之一計算：盡量先收編偽軍，補充其槍械，給予正規軍番號，並派遣得力幹部，到松花江北岸，招攬各路地方民槍武力以及偽滿士兵。再擴大東北軍官總隊員額至三萬名，從關內調來編餘軍官，充任地方保安團隊的幹部，短時間內就可拉起一支大軍，負擔起守備地方的責任。屆時國軍正規軍便不必擔負守備地方的任務，而可以利用東北鐵路建設發達的優勢，迅速轉用兵力，在特定區域對共軍形成局部優勢，發起進攻。甚至在東北局勢穩定後，更可將出關的精銳國軍部隊調回華北，對付聶榮臻部共軍，形成戰略優勢。

---

93 陳嘉驥，《東北變色記》（台北：漢威出版社，2000年），頁46-47。

94 葉健青（編），《事略稿本》，冊65，頁602-605。

95 張玉法、沈松僑（訪問）、沈松僑（紀錄），《董文琦先生訪問紀錄》（台北：中央研究院近代史研究所，1986年），頁119；陳嘉驥，《東北變色記》，頁47。

96 「吳鐵城致蔣中正電」（1946年8月22日），《蔣文物》，典藏號：002-080200-00534-072。這份「建議書」不見於蔣氏檔案。據吳鐵城八月二十二日致蔣簽呈，國民政府軍務局簽註意見：「白部長五月二十七日所陳『收復東北九省國土與主權建議書』經奉批交陳總長審核後，速即實施。」

行政必須配合軍事。白崇禧認為，東北各省省主席、市長人選，應該立即調整，改派「具備軍事知識、適於處亂應變之人員充當。」東北各級政府，應該成為具有戰鬥能力的團體。如有不願意到前線、敵我犬牙交錯區域任職者，當即撤換。

白氏在此期間曾到瀋陽兵工廠視察。該廠不但規模是全國之冠，也是唯一能生產重砲彈者，雖然其機器設備遭蘇聯拆卸大半，但是技術人員尚在，白氏建議，限期兩個月內恢復生產線。

最後是財政經濟方面，白崇禧認為，東北此時正處在最關鍵的非常時刻，一切財經措施，都應該配合軍事的需要。東北軍政人員的薪給不應刪減，因軍事需要而產生的特殊開支，則應該免除一切平時行政程序、公文簽核流程，盡速撥補。東北國營事業的收入及充公的敵偽資產，則應該盡量撥充建設東北國防工業之用。

為了貫徹實施上述構想方案，白崇禧自告奮勇，向蔣提出留在東北的意願：「我主張取了長春攻哈爾濱，直取佳木斯，主張編三百萬民團自動保衛地方，我希望在東北負一些責任，」白氏回憶道。

白崇禧主張在東北「編三百萬民團」，消息竟很快就傳到莫斯科，蘇聯對此相當忌憚。五月二十五日，駐蘇聯大使傅秉常在日記裡寫道：「今日蘇報（**次日日記指為《真理報》**〔*Pravda*〕）攻擊我政府甚烈，謂白健生組織民團，並謂中共曾在長春一度擊退中央軍，未謂中共無意全佔東北，」他認為「大約此次蘇聯企圖將東北交與中共計畫，完全失敗，故作如是之言論矣。」[97]

97 傅錡華、張力（校註），《傅秉常日記：民國三十五年（1946）》，頁111。

白崇禧（左二）隨蔣介石夫婦到東北視察，白氏希望能留在東北組訓民團，督師過松花江追擊，但蔣要他回南京接掌國防部。（國史館提供）

白崇禧力主渡過松花江追擊，並且自願負責在東北組訓民團。然而，蔣介石卻不願白氏留在東北。白再三請求，蔣只是不肯。「蔣主席硬要我回南京就國防部長職，」白崇禧在晚年受訪時回憶，當時蔣對他說：「六月一日國防部成立，你回去接事。你的意思，我交杜聿明去做。」

「委座在此，我也在此！」白崇禧抗議道。

「你在此，若馬歇爾問你是否要繼續追擊，你不好說話；」蔣當即表示：「你回去，我在這裡，可以推到我身上，所以你還是回去。」白無奈，只得在五月三十日與蔣氏到長春短暫停留視察之後，先行飛返南京。[98]

XIV

在蔣介石、白崇禧於五月三十日飛抵長春大房身機場視察前後，東北國軍正處在軍事進展的最高峰：進佔長春之後，杜聿明兵分三路，繼續追擊朝哈爾濱敗退的林彪敗部。左路縱隊（**以七十一軍為主力**）攻佔遼北省會遼原。右路縱隊（**新六軍**）繼佔領梅河口、海龍之後，於二十六日佔領雙陽，二十七日佔領磐石、九台、二十八日攻佔吉林省會永吉。中路縱隊（**新一軍**）於二十九日攻下德惠，隔日又佔領農安。[99]

---

[98] 白崇禧經營東北的構想，根據「白崇禧呈蔣中正意見報告書」（1946年5月21日），《蔣文物》，典藏號：002-080103-00064-008；白與蔣的對話，參見馬天綱、賈廷詩、陳三井、陳存恭（訪問、紀錄），《白崇禧先生訪問紀錄》，上冊，頁457-459；下冊，頁815-816。

[99] 杜聿明，〈國民黨破壞和平進攻東北始末〉，頁558-559。

一九四六年五月三十日，白崇禧隨蔣介石到長春視察，
在大房身機場會見黨政軍要員。白坐在蔣身後，臉被擋
住了，他身旁是指揮新一軍入長春的鄭洞國。

此時的東北共軍由上到下都陷入動搖混亂狀態。先是高層內鬨：四平之戰潰敗後，林彪、高崗、陳雲、羅榮桓聯名致電中央，請求改組東北局，實際上是藉檢討彭真爭奪大城市路線的失策之名，行鬥爭彭真之實。六月十六日，中共中央下令東北局進行改組，彭真原來擔任的東北局書記、東北民主聯軍政委兩項職務，都改由林彪兼任。彭真雖保有東北局常委、民主聯軍第一副政委職務，但由於是被同僚聯名「告倒」，形同架空，於隔年黯然離開東北。彭與林彪等人就此結下仇隙。[100]

東北民主聯軍參戰各部在四平街會戰後遭受重創，損失慘重。根據編於一九四九年十月的《東北三年解放戰爭軍事資料》記載：「四平保衛戰中我軍傷亡總數達八千人以上，部隊元氣損失甚大，」例如黃克誠的第三師七旅，「原為井岡山老部隊，四平撤退後只剩下三千餘人，失去戰鬥力」；萬毅縱隊原有一萬三千人，經四平苦戰、撤退時遭到追擊，「只剩四五千人，失去戰鬥力」。己方死傷數字低於敵方，是古今中外戰史通例，但是這裡所說的八千人以上傷亡，「絕大多數都是抗戰中倖存的戰鬥骨幹」，進入東北後擴編招募的士兵則不在其列；而同時期的本溪戰鬥，傷亡人數不在四平之下。

共軍從四平撤退途中，在公主嶺、長春，許多部隊建制被打散，遭到國軍穿插截斷。「我軍自四平撤至公主嶺附近時，敵以多路平行縱隊多附汽車坦克向我追擊，」六月一日，彭真、羅榮桓等人向中共中央報告：「飛機放肆轟炸，故被割斷我部隊甚多」。不少幹部信心動搖，開小差逃亡，甚至投奔國軍者更所在多有。[101] 雖然說「總體元氣還在」，也只是保留日後復甦的基本力量，此時如果再遭到猛烈打擊，其結果可想而知。

六月三日，中共中央同意東北局的請求，準備放棄哈爾濱，「採取運動戰與游擊戰方針」，爭取部隊休整與恢復士氣的時間。「作長期打算，為在中小城市及廣大鄉村建立根據地而鬥爭。」[102]

在東北國共戰爭中，此時應該是共軍最虛弱的一刻。國軍追擊，兵鋒直指松花江北岸的哈爾濱，新一軍的先頭部隊已經抵達雙城，距離哈爾濱不到六十公里。中央社記者陳嘉驥日後撰文指出：林彪主力退回松花江北岸後，剩下不到五萬人；「蓋此時之東北，除四平街附近有林彪約十萬之眾及長春約有二萬人業被國軍擊潰或消滅外，其他城市幾乎等於真空。」[103] 新一軍軍長孫立人準備過江佔領關東軍為了防備蘇聯而建造的連線永久工事，形成有利戰略態勢，「使共軍永遠龜縮於佳木斯一帶酷寒地域」。[104] 回到南京的白崇禧，得知蔣氏正在考慮徇馬歇爾的請求，下達停戰令，於是在六月二日致電北平行營主任李宗仁，請他轉呈已由瀋陽飛北平的蔣介石，此時決不可驟下停戰令。「側聞各黨派策動馬歇爾提出要求東北停戰事，此事萬不可答認，」白崇禧迫切地表示：「否則必葬送國防生命線之東北也。」[105]

而蔣氏仍於六月六日頒布第二次停戰令。

---

100 鍾延麟，〈彭真與中共東北局爭論——兼論其與高崗、林彪、陳雲之關係（1945-1997）〉，《中央研究院近代史研究所期刊》，第 91 期（2016 年 3 月），頁 112-114。

101 張正隆，《雪白血紅》，頁 164-165、168-177。

102 「中央關於同意放棄哈爾濱採取運動戰、游擊戰方針給東北局及林彪的指示」（1946 年 6 月 3 日），《中共中央文件選集》，第 16 冊，頁 185。

103 陳嘉驥，《東北變色記》，頁 45。

104 許逖，《百戰軍魂：孫立人將軍》，下冊（台北：懋聯文化基金，1989 年），頁 103。

105 「白崇禧致李宗仁電」（1946 年 6 月 2 日），《蔣文物》，典藏號：002-080104-00015-001。

XV

蔣介石頒布停戰令，當時和之後的看法，多以為是馬歇爾以退出調處、斷絕援助威迫所致。美方不斷施加壓力確實是蔣頒布停戰令的原因之一，但蔣氏對此心有定見，不會輕易受到馬的左右。頒布停戰令，是蔣整體策略中的一環，他的真正意圖，在於「以戰逼和」，即以軍事勝利增加談判籌碼，迫使中共就範。

「此間軍事情勢，共匪之慘敗，實為意想所不及者也。」[106] 在四平街會戰之前，蔣介石只以鞏固南滿（松花江以南）為意圖，隨後國軍大勝，進入長春，蔣親到東北視察，認為東北共軍主力已被徹底擊潰，於是有接收整個東北的雄心。但他也知道國軍兵力限度，因此準備在談判時逼使中共接受其條件。蔣氏在五月二十五日致行政院長宋子文的函件中表示，知道「馬（歇爾）將軍對我軍佔領長春不甚同意，」蔣命宋對馬說明：「我軍進入長春實於和平統一只有效益，而毫無阻礙，請其放心，只要東北之共軍主力潰敗，則關內之軍事必易處理，不必顧慮共方之刁難與叛亂也。」蔣氏十分確信，中共於不久之後「必不能不請求馬將軍出而調解」。[107] 這段話很能說明蔣氏在東北用兵的真實意圖，不在窮追猛打、消滅共軍，而在於以軍事壓力促成外交解決。另據杜聿明的回憶，蔣氏在下達停戰令之後，曾經就東北整軍方案徵詢他的意見。蔣準備藉由四平會戰後的軍事優勢，將東北共軍駐軍範圍「限制在佳木斯、齊齊哈爾等幾個中小城市中」。當時杜聿明認為「在戰場上絕對不可能得到這些東西，而在和談中若能得到這樣的成就，我是滿意的。」[108]

在蔣致宋的函件裡，還透露了另一項訊息：蔣表示自從他抵達東北之後，「某國

（即蘇聯）不斷作間接表示，決不對共方袒助，以阻礙我統一，過去如此，今後亦必如此，惟望中國能早日和平，並探詢有否需要並盡力之處。」蔣乃指示宋：「最近某方態度，確已好轉，與前大不相同，故我政府應即與其大使從速繼續談判。」由此也可見蔣氏「以戰逼和」，藉以打開談判僵局的做法。

選擇適當時機妥協，是蔣介石與對手周旋時常見的政治手段。即使是面對中共這樣難以與之妥協的敵人，蔣也不忘選擇妥協的可能。[109] 蔣氏過去以「軟硬兼施、和戰並用」的策略，瓦解不少政治對手。這一次面對「美蘇國共」兩強四邊競逐東北的複雜困難局面，蔣用上此一策略不足為奇。學者有云，以外交主導軍事是蔣既定方針，因此委曲求全、放棄軍事機會，乃是必然的結果。[110] 不過，此次蔣在和戰之間猶疑遷延，因此而錯失不可復來的難逢時機，日後將付出重大代價。

由上述可知，蔣介石在五月二十二日晚間聽取白崇禧報告時，已註定不會同意他揮軍渡過松花江繼續追擊的請求了。但白崇禧對於東北提出的各項意見，蔣氏卻給予高度的重視。那麼，為什麼蔣氏不讓白崇禧留在東北？是否如日後李宗仁在其回憶錄所說，

[106] 「蔣中正致宋子文函」（1946年5月24日），《蔣文物》，典藏號：002-020400-00006-071。

[107] 「蔣中正致宋子文函」（1946年5月25日），《蔣文物》，典藏號：002-020400-00006-072。

[108] 杜聿明，〈國民黨破壞和平進攻東北始末〉，頁563；另據蔣氏自記：「我以舊黑龍江省准許中共駐軍，」見「蔣中正日記」（未刊本），1946年6月25日。

[109] 黃道炫、陳鐵健，《蔣介石：一個力行者的精神世界》（香港：中和出版，2013年），頁188-193、197。

[110] 陳立文，〈白崇禧與東北接收〉，《傳記文學》，第101卷第1期（2012年6月），頁46。

蔣「妒賢忌能」、「討厭這主意出自白崇禧」，[111] 寧願丟失東北，也不願見到白崇禧在東北建功？

這似乎牽涉蔣、白兩人複雜的關係：對於白的指揮才能，蔣一直深有認識，因此當戰局陷入困境，蔣便要白去肆應危機；但一旦危機解除，白卻展現出想留在東北總攬軍政大權的模樣，不是蔣所能接受。[112]

從戰略高度來說，蔣要白先回南京，可能是因為兩人對於軍事順位見解的南轅北轍。白崇禧因為堅定主戰的態度，受到中共的密切注意，致使他每到一處，周恩來便向美方「告狀」，指控白在部署內戰。白隨蔣再次前往東北，莫斯科《真理報》於五月二十五日對其攻擊，馬歇爾則在二十六日向宋子文表示，蔣「對東三省軍事，似不願至此告一段落。」[113] 使蔣苦於解釋。蔣本就有停戰之意，為免馬歇爾誤會，白自然非離開東北不可。

凡此種種，便可以說明蔣對白所說：「你在此，若馬歇爾問你是否要繼續追擊，你不好說話」背後的含意。先前蔣要白到東北督師，是因為東北國軍將領出現指揮分歧、令出多門的亂象，導致攻勢異常遲緩。白崇禧抵達東北後，諸將聽命，號令統一，三天即打下四平。對蔣介石而言，白此行已經達成任務，沒有留在東北的必要。

當時蔣氏自認「以戰逼和」之策大獲成功，東北局面已定。五月二十五日，東北行營得蘇軍照會：東北蘇軍已於本月三日全部撤離。「余入瀋陽，不僅為軍事與東北問題之定力，而對俄國外交之轉機亦實繫於此也。」蔣在當日的日記裡寫道，而「我軍已於本星期收復長春，此為奠定東北最大之關鍵，其勝利之速出於意料之外，不有上帝保佑華，盍克臻此。」[114] 全國局勢，原本危疑不定，「因四平街十九日克復以後，軍心民氣為之一振，復因長春、永吉相繼收復，共匪潰敗，其勢大殺，於是大局乃得轉危為安。」而收復長春，代表「自去年十一月起東北行營由長春撤退以來，先錦州，次瀋陽，乃至長春之具體計畫整個實現矣。費近半年心血，卒得達此目的，感謝上帝佑華之恩，非可言喻。」六月一日，蔣在北平約見國立北京大學代理校長傅斯年商談教育，並與傅同遊府學胡同文丞相祠。在祠堂前蒼鬱的古樹下，他回想此次巡視東北，「心神振奮，處理諸務不遺餘力」；當前局勢，更使他感覺「欣爽舒適也」。[115] 如此自認得計，更不可能對渡江追擊之事重作考慮。

第二次停戰令原定停戰時間為十五日，將於六月二十二日中午十二時截止。六月二十日，蔣和馬歇爾會談，同意延長停戰期限至三十日。[116] 二十一日中午，蔣約集于右任、戴傳賢、吳鐵城、何應欽、白崇禧、王世杰、徐永昌、俞大維等政府部院要員餐敘，席間「商討停戰令展期問題」，宴後即發布延長停戰令。[117] 白崇禧對此有何意見，不見於記載，然而白即使在此時大力反對停戰，也無法改變蔣的決定了。

111 唐德剛（撰寫），《李宗仁回憶錄》，下冊，頁 807。

112 白先勇，〈戰後東北之爭（下）〉，《溫故》，第 12 期（桂林：廣西師範大學出版社，2008 年 8 月），頁 13。

113 「宋子文致蔣中正電」（1946 年 5 月 26 日），《蔣文物》，典藏號：002-020400-00006-075。

114 「蔣中正日記」（未刊本），1946 年 5 月 25 日，上星期反省錄。

115 「蔣中正日記」（未刊本），1946 年 5 月 31 日，本月反省錄；1946 年 6 月 1 日，上星期反省錄。

116 「蔣中正日記」（未刊本），1946 年 6 月 20 日。

117 葉健青（編），《事略稿本》，冊 66，頁 158。

XVI

然而蔣介石自認其「以戰逼和」之策獲得成功，是嚴重誤判。四平街會戰結束不久，毛澤東很快就下令在關內根據地發動報復作戰。毛認定「東北是未了之局，我黨須準備長期鬥爭，最後總是要勝利的。」他的談判底線是「東北方面，我們讓到長春雙方不駐兵為止，此外再不能有任何讓步。美蔣要打，讓他們打去；要佔地，讓他們佔去，我們絕不能在法律上承認他們的打與佔為合法。」[118]

毛澤東並不恐懼戰爭，更做好長期鬥爭的準備；而站在談判第一線的周恩來，則以「談而不和」對抗蔣氏的「以戰逼和」：周在軍隊整編、恢復交通與改組政府等方面，都與國民黨針鋒相對，爭論不休。蔣的「以戰逼和」，實際上已告失敗。結果，關外才剛停戰，關內烽煙又起，蔣不得已，只好將用兵重心再放回關內；如此「邊談邊打」，逐漸讓蔣陷入「和戰兩難」的困境之中：想要談和，則無法承受中共愈開愈高的政治價碼；想要作戰，則社會、經濟與人心都難以久持。

蔣介石既然不願白崇禧留在東北，卻對白表示：「你的意思，我交杜聿明去做。」顯然他同意白氏報告中的各項舉措十分重要，必須立刻進行。蔣回南京之後，即批示將白所進呈的「收復東北九省國土與主權建議書」交給參謀總長陳誠審核，並「速即實施」。對於爭取時機，蔣氏是有認識的。六月十三日，蔣介石電令行政院長宋子文、國防部長白崇禧：東北及熱、察等省分「情形特殊，一切軍政措施，必須爭取時機，可准行營主任、各司令官、各省主席對於人事之懲處，經費之支配，有就近臨時緊急權宜處理之權」。[119] 此外，蔣命鄭介民派遣得力幹部佯裝被俘，打入共軍之中，藉以打探情報、動搖共軍軍心，以及命熊式輝、杜聿明編組縱隊以攻為守，向松花江以北地區擴張等構想，[120]凡此，似乎可以見到白崇禧建議的痕跡。

停戰令頒布以後，國共雙方在東北開始了一場爭分奪秒的競賽：各自都在整軍經武，希望搶先恢復實力。一九四六年七月七日，中共東北局通過由陳雲起草的〈東北局關於目前形勢與任務的決議〉，後來被稱為「七七決議」，指出「創造根據地是我們工作的第一位。」這是中共在東北工作方針的根本轉變，要求所有幹部：「跑出城市，丟掉汽車，脫下皮鞋，換上農民衣服，不分文武，不分男女，不分資格，一切可能下鄉的幹部統統到農村去，確定以能否深入農民群眾為考察共產黨員品格的尺度，一切深入農村者給以獎勵，不願到農村去的給以批評。」沒有國軍的武力打擊，「現在，天高海闊，黑土地上的共產黨人，可以盡情地表現和施展他們無與倫比的魅力了。」[121]

一九四六年下半，中共致力於在北滿建立基層黨政組織、發動土改使黨組織扎根基層、接收蘇方交付給他們的關東軍重武器，清理軍隊內部的「動搖份子」，並扭轉東

[118] 中共中央文獻研究室（編），《毛澤東年譜》，下卷，頁86；楊奎松，〈一九四六年國共四平之戰及其幕後〉，頁152。
[119] 「蔣中正致宋子文白崇禧電」（1946年6月13日），《蔣文物》，典藏號：002-080200-00585-247。
[120] 「蔣中正致鄭介民電」（1946年6月24日）、「蔣中正致熊式輝等電」（1946年6月29日），《蔣文物》，典藏號：002-080200-00552-195、002-080200-00586-001。
[121] 張正隆，《雪白血紅》，頁196-197；金沖及，〈較量：東北解放戰爭的最初階段〉，《近代史研究》，2006年第4期，頁26。

北百姓心中認為「國軍才是正統」的觀念。從這時期開始，包括偽滿軍警在內的東北民眾，開始大量被編入軍隊，日本關東軍遺留下來、足以裝備數十萬軍隊的較先進武器，也全數落入林彪部隊的手中，使得中共東北野戰軍能一改過去共軍「小米加步槍」的貧弱配備，組成一支現代化、具備重型火砲的強大軍事力量。[122]

在這場恢復力量的競賽裡，國民政府顯然是落敗的一方。失敗原因，千頭萬緒；這裡僅單就白崇禧對於東北「各省主席以軍人出任」建議的落實情況，一窺國府的蹉跎。白崇禧於五月二十七日呈蔣氏「收復東北九省國土與主權建議書」，其中第四項「在非常時期，省政人員，似非軍人不足以發揮鬥爭力量，現有省市政府，似應加以調整。」蔣介石於六月中旬批示「盡速實施」。但在七月十六日，熊式輝函呈蔣氏，提到「各省主席人事之調整，此時似不宜操之過急」，因為東北各省主席更動為軍人的消息，不久前遭有心人蓄意洩露，登載於天津《益世報》，「以致現任各省之主席極度不安，醞釀社會引起一種反感，故若此時是非不顧，強勉行之，必致發生非軍人中極不良之影響。」[123]

八月二十二日，國民黨秘書長吳鐵城致電總裁蔣介石，稱白崇禧建議「以高級軍官任省主席，統一黨政，兼任保警司令一節」，已經提報中央常會討論，結論是「現在東北軍官，多外省人士，如兼任各省主席，恐引起地方反感，」因此請蔣氏「再予考慮」。蔣終於批示「緩辦」。[124] 一項用意在「爭取時機」的舉措，竟然如此艱難彳亍，本身即坐失時機，則國府在東北處境之江河日下，也就可見一斑。

XVII

一九四七年一月八日，美國特使馬歇爾搭機返國，歷時一年的在華調處以失敗收場。馬歇爾回國後即接任國務卿，對中國內戰採取旁觀立場。

經過近半年的休生養息，「東北民主聯軍」主力的整訓已經完成。一九四七年開年，林彪就接連發動作戰，「三下江南」、「四保臨江」，東北國軍苦於招架。五月，共軍大規模攻勢再起，連下本溪、海龍，接著圍攻四平，這是國共兩軍第三次在四平廝殺，即「三戰四平」。國軍守將第七十一軍軍長陳明仁指揮四個師，憑藉城防工事拚死抵抗。全城建築在砲戰中幾乎盡被夷為瓦礫。雙方逐屋、逐巷爭奪，慘烈戰鬥達十九日，守軍數度只剩下核心陣地，全靠空軍發揮巨大威力，才能阻擋共軍攻勢。[125]激戰到六月三十日，國軍以瀋陽新六軍、長春新一軍兩大主力併力馳援，擊破沿途阻擊共軍，成功與守軍會師，林彪於是解圍而去。此役共軍發射砲彈二十萬發，火力上已經凌駕國軍。

「三戰四平」國軍慘勝，熊式輝不久之後黯然去職，而四平守將陳明仁與省主席劉翰東隨即內鬨互訐。蔣以參謀總長陳誠兼任東北行轅主任，陳誠到任後立刻大刀闊斧

[122] 楊奎松，《中共與莫斯科的關係》，頁 569-570。
[123] 「熊式輝呈蔣中正函」（1946 年 7 月 16 日），《蔣文物》，典藏號：002-080103-00065-005。
[124] 「吳鐵城致蔣中正電」（1946 年 8 月 22 日），《蔣文物》，典藏號：002-080200-00534-072。
[125] 「蔣中正日記」（未刊本），1947 年 6 月 30 日、7 月 1 日。

整頓東北軍政人事，嚴懲貪污，他查出陳明仁於四平保衛戰時挪用省府物資，將其撤職查辦。陳明仁為黃埔一期的驍將，甫因死守四平苦戰獲勝而榮頒青天白日勳章，竟落得撤職下場，自然憤恨難平。兩年之後，他會再一次於白崇禧的故事中扮演重要角色。有鑑於東北國軍已處劣勢，陳誠以現有兵力，就地成立三個新軍。三個軍是以原來的暫編師及保安團改編而成。陳誠在東北並未如在關內時裁撤「游雜部隊」，而是加以整飭改編，立意雖然良善，然而實際執行時手段出現落差，使得原來地方團隊有遭到「併吞」之感，人人自疑。[126]

陳總長受命於危難之際，意氣仍然豪邁，揚言不許東北共軍發動第六次攻勢。然而在一九四八年初的公主屯會戰，國軍慘敗，林彪各縱隊長驅直入，瀋陽緊急戒嚴，市郊已可聽見共軍砲聲。陳誠本就抱病到任，至此已無法再支持下去，於二月黯然離開東北。蔣介石被迫改組東北行轅為剿匪總司令部，以衛立煌出掌。自從一九四八年四月，重鎮四平陷落以後，國軍在東北只剩下瀋陽、長春、錦州等孤立據點。到了同年八月，林彪的東北野戰軍（原東北民主聯軍）已發展至百萬之眾，而且配備重砲戰車，火力已可壓倒國軍。蔣命衛立煌主動出擊，但衛只以保住瀋陽為主，拒不從命，將帥僵持不下。九月底，錦州被重重圍困，山海關內外陸路交通完全斷絕。十月十日，蔣氏在策劃遼西會戰的同時，命令長春國軍突圍，但為時已經太晚。十月十五日，錦州失陷，守將范漢傑被俘；十七日，困守長春的滇軍第六十軍倒戈，守將鄭洞國以下十萬官兵做了俘虜。這時，從瀋陽出擊、意圖收復錦州的東北國軍主力第九兵團（司令官廖耀湘），前頭攻擊受阻，後路遭共軍切斷，於二十六日晚間全軍覆沒，所有美式軍械、火砲、坦克、車輛，盡入敵手。廖兵團轄五個軍、近十萬人，是東北國軍最精銳的主力，覆滅之後，國軍在東北已無可戰之兵；瀋陽不戰自亂，於十一月一日陷落。

一九四九年初，林彪的東北野戰軍破山海關南下，改稱第四野戰軍，後來從湖南、廣西打到海南島，一路與白崇禧鏖戰，最終擊敗白部。「據說一直到現在，湖廣一帶的地方官不少是東北人，都是第四野戰軍的，」東北籍立法委員齊世英後來回憶：「我們的人自己不用給人用，說起來實在痛心。」[127]

時間回到一九四七年六月十五日，在四平保衛戰進行到最激烈階段時，白崇禧收到熊式輝來函，請求速調援軍到東北：「此間迭次會戰，軍力消磨，損失甚重，既無增援之師，而補充器械亦不足敷，且屬太遲，因之其力大減，其數可驚，」繼而他感嘆地寫道：「公（**指白**）去年在瀋擘劃諸端，未得盡行，致有今日之失。」[128]當白崇禧的計畫未得實現、快快南返之時，東北這幕悲劇雖然還沒有落幕，但是結局卻早已經註定了。

[126] 林桶法，〈國共內戰時期陳誠與東北戰場〉，收於周惠民（主編），《陳誠與現代中國》，頁197-201。
[127] 沈雲龍、林泉、林忠勝（訪問、記錄），《齊世英先生訪問紀錄》（台北：中央研究院近代史研究所，1990年），頁270。
[128] 熊式輝，《海桑集》，頁589-590。

XVIII

從國共雙方最初的戰略目的來看：中共想在東北站穩腳跟，取得背靠蘇聯的穩固根據地；國民黨則希望能收復整個東北。然而國民黨先是受制於蘇聯，接著又因美國影響而變更用兵順序，在「先安關內」與「先圖關外」之間搖擺。反觀中共不但搶先進入東北，更克服各種困難，在北滿立定腳跟。四平街會戰之後，林彪所部從虎口逃生，至此東北大勢已定。就如楊奎松所說：「自進兵東北以來，中共雖然始終沒有找到機會來實現他們奪取全東北的計畫，以致在同國民黨的軍事較量中暫時地遭到挫折，但他們實際上完全地達到了最初所設定的背靠蘇聯，接取援助和建立鞏固的東北根據地的基本目標，而這就夠了。對中共來說，剩下的其實就是個時間問題了。」[129]

國軍只有一個徹底改變東北戰略態勢的機會，那就是白崇禧等人所建議的：乘四平街會戰後共軍遭受重創之際，不顧一切渡過松花江進擊。錯過這次機會，中共在東北的地位將不可撼動。當時身在前線的將領如白崇禧、杜聿明、孫立人等，多持此見；之後一些研究這段時期歷史的中外學者，如季林（Donald Gillin）、馬若孟（Ramon Myers）、蔣永敬等，也有類似看法。[130] 近年來如譚納德（Harold Tanner）等學者，對於國軍是否有能力渡過松花江進擊提出質疑，其提出的理由，包括林彪主力實際上並未被擊潰、杜聿明指揮能力有限、以及東北國軍兵力在進入長春後已延伸到最大限度、國際因素限制，尤其美國不支持等等。[131] 但這些因素都是為中共最終在東北勝利這一既成事實，在各個面向尋找「國軍必敗」的合理解釋。

白崇禧等將領當年在戰場身歷其境、親眼目睹的大好戰機，與學者們的「事後之明」有著不小的差距。當時白崇禧見到林彪敗得十分狼狽，力主渡過松花江追擊，將共軍驅出國境，至少壓迫在佳木斯等酷寒地帶。新一軍軍長孫立人則有更為具體的目標：佔領日本關東軍為了防備蘇聯而建造的永久防禦工事。新一軍趕在第二次停戰令下達之前，由第五十師派出第一四九團第二營第六連約三百餘名兵力，於六月五日佔領進駐松花江鐵路大橋北岸的陶賴昭橋頭堡，為日後進軍哈爾濱做準備。

陶賴昭橋頭堡正是日本為以蘇聯為假想敵而修造的永久防禦工事，為一鋼筋混凝土雙層大型碉堡，內有發電機，飲水、存糧及彈藥一應俱全，可以獨立作戰。一九四七年二月，林彪發動「二下（松花）江南」戰役，松花江北岸的陶賴昭堡守軍深陷敵後三十五公里，以一個加強連抵抗共軍一個團圍攻二十四天而屹立不搖，戰後奉頒「中正

129 楊奎松，《中共與莫斯科的關係》，頁570。

130 如Donald Gillin, *Last Chance in Manchuria: The Diary of Chang Kia-ngau* (Palo Alto, CA: Hoover Institute Publisher, 1989); Ramon Myers, "Frustration, Fortitude, and Friendship: Chiang Kai-shek's Reactions to Marchall's Mission," in Larry Bland ed., *George C. Marshall's Mission to China* (Lexington, VA: George C. Marshall Foundation, 1998), pp. 149-171; Caroll Wetzel, "From the Jaws of Defeat: Lin Piao and the 4th Field Army in Manchuria," PhD dissertation, George Washington University, 1972; 蔣永敬，《蔣介石、毛澤東的談打與決戰》，頁233。

131 Harold M. Tanner, *The Battle for Manchuria and the Fate of China: Siping, 1946* (Bloomington and Indianapolis, IN: Indiana University Press, 2013), pp. 213-221.

連」稱號。[132]甚至到了一九四八年十月下旬，陶賴昭堡孤懸敵後，已與長春斷絕聯絡半年之久，空軍飛臨偵查，赫然看見「青天白日滿地紅的國旗仍在迎風招展！」[133]陶賴昭堡駐軍的最後結局不得而知，但是他們的表現可以證明，佔領原關東軍永久工事，將造成戰略態勢的丕變。可知一九四六年國軍未渡江進擊，其影響的深遠重大。

四平會戰是中共少有的大敗仗，官方紀錄和戰史上自然力求遮掩。杜聿明日後兵敗被俘，受到監禁「改造」，他的回憶文字，是「改造」的成果，而不盡然為事實經過。關於東北民主聯軍在此役中的潰敗情況，不是反過來寫，就是扭曲隱晦。真相只能從若干論述的縫隙中略見一二。

「兵無常勢，水無常形」，戰爭指揮是存乎一心的藝術，不是單憑裝備、補給和火力就能決定勝負。即使東北國軍兵力使用已達極限，如果斷然乘勝追擊，北滿局面的最後勝敗，恐怕還很難遽下定論。白崇禧的指揮統御能力、主戰態度，以及他「組織三百萬民團」的建議，觸動了莫斯科與延安的敏感神經，所以《真理報》對其攻擊，而周恩來更頻頻向馬歇爾「告狀」。蔣介石在此時收回白督師東北的指揮權，命其返回南京，是做了敵人最希望他做的事情。白氏晚年時每提起這段往事，時常扼腕頓足，惋惜不已，應該是在為未能掌握一去不可復返的大好機會而深自嘆息。

XIX

直到晚年，白崇禧都保留著劉翰東於一九四五年十二月七日寄來的信函。「我中央抗禦倭寇，歷時八載，最終目的，惟在使東北重光，救民水火，不意倭寇敗降之後，

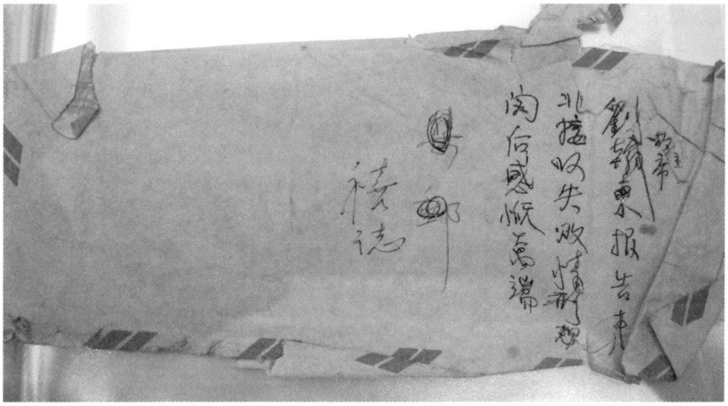

白崇禧在遼北省主席劉翰東信函外寫道：「劉故主席翰東報告東北接收失敗情形，閱後感慨萬端。」（廖彥博翻攝）

竟以人謀不臧，將使東北河山，再投豺虎！」這番沉痛的預言，三年不到，竟然一語成讖。白退到台灣以後，重讀這封信函，心潮起伏，難以釋懷。「劉故主席翰東報告東北接收失敗情形，閱後感慨萬端。」白崇禧在信封外寫道，這二十二個字的每一道筆畫，都帶著無比的遺恨。

晚年的白崇禧為了失去的大好機會而萬分痛惜，親自頒布停戰令的蔣介石則是悔恨交迸。一九四八年下半年，東北局面已萬分危急，林彪的東北野戰軍兵力已破百萬，如果瀋陽失守，失去牽制林彪的最後據點，東北野戰軍入關，華北局面將隨之瓦解。十月四日，蔣氏飛抵瀋陽督戰，當時國軍在東北勢窮力蹙，瀋陽市街蕭條，人心惶惶，這番景象，使蔣目擊心

132 張良信，〈松花江畔的忠勇典範〉，《勝利之光》，第 698 期（2013 年 12 月），頁 37-38；陳嘉驥，《東北變色記》，頁 299-300。

133 許逖，《百戰軍魂》，下冊，頁 115-116。

傷，他在日記裡寫道：「東北今日殘敗至此，皆由馬歇爾一手造成之，因以大兵進駐東北，遂使關內整個戰局，調遣失靈，為匪所困，而陷於如此之危境。回首往事，誠不堪設想矣！」他也檢討自己「自愧胸無成竹，不能自主國家大政，竟為外交所牽累，而受制於人。」[134] 至此他已懊悔當初不該為了美國因素，而更改原定「先安關內」之策，進軍東北。但是這時距離長春圍城遭到逼降、遼西會戰國軍精銳覆滅、東北全境「解放」（參見第十四章「中原風雲急」），已經是倒數計時了。

退到台灣以後，進軍東北的失策經常在蔣氏心中浮現。「至東北問題一節，極感為何當時不依此原定方針，貫徹到底。」一九五一年八月七日，蔣在日記中寫道，「而後竟為依賴外交，誤信馬歇爾之主張與態度，將最精華各軍開入東北。以致捨本逐末，無法挽救矣。」十月二十五日再次提起：「如果我於三十四年十一月決定撤回長春行營以後，明知自力不足，不能接收東北之決策，不因以後美國助運我軍接收東北，以為可恃，而堅拒接收，一任俄國之霸佔，將我國軍全力先行肅清關內之共匪，則決不如今日之失敗。此乃依賴外力，轉變政策，決心不堅之報應。一著失，則全盤皆敗矣。」[135]

一九五六年五月二日，白崇禧因為發覺出入時遭到情治人員長期跟監，而上書蔣介石抗議，並表明立場態度。這時白與蔣的關係，因為之後發生的事件，早已今非昔比（詳見本書後面各章）。但是白崇禧在密函中特別重提四平街會戰，扼腕痛惜之情，在文字裡表露無遺。

[134] 「蔣中正日記」（未刊本），1948年10月4日。

[135] 「蔣中正日記」（未刊本），1951年8月7日、10月25日。

二

鈞座英明領導，故我之政治立場異常堅定，決非任何歪曲之政治主張或異端邪說所能動搖；故凡對於違反本党三民主義及損害祖國權益之任何党派任何個人，我均極端反對，不稍寬假，謹舉數例以資佐證：

第一，對共匪態度如下：我自民國十三年加入國民党篤信三民主義，堅決反對共匪，當國民革命軍北伐時，共匪有意顛覆本党顛覆國府陰謀，我適統率東路軍前敵總部佔領上海，奉鈞座命令於民國十六年四月十二日率行清党運動，將共匪在滬根據地掃除，各省繼起響應，共匪勢力消滅殆盡，挽救本党於垂危；

抗戰勝利後，林匪彪竄擾東北，得蘇俄接濟，佔據東北戰略要點

一九五六年五月，白崇禧致蔣介石密函，提及東北停戰，「往事追維，真令人痛心疾首者也。」

「抗戰勝利後，林匪彪竄擾東北得蘇俄接濟，佔據東北戰略要點四平街，國軍久攻不下，職奉鈞座命令前往四平督師，三日而攻克之。當時我統帥部曾獲諜報，蘇軍約六千潛留長春，故密令國軍不准渡遼河，」白氏回憶道：「職當時身臨前敵，關於匪情比較清楚，故本上級指揮官企圖，曾獨斷下令，嚴飭杜總司令聿明，率部渡過遼河追擊，攻佔長春、吉林。林匪所部死傷慘重，潰不成軍，確已失去戰鬥能力，若以職原定計畫繼續窮追，本可將其消滅於東北境內，以免該匪後來在東北接受蘇軍繳獲日本關東軍五十萬人之優良裝備，為我第一勁敵。同時我可將東北國軍精銳調進關內，形成重點使用，剿匪軍事，或可改觀。」走筆至此，白替蔣氏隱諱，因為下達停戰令，實際上出於蔣氏的主動：「無如馬歇爾將軍受匪共欺蒙，左袒毛匪，強迫東北國軍停止追擊，遂使林匪坐大反噬，養虎貽患。」至此，白氏嘆息寫道：「往事追維，真令人痛心疾首者也。」[136]

蔣氏是否見到白的密函？或是閱及之後，作何感想？是否因為白提起令蔣不堪回首的隱痛，而對白更添惱恨？從目前公布的史料裡無可查考。但是同年十二月，蔣出版《蘇俄在中國》，當中多處提到抗戰勝利後在東北失敗的痛史。例如提及「先安關內」之策的動搖：「（前略）……東北是否落在俄共手中，是一個國際安全有關的問題。當時中國既不能單獨解決，也非直接對俄談判所能解決，則我們應該採取停止接收的決策，一面將我們的部隊集中平津，堅守榆關而以錦州為前進據點；一面將東北問題提出聯合國公斷，」他自承當時自己受到國際因素的牽制，不能堅持到底，「同時更將我們國軍精銳的主力調赴東北，陷於一隅，而不能調度自如，爭取主動；最後東北一經淪陷，華北乃即相繼失守，而整個局勢也就不可收拾了。」

又如提到頒布停戰令之後：「從此東北國軍，士氣就日漸低落，所有軍事行動，亦陷於被動地位。可說這第二次停戰令之結果，就是政府在東北最後失敗之惟一關鍵。當時已進至雙城附近之追擊部隊（距離哈爾濱不足一百公里），若不停止追擊，直佔中東鐵路戰略中心之哈爾濱，則北滿的散匪，自不難次第肅清，而東北全境亦可拱手而定。若此共匪既不能在北滿立足，而其蘇俄亦無法對共匪補充，則東北問題自可根本解決，共匪在東北亦無死灰復燃之可能。故三十七年冬季國軍最後在東北之失敗，其種因全在於這第二次停戰令所招致的後果。」[137] 蔣氏等於是將東北的失敗，歸咎於自己頒布停戰令、不允許白崇禧揮師北進。此時蔣白關係雖然決裂，兩人對東北失敗的回憶與見解，竟不謀而合。

東北白山黑水，收復千載良機，竟然瞻循蹉跎，最後一敗塗地，倉皇瓦解。孰令致之？孰使為之？蔣與白的晚年，就和許多親身參與其中的人一樣，在失去東北的遺恨中反覆追憶，各自煎熬。

[136] 白先勇，《父親與民國》，下冊，頁 189。
[137] 蔣中正，《蘇俄在中國》，《總統蔣公思想言論總集》，卷 9，頁 147、200-201。

第十一章 國防部長

戰略的錯誤是不能以戰術來補救的。
——蔣介石

上一章曾經提到，一九四六年五月下旬，白崇禧在瀋陽向蔣介石力主國軍渡過松花江追擊，並請求留在東北組訓民團，蔣卻不願白留在東北，只說：「六月一日國防部成立，你回去接事。」原來國民政府鑒於整軍建軍之需要，將原有的軍事委員會及設於行政院下的軍政部改組為國防部，「使陸海空軍體系及運用一元化，並劃分陸海空軍區，確立軍事行政體系，策定國防分區計畫，以為建國建軍之基礎。」[1] 原任參謀總長何應欽外放聯合國軍事代表團，原任軍政部長陳誠任參謀總長，而改制後的第一任國防部長，則由白崇禧出任。[2]

[1] 馬天綱、賈廷詩、陳三井、陳存恭（訪問、紀錄），《白崇禧先生訪問紀錄》，上冊，頁 457。
[2] 「蔣中正致何應欽手令」（1946 年 5 月 10 日），《蔣文物》，典藏號：002-080200-00552-095。

蔣介石（中）、白崇禧（左）、陳誠（右）合影。蔣以白為首任國防部長，但軍政軍令大權都在參謀總長陳誠之手，這張照片很生動的說明三人之間的關係。（國史館提供）

這一章關注以下幾個方向：首先，蔣為什麼任命白出掌國防部？其次、蔣如何使用白崇禧這位國防部長？白又是如何看待蔣派給他的角色與任務？第三、白在這段期間向蔣氏提出哪些戰略意見？兩人對戰事與政局的看法產生何種差異？

I

一九四六年六月一日，白崇禧在南京城北東區、原中央軍校大禮堂就任國防部長。他向記者解釋，中國國民黨推動革命，軍事階段已到最後階段，現準備積極實施憲政，因此將獨立於行政院之外的軍事委員會撤銷，改設隸屬於行政院的國防部，以實現「以政治軍」、「還軍於國」，確立國家百年不拔的制度。白部長表示，國防部的組織有兩項特色：一是軍政密切聯繫，政略與戰略協調；二是三軍軍政、軍令一元化。[3]

白氏上述這番話，雖不能說言不由衷，但「官方宣示」的意味很重。白一定清楚，新成立的國防部，職權範圍尚不明確。國防部長的職權，按照《國防部組織綱要》的規定，僅是「一、審定參謀總長所提關於國防需要之軍事預算及人員物資計畫，提請行政院決定，並監督其執行。二、審議總動員有關事項。」而參謀總長的職權則是「掌理軍

[3] 白崇禧，〈白部長談國防部任務〉，《國防月刊》，創刊號（1946年6月），頁103-104；〈以政治軍還軍於國，白部長談國防部組織及任務〉，《申報》，1946年6月3日，版1。

事之一切計畫準備及監督實施。」軍令事宜，「秉承國民政府主席之命令」；軍政事項，「經國防部長提請行政院審定之」。換言之，軍政軍令的實際權力，都掌握在參謀總長手上；國防部長唯一的職責，只是向行政院提出軍事預算。參謀總長可以直接秉承國府主席之命，指揮陸海空三軍，行政院長和國防部長不能過問。❹

實際上，白崇禧根本不贊成在此時改組軍事機構。白氏認為國共戰爭正在進行，和平並未實現。統帥部如要改組，耗時費事，不能適應戰爭的緊迫需要，不如沿用何應欽於抗戰後期主持的中國陸軍總司令部，可收駕輕就熟之效。❺至於國防部長新職，白崇禧更曾經函呈蔣氏，婉謝出任：「職以為目前中國生死存亡問題莫過於剿滅奸匪，應以全國人力物力集中於剿匪方面，其他一切問題，均可視為次要，」懇請蔣「另選賢能」出掌國防部。❻看白氏信中語氣，他辭謝國防部長任命，似乎不只是客套謙辭而已，白應是希望留任參謀本部，以落實他對於全局戰略的見解。

蔣介石對此專函作何回應，不得而知。在此要討論的問題是：蔣為什麼要將白擺在國防部長的位置上？蔣從未解釋過這項任命，因此在當時與日後引來不少揣測。例如白氏的部屬便有一種說法，認為戰後何應欽、陳誠爭奪國防部，相持不下，蔣乃「推出幕外的第三張牌來搪塞」，以白出掌國防。❼

這種推論看似言之成理，但仔細推敲後仍存在問題。從人事角度來看，蔣既然以陳誠為參謀總長，與之「搭檔」的國防部長，在資歷上必須與陳相當。一九四九年前的三任國防部長，即白崇禧、何應欽、徐永昌，均出自原軍事委員會高級將領。蔣外放久任參謀總長、資歷完整的何應欽，也不選抗戰時長期主持軍令部的徐永昌，如此看來，副參謀總長白崇禧雀屏中選，可能有資歷與聲望的考量。

問題在於，蔣以白崇禧、陳誠作為軍政機構的領導雙巨頭，是否合適？一年以前，蔣尚且在日記裡批評白氏「量淺挾（狹）至此，何能擔當大任」，❽顯然對白有所不滿；而白素以勇於任事著稱，❾不會甘於有名無實的部長職位而無所作為。他與陳誠之間，建軍整軍的看法大相逕庭，很難不生齟齬。

國防部從無到有的設置，或許是另一個值得思考的方向。白崇禧在抗戰時曾有成功組建軍訓部的經驗，也可能是蔣在任命時考慮的因素。無論如何，蔣氏在一眾高級將領之中任命白崇禧為國防部首任部長，當然是對他的一種肯定。❿國防部長一職也是蔣授予白的最高職務。

❹ 黃旭初，《黃旭回憶錄——李宗仁、白崇禧與蔣介石的離合》，頁 284。
❺ 程思遠，《白崇禧傳》，頁 246。
❻ 「白崇禧呈蔣中正函」（1946 年 5 月 11 日），《蔣文物》，典藏號：002-080200-00620-021。
❼ 文思（編），《我所知道的白崇禧》，頁 131。
❽ 「蔣中正日記」（未刊本），1945 年 5 月 1 日。
❾ 白崇禧，〈白部長談國防部任務〉，頁 103-104。
❿ 林桶法，〈戰後蔣介石、白崇禧關係的探討（1945-1950）〉，《國史館館刊》，第 35 期（2013 年 3 月），頁 87。

II

國防部於一九四六年六月成立時有三位次長：林蔚、劉士毅、秦德純；林蔚是陳誠人馬，秦是西北軍宿將，只有劉是從軍訓部一路追隨白的親信。陳誠的參謀本部也設有三位次長：劉斐、郭懺、范漢傑。⑪ 參謀本部組織龐大，下設六廳和若干局、處，分別接辦原軍事委員會各廳處的業務；國防部本部下設有十個司，一個國防科學研究委員會，但員額總數不及參謀本部一個廳局。參謀本部接辦了原軍事委員會的所有業務，而國防部本部各單位草創新立，加以沒有實權，一時間無事可做。白崇禧見到這種情形，便命各司司長經常召集司內人員開會研究，擬定各種有關國防建設的計畫方案。國防部三位次長，每星期也與三位參謀次長聚餐一次，以檢討軍事情勢。⑫ 然而在白氏任期之內，國防部本部機構「形同虛設」的問題始終未獲解決。⑬

一九四六年十月起，白崇禧兼任直屬行政院的綏靖區政務委員會副主任委員（**主任委員由行政院長兼任**），實際負責綏靖區行政事務；隔年一月三十日，又兼任政務委員會督導團團長。⑭

蔣氏在此期間對白下達不少手令、電報，內容多與綏靖區政務有關。如一九四六年八月三十日，蔣致電白，認為擔任綏靖之部隊「清查戶口、編組保甲與自衛隊之工作與技術應特別加強，」由各師旅團長負責切實訓練，並令白編輯「具體條文簡易辦法」。蔣的指示，有時干涉太過，及於枝微末節，這封電報就是一個例子。「部隊佔領匪區大小城市以後，駐在地之部隊長官應嚴格考選其所部官兵中，最有能力品格及智識者，每連三人至五人，指派其在政治部工作，受政工主任之督導指揮，對於當地合作事業與整頓土地、管制糧食，以及其設立通信偵查與維持交通、開發地方之生產事業，如修路築堤與公共造產等，皆應分別設計，每人或二人專任其一業，並須賦與其權限，與規定其責任。」⓯以統帥的高度而親自過問「每連三人至五人」的業務指派，未免失之瑣碎，但這是蔣氏的一貫風格。

一九四六年十二月八日，蔣要求「本年已收復各區，每區必須指定二縣至五縣為實驗縣」，實施綏靖區委員會頒發各項條規。⓰一九四七年三月三十日，蔣以手令指示白：「綏靖區各縣縣長，應與城共存亡，併力死守，無令不得任意撤退。此事仍應嚴格執行，惟該縣如無正式軍隊防守，且遇匪軍大股來襲，其力量不足以抵禦時，可准縣長酌量情勢，率領地方團隊，暫時撤離縣城。」白於四月五日覆電表示遵照奉行。⓱七月三十

⓫ 張朋園、沈懷玉（編），《國民政府職官年表（1925-1949）》，第1冊（台北：中央研究院近代史研究所，1987年），頁160-162。

⓬ 何作柏，〈白崇禧當國防部長的內幕〉，《新桂系紀實》，下冊，頁34-36；郭廷以（訪問）、沈雲龍、陳三井、馬天綱（紀錄），〈劉士毅先生訪問紀錄〉，《口述歷史》，第8期，頁59-116。

⓭ 陳佑慎，《國防部：籌建與早期運作（一九四六—一九五〇）》（台北：民國歷史文化學社、開源書局，2019年），頁147。

⓮ 張朋園、沈懷玉（編），《國民政府職官年表》，第1冊，頁464。

⓯ 「蔣中正致白崇禧電」（1946年8月30日），《蔣文物》，典藏號：002-020400-00008-145。

⓰ 「蔣中正致白崇禧手令」（1946年12月8日），〈綏靖工作概況（二）〉，《國民政府檔案》，典藏號：001-075700-0002。

⓱ 「蔣中正致白崇禧手諭」（1947年3月30日），《蔣文物》，典藏號：002-020400-00012-015。

白崇禧身兼綏靖政務委員會副主任委員，時常出巡各地視察。圖為一九四七年初，白（前排中）視察綏遠、察哈爾時與察省主席傅作義（前排右）留影。

日，蔣以手諭要求部長白崇禧、總長陳誠「對於退役士兵授田事，希即研擬具體實施方案呈報為要。」白於隔年一月擬具實施辦法草案呈報核准。[18]負責綏靖區政務，可以看出蔣對白能力的認識；但蔣氏明知白的才幹卻不讓其參與作戰決策，只令其負責次要業務，則反映出蔣對白的難以信任。

III

一九四六年十一月十五日，國民大會在南京召開。這次國民大會主要任務是制定憲法，因此又稱「制憲國民大會」。白崇禧是桂林市選出的代表，他因為反應敏捷、具備協調手腕及其回族身分，成為蔣介石在大會召開期間解決突發危機的重要委託對象。

大會審查憲法條文期間，出現一場「建都危機」。先是，憲法草案中原有建都南京一條，但是有七百多位北方籍代表醞釀連署提案，要求遷都北平。他們主張的根據有二：一是從歷史上看，中國各朝代建都北京時間長，建都南京時間短；二是從政治戰略形勢上看，遷都北平可以震懾國內外各股反叛勢力。但另有一派認為國民黨在南方根基穩固，經濟條件也比較有利，反對遷都。提案當天上午，兩派激烈辯論，預定在下午表決。原本下午預定擔任會議主席的是樞機主教于斌，但他推辭了，主席團以形勢緊張，請白崇禧處理。

[18] 「蔣中正致白崇禧陳誠手諭」（1947 年 7 月 30 日），《蔣文物》，典藏號：002-020400-00012-042。

白承擔任務後，立即前往黃埔路官邸晉見蔣介石，報告上午開會情形。白表示主張建都北平的代表人數眾多，下午即將表決，形勢對政府不利。「照我個人的良心上講，我贊成此案，我亦有此心理，」白向蔣表示：「但為了避免在政治上引起紛爭，我主張不要把首都寫在憲法上，各國憲法不一定把首都確定在憲法上，我們北伐時也曾以廣州、武漢為政治中心，是否可以不定，你許可後我還要與各主要提案人通電話，希望他們撤回提案，撤銷此條，免得在政治上引起紛爭，將來可能的話，也可遷北平。」

蔣聽後反問：「他們可以撤銷嗎？」「你同意撤銷此條文，我可同他們講，希望他們同意。」白說道。蔣沉思數秒後，說：「好！你去辦吧！你去辦吧。」

得到蔣的允諾後白崇禧立刻趕回會場，以電話分別聯絡于右任、秦德純、于學忠、賈景德等北方主要代表，請他們展開活動，傳達中央願意撤案的訊息。同時，他又讓大會技術性延遲一小時，使得一場南北之爭圓滿落幕。[19]

西藏從民國初年以來一直是實質獨立狀態，國民政府對其鞭長莫及。抗戰勝利後，西藏當局以原來赴各國遊說獨立的「慰問同盟國代表團」為基礎，增加人員後改為出席國民大會代表團，攜來一份「西藏全體僧俗民眾會議報告書」，主要內容是向國府要求獨立，最低限度要維持高度自治。代表團於一九四六年四月抵達南京，但是提出報告書遲遲未得到國府回覆，於是按照西藏當局指示，拒絕領取出席代表證，只說是奉十四世達賴之命前來觀察。[20]

此時中央因國力不逮，深感無計可施，只好請國防部長白崇禧做最後挽回努力。「你們不肯接受代表證，說是來參觀的，這不好，」白氏邀請西藏代表到其寓所，正色陳詞：「（民國）二十七年達賴不給中央設的辦事處升旗，我奉命到青海玉樹開機場，你們便接受了，轟炸機去拉薩一轟完了，中央不得已時會採這種政策的。趕快打電報回去，改過來，不可自己鬧家務，如果要求以參觀代表身分參觀，大會不會接受，大〔會〕會場進不去，你們要吃虧的，不要受英國人教唆，好好與中央合作，對你們的開發與教育都有好處，無害處，為什麼要鬧分離呢？」聽了白這番話，西藏代表去電請示，藏方當局同意他們以國大代表身分參加會議。[21]

新疆省國大代表在該省副主席阿合買提江領導下聯署提案，要求改新疆為「東土耳其斯坦」，實施高度自治。中央希望他們撤銷提案，又請出白崇禧對付此事。白氏照樣請新疆代表到寓所來談話，依照他事前調查，這些代表分為十三個民族，都信仰伊斯蘭教，於是他以教胞身分進行勸說：「我說阿合買提江是共產黨，他頭一個步驟是要高度自治，第二個步驟是倒向蘇俄，這是很大的陰謀。我們回教先天是反共的，你們不要上阿合的當。這次大家簽署這個案，這要求不合理，而且提出去我保證一定否決。到大會才給否決了，有什麼面子？撤回來，大家精誠團結，五族團結，做五分之一的主人，不要自毀立場，提出來再給否決，進退兩難。」終於說服代表們開會撤回提案。

白崇禧以其少數民族身兼穆斯林的身分，在制憲國大會議期間發揮穩定作用。但是其實白氏非常反對一面作戰，一面行憲，他也因此被蔣屏除在作戰指揮之外。

19 馬天綱、賈廷詩、陳三井、陳存恭（訪問、紀錄），《白崇禧先生訪問紀錄》，下冊，頁 849-851。

20 張瑞德，〈欽差使命：沈宗濂在西藏（1943-1946）〉，《中央研究院近代史研究所集刊》，第 67 期（2010 年 3 月），頁 80、82-83。

21 馬天綱、賈廷詩、陳三井、陳存恭（訪問、紀錄），《白崇禧先生訪問紀錄》，下冊，頁 851-853。

IV

軍事指揮部署上的事情，蔣不讓白與聞，即使桂軍的調動作戰也是如此。一九四七年二月桂軍整編第四十六師在山東萊蕪全軍覆沒，對白崇禧來說，於公於私都是一次重大打擊。

整編第四十六師，原為第四十六軍，轄第一七五、第一八八兩個師。第一八八師師長，即為白崇禧的外甥海競強。桂柳會戰以後，四十六軍是桂系唯一留在廣西的部隊。抗戰勝利後接收海南島，一九四六年五月開始接受整編，軍縮編為師，師縮編為旅，八月經船運調往山東，加入魯南會戰的戰鬥序列。

一九四七年二月，國軍在山東南部調集十一個整編師，組成南北兩個兵團，以南北對進夾擊戰術，企圖佔領中共山東根據地蒙陰、臨沂。整四十六師被編在北線兵團，司令官李仙洲（**黃埔一期**），轄三個軍（**第七十三軍、第十二軍、整四十六師，四十六師到山東後對外恢復軍的番號**）。二月二十日，共軍華東野戰軍攻佔國軍儲存糧食彈藥的吐絲口，李兵團七十三、四十六兩個軍遂被圍困在小小的萊蕪縣城之中。二十二日，守軍糧彈將盡，開始突圍。二十三日下午一時，突圍國軍進入華野預設的口袋埋伏陣地，此時共軍伏兵盡出。華野指揮員陳毅回憶：「五萬敵人擠在一塊長二十里、寬四五里的山溝沙灘上，我砲兵一砲打到敵司令的騾馬隊，……全盤混亂。」[22]李兵團指揮系統被打

[22] 中國人民解放軍軍事學院（編），《陳毅軍事文選》（北京：解放軍出版社，1996年），頁426。

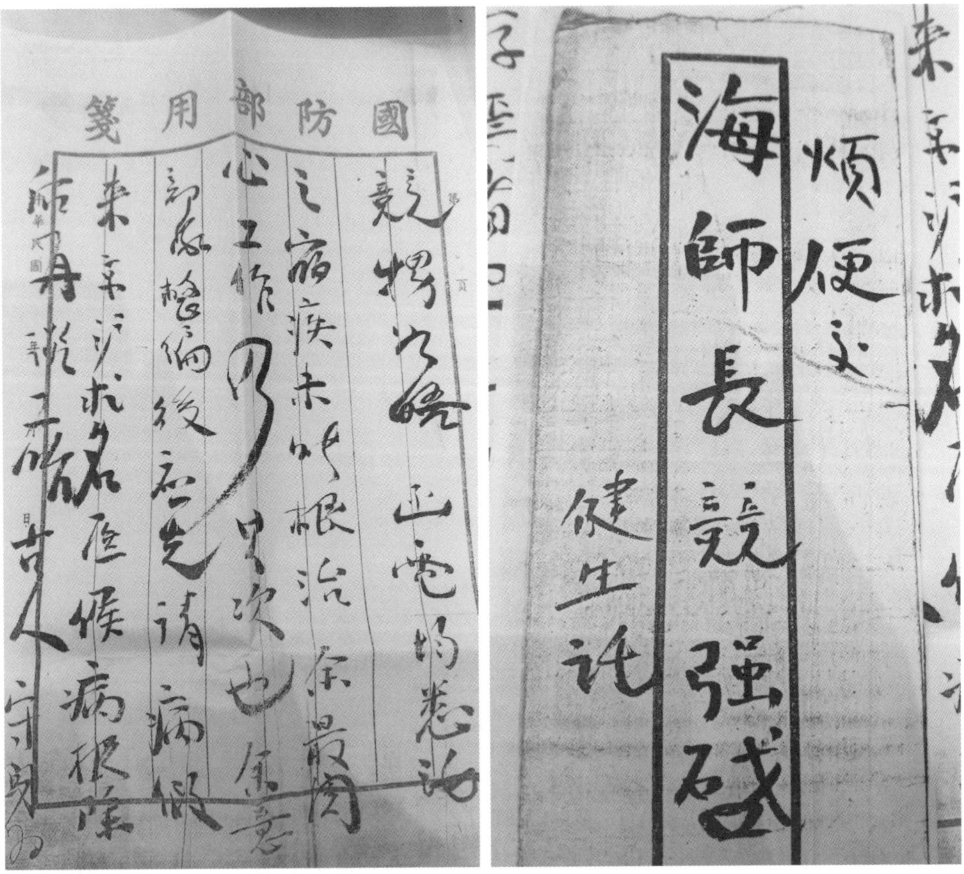

白崇禧致海競強函。海競強是白氏外甥，受白栽培最力。（廖彥博翻攝）

亂，不到兩小時即全軍覆沒。

二十四日，蔣介石據空軍偵查報告得知「第七十三軍與四十六師已被匪部一網打盡」，認為「**如此重大失敗為生平未有之慘敗**」。陳誠是此次魯南進攻的總指揮官，蔣認為陳過於驕傲輕敵，不聽從其指示，才招致慘敗。他於二月二十六日在國防部召集白崇禧、陳誠、劉斐等人訓話，「**斥責前後方高級將領驕矜自大，目空一切，對統帥命令意旨輕視違背，陽奉陰違，故有今日悲慘之失敗，未知辭修有動於中否？**」[23]

三月五日，白崇禧致電蔣氏，稱整四十六師師長韓鍊成之前曾經六次請辭軍長，力保第一八八師師長海競強少將自代，萊蕪會戰後，韓軍長「蹤跡不明」，為迅速恢復四十六軍士氣及戰力，希望能核准此人事更動。白氏接著解釋：「自國防部成立以來，職對於全國陸海空軍隊職人事，向未過問，惟自魯南會戰失利，檢討得失，由於用人不當者半，由於戰術錯誤者半。韓部情形，職比較清楚，故敢轉報，懇鑒察。」軍務局長俞濟時在擬辦意見欄簽註：「海競強係白部長之外甥。」蔣氏雖先批示「照准」，但又問：「海競強現在何處？」[24]

此時海競強正由山東被押往佳木斯途中。海競強受白崇禧長年栽培，又因為他是白的外甥，督責更嚴。當時白並不知道海競強也遭俘虜，當韓鍊成由萊蕪前線「逃回」，南京才確知海競強被俘消息，白崇禧極為震驚。[25]

使白更受打擊的是：他素來賞識的韓鍊成，竟然是長期潛伏的共諜。韓不但將李仙洲兵團進軍情報洩露給華野共軍，更在萊蕪戰前突然換裝離開指揮所，造成混亂，致使整四十六師幾乎沒有進行戰鬥就慘遭消滅。[26] 此時已有四十六師官兵陸續脫險逃回後方，白遂從他們口中得知戰役經過實況。[27] 程思遠寫道，白自此深疑韓鍊成，但「本於愛才的一念」，未向蔣揭發。（**白氏晚年接受口述歷史訪問時談到海競強被俘，也只說「李**

仙洲指揮的某一軍團中有某一師長叛變，整個軍團瓦解。」未提韓的姓名。）韓鍊成日後顯露共諜真面目，曾任解放軍甘肅軍區副司令員，他自認「有負白崇禧的知遇，頗感歉疚。」[28]

全體國軍部隊都歸中央統帥部負責指揮調遣，本不該有疑義，但是整四十六師在萊蕪戰役中的遭遇，不由得白崇禧等桂系領導人不起異樣的心思，疑心中央輕率指揮，斷送桂軍。這種猜忌心理，影響日後白氏出掌大別山軍事的決定。

一九四七年三月一日，白崇禧以綏靖區政務委員會督導團團長身分飛抵北平，視察綏靖政務。七日，白由綏遠包頭飛抵山西太原，和山西綏靖公署主任閻錫山交換意見。八日下午，突然接到南京急電召返。白遵命於九日飛返南京，當晚晉見蔣氏，蔣告訴白：二月二十八日台灣發生暴動，要白赴台宣慰，處理善後。[29] 白崇禧因此與台灣「二二八」事件產生關係。

---

23 「蔣中正日記」（未刊本），1947年2月24、25、26日。

24 「白崇禧致蔣中正電」（1947年3月5日），《蔣文物》，典藏號：002-080200-00542-018。

25 黃紉秋，〈韓鍊成其人其事〉，《傳記文學》，52卷6期（1988年6月），頁119-120。

26 「保密局呈蔣中正續報」（1948年11月15日），《蔣文物》，典藏號：002-080200-00335-113。

27 黃旭初，〈韓鍊成怎樣送掉四十六軍？〉，《傳記文學》，52卷6期，頁124-127。

28 程思遠，《白崇禧傳》，頁241；馬天綱、賈廷詩、陳三井、陳存恭（訪問、紀錄），《白崇禧先生訪問紀錄》，下冊，頁660；葉泉宏，〈韓鍊成投共之研究〉，《真理大學人文學報》，第6期（2008年4月），頁1-9。

29 「蔣中正日記」（未刊本），1947年3月9日。

上｜「二二八」事變，蔣介石急召白崇禧宣慰台灣，並查明真相。
當時白氏正在山西視察，圖左為太原綏署主任閻錫山。

下｜白部長（中）身為回族，能以同理心重視原住民。左為南志信，右為台東卑南族頭目馬智禮。

白崇禧（前排左三）到台灣宣慰，對當時台灣民眾帶來的安定效用不可忽視，並制止警備總部參謀長柯遠芬（前排左二）濫捕濫殺。（徐宗懋提供）

和一九四六年五月派白赴東北督戰一樣，蔣命白赴台灣宣慰善後，是蔣對白的一貫任用方式：處理臨時爆發的危機。就在同時，蔣氏正與胡宗南等人密謀研商突襲陝北延安的軍事計畫，但完全不讓國防部長知情。

V

白崇禧於一九四七年三月十七日由南京飛抵台北，在台灣各地巡行宣慰，到四月二日離台飛返南京覆命。白氏延遲來台的波折、抵達台灣之後每日進行的各項活動、受到陳儀等人暗中包圍監控的情形、期間與蔣介石的往來文電、對「二二八」事件成因的看法、對事件善後的影響，乃至於其遭受到的困難阻礙以及局限，均已在《止痛療傷：白崇禧將軍與二二八》一書詳細闡述，不再贅敘。[30] 這裡僅就白崇禧在「二二八」事件中的角色再作一番討論。

白崇禧到台灣宣慰，同時兼具安撫人心與實質救恤、制止濫捕濫殺的作用，對當時台灣民眾帶來的安定效用不可忽視，作家吳濁流、葉榮鐘的記載、事件親歷者的口述歷史都可作為證明。尤其白崇禧僅帶十三名隨員來台，竟能讓台民感覺軍紀頓時為之整飭、官吏為之警惕收斂、濫捕濫殺為之減少；白到處演說、視察，希望學生返校復學、公務員回到崗位，他頻頻徵詢林獻堂、丘念台意見，更禮待原住民領袖馬智禮、南志信，藉以穩定台東、高雄、屏東部落秩序。他的宣慰，可算成功。

台灣糖業公司接收自日本留下的十五萬噸砂糖，被行政院劃為「敵糖」，繳歸中央，不許販售，造成台糖財務困難，而民間謠言紛傳，成為二二八事件爆發民怨之一，「處理委員會」提出的三十二項要求裡，竟也有將十五萬噸糖歸還台省的訴求。一直到

白崇禧來台宣慰，發現「敵糖」竟成民怨淵藪，於是果斷建議，將中央所剩的敵糖歸還台省，亡羊補牢。㉛

其三，白崇禧足以威懾陳儀、柯遠芬非法濫捕濫殺之勢。一九四七年三月二十八日，白崇禧以國防部長身分，致電兼台灣省警備總司令陳儀，命令四點：一、已逮捕人犯，其人數、姓名、身分、案情及處理經過，均要造冊呈報；二、目前拘留人犯，情節輕微者，准予開釋；三、已處決人犯，需刻日造冊呈報；四、逮捕人犯由警備總部統一執行，其他任何軍警機關，不得擅自逮捕。陳儀於三十日覆電奉遵執行。此即是「寅儉法一代電」。歷來研究「二二八」事件者，多忽略了從「寅儉法一代電」到一九四八年二月十五日白氏致蔣介石簽呈之間的關連。白崇禧以國防部長身分，取消了陳儀宣布戒嚴後警備總部的軍法終審權。㉜

這道命令非常重要，然而之前卻少有人提。正因為有了「寅儉法一代電」，台灣警備總部才必須將「軍法審結暴亂案件」送呈國防部審核。批評者只看到當局以「軍法」

㉚ 白先勇、廖彥博，《止痛療傷：白崇禧將軍與二二八》（台北：時報出版，2014年）。

㉛ 程玉鳳，〈光復初期台糖的銷售問題——十五萬噸敵糖的來龍去脈（1945-1947）〉，《國史館館刊》，第21期（2009年9月），頁47-94。

㉜ 根據已故歷史學者、中央研究院院士黃彰健指出，白崇禧發布此命令的法源根據，為一九四一年訂定的《各省高級軍事機關代核軍法案件暫行辦法》（重慶：軍事委員會軍法執行總監部，1944年），第一條規定：「前項案件，經中央最高軍事機關認為有直接審核之必要時，得隨時飭令送核。」引自：黃彰健，《二二八事件真相考證稿》（台北：中央研究院、聯經，2008年），頁54。

審判台灣民眾，卻沒見到案中有十八人被國防部豁免死刑。白崇禧出於不另生枝節的心態，「揆衡犯情，原其心跡」，在徵得新任台灣省主席魏道明同意後，留在軍法體系內進行複審，並且全部減刑。

此舉正凸顯出白崇禧的重要性。如果不是白崇禧來台宣慰，則無論其他文武大員，在職務與法理上都不能有這一制止濫捕濫殺的命令。白部長同意人犯仍以軍法審判，但在判決時盡量予以寬免，是在兼顧實質效率、有效控管之下所做的考量。

白氏來台宣慰，蔣給他的指示是協助陳儀，他並沒有殺伐專斷的「尚方寶劍」（**令部屬互相牽制，似為蔣氏統御的慣用手法**）；他來台訪查，確立必須撤換陳儀、柯遠芬的心證，但為求順利完成任務，必須和陳儀維持表面和諧，等到返回南京，立刻建議撤換陳儀、懲處柯遠芬。當時國共內戰實際已經開打，白氏將事件成因歸結為中共造亂，是時空背景局勢使然；他以國防觀點建議充實要塞兵力，更不贊成武力鎮壓。

由於「二二八」事件目前仍然有史實爭議與政治敏感，白崇禧在「二二八」當中角色的評價，因此也受到不同政治立場的拉扯。誠然白氏在台十六天期間，無法全面遏阻濫捕濫殺，當時的知識份子及旅外台人中，對他不滿者固有人在，但是民間為其所立的長生牌位、李建興、張晴川、莊幼岳等人感激懷德的詩文，難道不能代表台人對白氏的感念之情？兩種資料應合在一起看，才能接近歷史的實情。

VI

或許是為了對無事可做的國防部長表示安撫，一九四七年五月蔣對白問候備至，也採納了不少白的軍政建議。

五月三日，白崇禧致電蔣介石，申述反對硬性規定前線作戰部隊輕裝備的意見。先是蔣氏於四月十五日在軍官訓練團第一期開學典禮上，對學員訓話時說：「現在我們部隊剿匪有一個重大的缺點，是裝備太笨重，行動不敏捷，因而影響我們一般指揮官戰略戰術的思想，處處陷於被動而不能爭取主動，」因此「這次我要隴海路剿匪的部隊，除了攜帶必要的山砲之外，其他所有不需要的野砲重迫擊砲等重武器都留在後方，目的即在減輕他們的裝備，增加他們的運動力，以爭取主動。」據此，蔣更下手諭給參謀總長陳誠，認為與共軍作戰，「輕裝部隊更易發揮威力，」要其研擬輕裝部隊編制和裝備。[33]

白對蔣氏這一看法不以為然。「職於此次軍官團結業，恭聆鈞座訓話，其中有國軍對剿匪因裝備笨重，以致被匪俘繳，曾有通令規定，前方部隊野砲重砲，非有命令不得使用，」他認為蔣之所以有此調整，是有鑑於本年一月時，編有摩托化重砲團的整編第二十六師在河南向城遭到共軍襲擊，全軍覆沒。而在白氏看來，向城之役，國軍「以攻擊之兵器，用於防禦，」實際上是「指揮官未明兵器性能，違背戰術原則，」因此對於

[33] 蔣中正，〈國軍剿匪必勝的原因與剿匪戰術的改進〉，《總統蔣公思想言論總集》，卷 22，頁 62；「蔣中正致陳誠條諭」（1947 年 5 月 3 日），《蔣文物》，典藏號：002-020400-00027-019。

重砲、戰車等重裝備武器，「似不應因噎廢食，限制使用」。「蓋以近代戰爭之特性，在以火力壓倒火力，速度壓倒速度，」是否攏行火砲等重武器，應該由前線部隊指揮官按照戰場實況，臨機取決。

蔣在白的意見之後批示：「如有攻堅必要，准由其前方軍部以上之指揮，臨時配屬，使用於主攻方面可也。」部分採納了白崇禧的意見。[34]

五月十日時白奉命向蔣報告對廣西、安徽兩省人事調動的看法。安徽自抗戰以來成為桂系治理的第二個省分，李品仙主政安徽已久，政聲欠佳，遭遇反對聲浪，蔣氏因此召見白崇禧，提出兩案：擬將廣西省主席黃旭初、安徽省主席李品仙兩人職務對調，或是由另一桂系要角黃紹竑取李而代之。白崇禧藉到上海主持警官直屬班及砲校要塞班開學典禮的機會，趁便徵詢在滬閒居的黃紹竑。黃向白表示，自己無意再出掌省政，並建議安徽人事暫時不要更動。白同意黃的看法，除了向蔣轉報之外，還建議如果中央非要將李品仙調離安徽，則最好以夏威繼任。[35] 蔣氏參考白的意見，李品仙得以留任。

在上海主持兩個訓練團開學典禮之後，白崇禧隨即前往杭州，校閱空軍軍官學校。五月十七日白氏結束任務，返抵上海，原本預計隔天返回南京，但當晚接到國防部次長劉士毅電話，轉來蔣介石命令，要白暫留上海。當時上海工人罷工、學生罷課，舉行「反飢餓、反內戰」遊行。蔣大概想借重白宣慰台灣的經驗，協助上海市長吳國楨、警備司令宣鐵吾恢復秩序。

十九日上午十時，白崇禧致函蔣氏，據其觀察，「知奸黨及反動派利用經濟恐慌及學潮、工潮擴大於全國各重要都市，其企圖不僅改善待遇，直欲演變為台灣二二八暴動，圍攻軍政機關，推翻現在政府而後已。」白於電報中還指出，據聞南京謠言紛飛，建議與中共和談之風漸長，如此「是非不明，邪正不分，將何以號召中外，振作軍心民心。望鈞座熟慮而英斷之！」[36] 白在當天分別對罷課學生進行勸說，隔日向蔣續報「本日復旦已復課，其他大學可望陸續復課，正在勸導中。」[37]

此時蔣對白的建議大多採納，只有一個例外，即白崇禧對岡村寧次的處置意見。岡村原為日本中國派遣軍總司令，日軍投降後被中方任命為日本官兵善後聯絡班長官。白崇禧認為，岡村寧次被列為戰犯，本應「依法審訊，以伸國憤」，但因其「於投降時，統率關內兩百萬日本軍民，遵守紀律，維持地方治安，恪奉政府法令，切實辦理投降繳械事宜」，現在善後聯絡班即將屆期撤銷，白因此建議兩種處置辦法：一是仍交軍事法庭審判，再由蔣主席予以減刑；二是延長善後聯絡班設置時期，暫至年底，之後視國際情勢演變再定辦法。參軍長薛岳在呈蔣中正核定時簽註意見，認為白「所擬兩項辦法，似均不妥」，應該再行研議，蔣氏同意。白氏建議不被蔣接受，本月只此一次例外。

由於幾個月來南北奔波，白崇禧的牙齦發炎，趁便在上海治療。二十二日，蔣介石致電白崇禧關切病況，「上海白部長：拔牙以後精神如何？治癒尚需幾日？甚念。」同時詢問他對軍事高層人事調動的意見：擬以郭懺代黃鎮球出任聯勤總司令，以朱紹良出任重慶行轅主任，「兄意如何？盼覆。」[38] 白於同日回覆：拔牙後出血稍多，不過精神尚

[34]「白崇禧致蔣中正電」（1947 年 5 月 3 日），《蔣文物》，典藏號：002-080200-00538-095。
[35]「白崇禧致蔣中正函」（1947 年 5 月 10 日），《蔣文物》，典藏號：002-080200-00620-026。
[36]「白崇禧致蔣中正函」（1947 年 5 月 19 日），《蔣文物》，典藏號：002-080200-00620-020。
[37]「白崇禧致蔣中正函」（1947 年 5 月 20 日），《蔣文物》，典藏號：002-080200-00620-025。
[38]「蔣中正致白崇禧電」（1947 年 5 月 22 日），《蔣文物》，典藏號：002-010400-00005-044。

好。而郭懺和朱紹良的人事調動案，白認為「均甚妥當」。[39]

五月二十九日，林彪「東北民主聯軍」發動夏季攻勢，大舉進攻四平，如何迎敵，東北國軍將領意見分歧。熊式輝主張傾長春、永吉之兵南下，與瀋陽北上兵團，夾擊四平共軍主力，杜聿明卻大力反對，認為長春守軍不宜輕出。雙方爭執不下，猶豫難決，重演去（一九四六）年四平會戰故事（**參見前一章「遺恨失東北」**）。熊式輝只好急電向蔣請示，並「請派白部長健生務於即日飛瀋一行，以便中央了解此間情形」。[40]「**接天翼（即熊式輝）電，稱速派白部長飛東北決定軍事要務，**」蔣介石在日記寫道，「**以健生病，此事非余親蒞東北解決，恐將貽誤全域，故立即準備飛瀋。**」[41]上述記載既表明熊、杜等人對白的信賴，同時也顯示：如果不是白此時正在治療牙疾，蔣很可能仍如去年那樣，派他到東北督戰。

六月，新疆國軍與外蒙古軍隊在北塔山爆發武裝衝突，蔣原本屬意由白前往新疆處理。六月十二日，蔣約見白，據蔣日記載「**與健生談新疆北塔山案方針，對俄不法行動，應勿再因循，弱國雖無力，應據理力爭。**」指示白處置方針。[42]不過，據當時的新疆省警備總司令宋希濂回憶，西北行轅主任張治中因為白崇禧「以反共反蘇著稱」，恐刺激蘇聯而力阻其前來，此事只得中止。[43]

此時蔣對於白的表現，應感到相當滿意。據黃旭初記載，當行政院於四月下旬改組時，蔣氏曾考慮由王寵惠組閣，而以白崇禧兼任行政院副院長，黃認為這是因為「白氏三月間奉派處理台灣暴動，平復迅速，台人信服，為蔣主席所喜。」而「白知不可為，辭之。」仍任國防部長。[44]

VII

但是白崇禧仍然被蔣排除在戰略決策之外，白因此深感不滿。白氏出掌國防部以來，蔣氏很少令其參加蔣每日早晚兩次於官邸舉行的作戰會報，白對於軍事部署無從過問。他經常列席國民政府國務會議做軍事報告，對於國軍在內戰的失利情況瞭如指掌，但對指揮部署又無從置喙，因此有很深的無力感。二月下旬山東萊蕪戰役，國軍包括整編第四十六師在內，被消滅五萬餘人；三月中旬胡宗南進攻中共總部延安，雖然佔領，卻是撲空，西北共軍主力不知所終；東北林彪所部如前所述，在五月下旬向南滿發起全面攻勢，國軍被壓迫在中長鐵路沿線的狹長地帶；五月十六日，正當白崇禧在杭州檢閱

---

39 「白崇禧致蔣中正電」（1947 年 5 月 22 日），《蔣文物》，典藏號：002-080102-00023-006。

40 熊式輝，《海桑集》，頁 580-582。

41 「蔣中正日記」（未刊本），1947 年 5 月 30 日。

42 「蔣中正日記」（未刊本），1947 年 6 月 12 日。

43 宋希濂，《鷹犬將軍：宋希濂回憶錄》，頁 252-253。不過到了十一月，蘇聯有聯合外蒙軍隊入侵北塔山跡象，白呈請蔣建議速謀對策，蔣氏於是命白召集劉斐、張治中等人，就新疆問題研議對策，一九四八年五月，白崇禧將研商結果呈報蔣氏核備。見「白崇禧呈蔣中正報告」（1947 年 11 月 8 日）、「白崇禧呈蔣中正簽呈」（1948 年 5 月 15 日），《蔣文物》，典藏號：002-020400-00039-120、002-020400-00039-127。

44 「黃旭初日記」（未刊本），1947 年 5 月 12 日；黃旭初，《黃旭初回憶錄——李宗仁、白崇禧與蔣介石的離合》，頁 290。

2

制憲國民大會召開，白崇禧（中站立者）也是國大代表，與廣西省出席代表合影。白反對一邊戡亂，一邊選舉。

空軍官校時，國軍進攻中共沂蒙山區根據地的戰事，遭遇最重大挫敗：號稱「五大主力」之一的整編第七十四師在魯南孟良崮覆滅，師長張靈甫、副師長蔡仁傑等將領自殺殉職。[45]郝柏村指出，國共軍事實力從抗戰勝利時的五比一優勢，至此已成三比二。[46]白崇禧焦急卻無可奈何的情緒可以想見。陸軍大學校長徐永昌記道，談及剿共軍事，白「屢搖頭表示無把握」；[47]一位從南京回來的廣西幹部對省主席黃旭初轉述「白部長言：中國必將大亂。」[48]

蔣介石以最高統帥直接指揮前線部署，是犯了兵法上「用人不疑」、「將在外，君命有所不受」的大忌。[49]對此白崇禧私下迭有抱怨。七月二十二日，美國總統杜魯門派遣前中國戰區參謀長魏德邁為總統特別代表，到中國調查國民黨失利的原因。據程思遠記載：七月二十四日，白崇禧約魏德邁到南京大悲巷雍園一號私邸晚餐。飯後，白、魏兩人對目前軍事局勢交換意見。白崇禧對魏德邁表示，蔣「以最高統帥指揮到軍級甚至到師級部隊，使各級指揮系統不能發揮其應有的效用，」這是其一；次為蔣的戰略思想，偏重防禦作戰，以有限的兵力，平均分布於廣大戰區，「殊不知兵力愈分則愈弱，戰線愈拉就愈長」，共軍因而發展其「以面制線，斷線孤點」的戰術，隨時集中優勢兵力，消滅國軍孤立的據點，以達到各個擊破的目的。「戰局發展至此，應由蔣氏獨負其責。」程思遠說白藉此一吐蔣氏不讓其參加統帥部作戰會報的不滿。[50]徐永昌也曾聽過白氏說「蔣先生之親自指揮，更屬非事，尤其遠隔前方，情報不確，判斷往往錯誤。」又表示：「蔣先生作風不改，前途不堪設想。」[51]

參謀總長陳誠是蔣介石的整軍政策執行人，白崇禧對於陳誠整軍的做法也有許多怨言。前一章已經提過，對於一面對中共作戰，一面卻裁軍的做法，白崇禧極力反對。抗戰勝利後陳誠主持整軍，下令將全國各軍砲兵集合在一起，白親自向蔣抗議這一做法，「把各軍砲兵集中處理，我是國防部部長，事先一點也不知道，」才中止此命令之執行。陳誠行事剛猛，作風強硬，看不起地方軍系部隊。白崇禧晚年回憶陳誠整軍，仍說：「他（陳）不要偽軍、偽滿軍，連游擊部隊也不要，稱之為游雜部隊，我覺得不妥。」[52]白崇禧赴洛陽、鄭州視察，發現通訊兵團的電台遭到撤編，「值此復員緊張之際，如何能沒有通訊機關呢？」不禁勃然大怒。[53]「過去我各線皆優於共匪，今則僅山東一處優於共匪。而士氣甚低，」白崇禧對徐永昌說：「其致此之由，實因整編與取消雜牌部隊，致軍隊減少，僅能控制點和線，無控制面的力量。士氣低落，人心怨上畏匪。」[54]

---

[45] 參見〈國民政府國務會議第一次到第十次會議速記錄〉，「國民政府委員會國務會議速記錄（一）」，《國民政府檔案》，典藏號：001-046100-0070。

[46] 郝柏村，《郝柏村解讀蔣公日記》，頁 248。

[47] 《徐永昌日記》，第 8 冊，頁 421。

[48] 「黃旭初日記」（未刊本），1947 年 5 月 25 日。

[49] 林桶法，〈戰後蔣介石、白崇禧關係的探討（1945-1950）〉，頁 106-107。

[50] 程思遠，《白崇禧傳》，頁 248-249。

[51] 《徐永昌日記》，第 8 冊，頁 488。

[52] 馬天綱、賈廷詩、陳三井、陳存恭（訪問、紀錄），《白崇禧先生訪問紀錄》，下冊，頁 860、895。

[53] 唐德剛（撰寫），《李宗仁回憶錄》，下冊，頁 763。

[54] 《徐永昌日記》，第 8 冊，頁 431。

白崇禧曾向蔣介石建言，應健全統帥部決策機制，
蔣氏雖然重視，最後卻沒有採納。

六月十八日晚間，白崇禧在南京寓所與美國駐華大使司徒雷登（John Leighton Stuart）談話，指出前線部隊指揮官對陳誠獨攬大權極為不滿。[55] 七月七日，軍務局長俞濟時向蔣介石呈報該局與軍訓團第三期受訓人員的訪談紀錄。其中有受訓學員向軍務局人員表示：「白部長及陳總長訓話，意見完全相反。白謂應早下討伐令，作戰部隊不宜整編，加強各級地方政府權力。陳則持相反之論調。一般認白語出誠懇，重事實；陳則強調精神，不務實際，不說實話，對學員心理，不無影響。」[56] 十一月九日，熊式輝與白崇禧談話，「言大局危機及陳某某輕舉妄動，相與慨然」，所指應該即是陳誠。[57]

蔣也知道白有怨言。六月二日時，蔣經國就曾致函其父報告「白部長留居上海，表示消極，且多怨言」，請蔣氏多加注意。[58]「今日所最堪憂慮者，」六月二十二日，蔣氏在日記中記道：「軍事高級幹部意見分歧，情感不睦。健生牢騷與不滿為甚。」[59] 實際上，一九四七年五、六月之間軍事惡化之快，致使高級將領皆對戰局悲觀。蔣雖然因戰局日趨不利而被迫思考改採戰略守勢，但此刻仍在猶豫不決當中。[60]

---

[55] "Memorandum of Conversation by the Ambassador in China (Stuart)," Nanking, June 18, 1947, Department of State ed., FRUS, 1947, The Far East: China, Vol. VII, pp. 201-202.

[56] 「俞濟時呈蔣中正報告」（1947 年 7 月 7 日），《蔣文物》，典藏號：002-080200-00542-078。

[57] 熊式輝，《海桑集》，頁 648。

[58] 「蔣經國呈蔣中正家書」（1947 年 6 月 2 日），《蔣文物》，典藏號：002-040700-00003-020。

[59] 「蔣中正日記」（未刊本），1947 年 6 月 22 日。

[60] 「蔣中正日記」（未刊本），1947 年 6 月 12 日。

VIII

此時白崇禧數次向蔣提出攸關全局的戰略建言。六月十二日，白上簽呈致蔣，建議盡速明令討伐中共，「適應軍事要求，完成戰時體制」，並制定長期作戰計畫。[61]「大局確實危機日深，非有北伐時之革命精神，恐難挽此狂瀾。」六月二十八日，白氏託返鄉探親的北平行轅參謀長徐啟明帶函給廣西省主席黃旭初，表達他對時局的憂心：「禧曾建議於委座，請下決心自力更生，不必專賴美國。刻正考慮全局根本做法。」[62]隔日，白崇禧即致書蔣介石：「竊職昨承鈞座垂詢對剿匪軍事意見，茲補具書面，上備鈞覽，」這應該就是白致黃函中所謂的「全局根本做法」，共分為四項建議：

首先是關於華北方面，國軍在華北兵力吃緊，而全國各戰場中，只有山東方面兵力較共軍佔優勢，其他各區甚至還處於劣勢，白氏因此建議撤退石家莊守軍，轉用兵力於北平、天津、保定等重鎮，並賦予擴編兩個整編師的番號給戰績優秀的傅作義部。如此一來，「戰術上收主動機動效果，使該方面戰局改觀，亦所以穩定平津戰局也。」

在西北方面，自三月中旬胡宗南攻下延安，未能捕捉西北共軍主力，乃以大軍向西壓迫，共軍即隨胡部壓力而往西發展。然而共軍特性「主在面的竄擾與控制，不重點之爭奪。」甘肅、寧夏自古即是多事之地，如果西北共軍「竟出平涼蘭州，遮斷陝甘交通，屆時隴東兵團海固兵團之力，不能阻止。其後果影響所及，將使甘新兩省淪為匪之新根據地，且背靠俄蒙，又成今日之東北局勢矣！」白崇禧對此深引為憂，因此建議胡宗南部不必執著於延安一點之佔領，「仍以主力機動使用，主以策應協助隴東兵團、海固兵團，得以防阻匪之西竄為主眼。」而寧夏方面的隴東、海固兩兵團，應交由西北行轅副主任馬鴻賓指揮，因馬能得回、漢兩方人心，而可避免指揮分歧，以致被共軍各個擊破的顧慮。

其三為東北局面：「東北為軍略要地，國家富源所在，欲保華北，必須先保東北」。白列舉了三項意見：第一、現行東北行轅、東北保安司令長官部，指揮系統上重床架屋，事權不一的情況，應該徹底整頓，「亟宜使最高軍事機構一元化」；第二、「現駐東北國軍裝備優良，戰力為國軍之精銳，務須經常保持其員額，充實其裝備械彈，以維實力」；第三、白崇禧重提去（一九四六）年夏季未獲實行的建議，「遴用東北本籍有聲望之軍人主持省政，優給餉械，責以事功，以編練民眾，配合軍事。」白氏認為現有東北各省主席多為文士，在與共軍爭奪地方武力、配合正規軍作戰方面，大多力有未逮。

最後一項建議，是關於第二線兵團的組建與人事。白崇禧指出，建立第二線戰略預備隊刻不容緩，此建議雖然已被蔣主席採納施行，但是「兵隨將轉」，軍事領導幹部的遴選機制更需要確立。白因此提議「在此作戰時期，第二線兵團團長以上之幹部，宜以薦選方式核用。如團長、正副旅長、正副師長、軍長、副軍長等。宜由國防部本部、參謀總長辦公室、陸軍總部、以及各戰區高級指揮官，依其所屬人員中之戰績勞績、學資並懋、才器卓越、英年有為者，慎選推薦。先由國防部人事評判委員會，應照前軍事委

61 黃旭初，《黃旭初回憶錄——李宗仁、白崇禧與蔣介石的離合》，頁 294-295。
62 黃旭初，《黃旭初回憶錄——廣西前三傑：李宗仁、白崇禧、黃紹竑》，頁 243。

員會人事評判委員會之組織旨趣，應以國防部長、參謀總長、人員次長、海陸空聯勤總司令、第一廳廳長、軍職人事司司長等組成之。」[63]

蔣氏接閱這份簽呈以後考慮良久，最後只採納了白的部分建議。[64] 七月四日，國民政府公布「厲行全國總動員案」，宣告進入戰時體制。[65] 華北傅作義部擴編，已開始進行。但是石家莊並未撤守。以胡宗南部策應隴東兵團、以及建立幹部遴選機制等建議，也都沒有得到回音。與此同時，蔣此時接連徵詢白對於西北軍事的看法，似乎有意任命他為西北行轅主任，出鎮西北。[66]

IX

蔣在七月下旬時有兩個調動白崇禧的方案，一是去西北，一是到東北，最後都沒有實現。西北是白氏青年時期立志馳騁之地，白又和「西北諸馬」同屬穆斯林，似乎頗為適合，白本人意願也很高。據一名在國防部本部擔任參謀的桂系軍官回憶，此時部裡的人員都在互相探問「跟不跟部長到西北去？」

但是桂系內部對於白崇禧出掌西北，卻深懷疑慮。首先，「部長去西北，中央無人支持反而有人（**指陳誠**）掣肘，得不到必要的供應，又沒有國際路線，巧婦難為無米之炊。」其次，白如果離開中央，朝中無人，桂系部隊、廣西、安徽兩省及北平行轅「無人照顧，將成為無母的孤兒。」最後，大家都認為國防部部長一職，不宜輕易放棄。白氏外調西北遂作罷論。[67]

除了外放西北，蔣氏曾經明確徵詢白崇禧出任東北行轅主任的意願。白於七月二十三日專函呈蔣婉拒，函中稱：「近日辱承垂詢，西北、東北、華北各問題，職曾抒鄙見，以供決策之參考。職備位中樞，素承優遇，寵錫護宥，感篆五中，每思長侍左右，貢其一得之愚，」白崇禧寫道：「故日前蒙以東北行轅任務徵詢，職當時面懇辭謝，請另委賢能（**任何人負東北行轅主任，職願從旁協助**），職並非畏難苟安，曾經考慮再三，方敢出此。東北環境，職知之甚深，東北形勢，更為中外所重視，職有自知之明，決不能勝此重任，望鈞座慎重考慮，並懇宥其愚忱而寬恕之。」[68]

讀者當有印象：大約一年之前，蔣不願白留在東北，而如今卻要白出馬挽救已成死棋的東北戰局。白以東北回天乏術，而對於東北戰守的方略，白顯然與蔣又有不同，自然不肯答應。但是幾天以後，蔣又提出以北平行轅主任李宗仁調任東北，而在調任後先由國防部長白崇禧暫代主持東北行轅兩個月、以利李出國治療胃疾的方案。「德鄰健

[63] 「白崇禧呈蔣中正意見」（1947年6月29日），《蔣文物》，典藏號：002-020400-00014-014。

[64] 周美華（編），《事略稿本》，冊70，頁185。

[65] 「國民政府公布厲行全國總動員案」（1947年7月4日），《蔣文物》，典藏號：002-020400-00012-033。

[66] 「蔣中正日記」（未刊本），1947年7月19、21、28日。

[67] 覃戈鳴，〈白崇禧圍攻大別山戰役概述〉，《文史資料存稿選編．全面內戰》，中冊，頁566；湯堯，〈白崇禧助蔣內戰奪取政權的陰謀〉，《文史資料存稿選編．軍政人物》，上冊（北京：中國文史出版社，2002年），頁173，不過湯堯將白有意赴西北任職的時間，誤記為一九四六年八月。

[68] 「白崇禧呈蔣中正函」（1947年7月23日），《蔣文物》，典藏號：002-080200-00620-012。

生晤商後，表示一致堅決辭謝，」黃旭初在日記中記道，「因東北局面，已無可挽回也。」[69]

東北高層人事改組，此後遷延一月，到八月底終於定案：熊式輝、杜聿明離職，由參謀總長陳誠兼任東北行轅主任。陳誠以總綰兵符的參謀總長，竟然親自出守東北，郝柏村指出此時蔣「等於直接指揮參謀本部及各戰場」，[70] 最高統帥已是自兼參謀總長。

X

缺乏通盤考量的長遠戰略，是蔣介石在內戰時軍事領導的最大弱點。一九四六年底時周恩來就曾一針見血的指出，國民黨「一切計畫均以半年為期，半年後毫無打算。」而蔣氏「對長期作戰計畫，亦無任何把握，美式彈藥只夠半年。」[71] 即使連三月時胡宗南部攻佔中共首府延安，也是蔣於倉促中做出的決定。[72] 日後自承是潛伏共諜的國防部第三廳廳長郭汝瑰，當時是蔣氏官邸作戰會報的固定參加成員，他表示國軍於一九四七年先後在陝西、山東兩翼發動進攻，並非預先想定的鉗形大戰略，實為蔣原本認為一舉而下延安之後，即可抽調主力在山東尋求決戰。[73] 結果一九四七年上半，國軍只拿下延安空城，胡部主力被共軍西北野戰軍彭德懷部牽制無法他調。而在山東主戰場，中共陳毅指揮的華東野戰軍主力飄忽不定，避免決戰，國軍難以捕捉，反而屢屢受挫。

話雖如此，國軍仍有最後一次機運：九月時蔣親自部署膠東半島攻勢，一度達到國軍在一九四七年軍事勝利的頂點。山東沂蒙山區在抗戰時期久已成為中共的「革命老區」、軍政根據地；膠東半島更是東北共軍向關內友軍輸送人員、彈藥、被服與器械的戰略基地，中共華東局也設於此。國軍自從整編第七十四師於魯中孟良崮全師覆滅之後，痛定思痛，改換戰法，強化陸空聯絡，七月間，先後在南麻、臨朐兩次戰役讓華野鎩羽而歸，進而佔領沂蒙山區，打通濟南到青島的鐵路線。

八月下旬，蔣以陸軍副總司令范漢傑為主將，以六個整編師加上特種部隊編組成膠東兵團，由西向東開始進攻。九月十六日佔領華野膠東軍區司令部所在地萊陽，九月二十二日華野東線兵團以膠東三面環海，無路可退，決定破壞、掩埋器材，人員分批向西突圍。[74] 十月一日，國軍膠東兵團佔領煙台，達成作戰預定目標——切斷關內外共軍的海上交通線。「九月三十日十月一日先後攻下煙台龍口威海衛，關內共匪的海上交通線是沒有了，山東半島沂蒙山區的兵工廠被服廠都給我們摧毀，以後沒有根據地，沒有補給，只有流竄，我們如以重兵壓迫，他也是站不住的，有如從前的捻匪。」十月十七日，白崇禧列席國民政府第十三次國務會議，作軍事報告時如是表示。[75]

[69] 「黃旭初日記」（未刊本），1947 年 8 月 1 日。
[70] 郝柏村，《郝柏村解讀蔣公日記》，頁 294。
[71] 周恩來，〈談判使黨贏得了人心〉（1946 年 11 月 21 日），《黨的文獻》（北京），1996 年第 1 期，頁 64。
[72] 金沖及，《轉折年代——中國 · 1947》（北京：三聯書店，2017 年修訂版），頁 123-133。
[73] 郭汝瑰，《郭汝瑰回憶錄》（成都：四川人民出版社，1987 年），頁 244。
[74] 金沖及，《轉折年代——中國 · 1947》，頁 326-329、335-342。
[75] 「第十三次國務會議速記錄」（1947 年 10 月 17 日），〈國民政府委員會國務會議速記錄（二）〉，《國民政府檔案》，典藏號：001-046100-0071。

問題是，膠東勝果要如何保持？國軍雖然佔領膠東半島各要點，但是華野主力並未被擊破。就在佔領煙台的隔天，安徽省主席李品仙連發告急電報，向蔣主席、行政院長張群、國防部長白崇禧求救：華野陳毅主力十個縱隊由山東南下，「其企圖必在爭奪長江流域，或威脅首都，絕非如潰軍逃逸可比。現劉匪（**劉伯承**）伏匿於皖鄂豫邊區一帶，實力尤〔**猶**〕在；」華野有與劉伯承所部會合、威脅淮南的可能。[76] 劉伯承（**指揮員**）、鄧小平（**政委**）指揮的晉冀魯豫野戰軍於一九四七年六月下旬，從山東西南部渡過黃河，進入橫亙湖北、河南、安徽三省的大別山區。到了十月，其兵鋒已經指向長江、威脅南京、武漢。

《觀察》周刊當時有一篇評論說得很清楚：中原共軍陳毅、劉伯承、陳賡這三大集團，形成一個倒「品」字形陣勢，如同一具大轉盤，保持機動，互相掩護，而國軍野戰軍兵力有限，如果抽兵堵截大別山的劉伯承，陳毅就會回師山東，膠東局面便前功盡棄。因此《觀察》記者判斷：國軍準備「壯士斷腕」，拚著中原地區受苦糜爛，也要徹底掃蕩膠東共軍。[77]

然而對國軍統帥部來說，繼續掃蕩膠東，還是堵截大別山？實在是一個兩難的抉擇，蔣氏遊移於二者之間，苦不能決斷，於是又責怪白崇禧。十月九日，膠東戰事膠著，蔣決定飛青島指導。他在當天日記裡埋怨白崇禧：「**各方戰事皆無進步，將領畏匪，國防部長且怕負責，故取旁觀態度，可嘆之至。**」[78] 郝柏村解讀蔣氏這段日記，認為「他（**白**）應有戰略思維，不同意蔣公。前曾有怨言，不為蔣公所諒，但依制度，國防部長並無指揮三軍之權，只有旁觀了。」[79] 從蔣氏日記的意思推測，蔣似乎有意讓白負責防堵劉伯承，但是白崇禧的戰略見解與蔣不同，加上白之前在上海態度消極、又曾婉拒出任東北行轅，所以蔣認為白「故取旁觀態度」。

但是此刻參謀總長陳誠遠在東北，蔣本人又經常飛往前線指揮，統帥部主持無人，環顧高級將領之中，還是只有白崇禧可堪託付。十月十六日，蔣氏「**晨醒考慮今後剿匪戰略**，」決心飛青島親自指揮膠東軍事，行前「**召見健生、岳軍付託諸事。**」[80] 顯然，蔣命白崇禧代表他參加參謀本部的作戰會報，這還是抗戰勝利以來的第一次。

白於隔日致電蔣報告戰況。他說自己於下午六時奉命到參謀本部參加作戰會報。本日各方戰況無大變化。白隨即對膠東戰局提出建議：「膠東為共匪國際路線及軍事基地，匪患最深，清剿需時，似應以一部鞏固煙台、龍口、威海衛、長山島之佔領，斷絕匪軍外援，以主力分為數個追剿縱隊，跟蹤追剿匪軍主力而擊滅之，對於不重要城鎮，不必分兵防守，以免戰力分散，其得失亦不必介意。」而針對共軍晝伏夜出的機動特性，白建議今後應將國軍編組成數個縱隊，以優勢兵力，專對共軍某一特定縱隊窮追猛打。[81] 十九日，白再致電蔣氏報告各方戰況、蘇北目前情形、以及「對大別山劉匪之有力進剿堵剿部署。」[82] 這幾日來的「代理統帥」經驗，使白崇禧更了解全國戰局，對蔣氏在軍事領導上的問題，也有更深的體認。

---

[76] 「李品仙致蔣中正、張群、白崇禧等電」（1947 年 10 月 2 日），《蔣文物》，典藏號：002-090300-00032-079。
[77] 觀察記者，〈從黃河到長江的軍事大轉盤〉，《觀察》，第 3 卷第 6 期（1947 年 10 月 4 日），頁 17。
[78] 「蔣中正日記」（未刊本），1947 年 10 月 9 日。
[79] 郝柏村，《郝柏村解讀蔣公日記》，頁 296。
[80] 「蔣中正日記」（未刊本），1947 年 10 月 16 日。
[81] 「白崇禧致蔣中正電」（1947 年 10 月 17 日），《蔣文物》，典藏號：002-090300-00159-065。
[82] 「白崇禧致蔣中正電」（1947 年 10 月 19 日），《蔣文物》，典藏號：002-090300-00159-071。

XI

程思遠的《白崇禧傳》寫道：一九四七年十一月十四日，白崇禧在蔣親自主持的國務會議上作軍事報告，總結全年軍事，指出「共軍在下半年，全部由防守轉入進攻。我對敵作戰，似應放棄單純防禦，改取以攻為守的方針。」蔣氏聽時「面容嚴肅，不吭一聲。」[83]

然而查看當天的會議速記錄，與程思遠所寫大不相同，而且訴求方向也完全不一樣：蔣、白兩人對於先堵截大別山似乎已有共識。白崇禧在軍事報告總結時說，中共流竄的目的是要「求兵求戰求食」。求兵指的是補充兵員，求戰不是尋求主力決戰，而是到處吃掉國軍孤立的小部隊、地方團隊，求食是向國府統治區域搜繳糧食。針對共軍「流竄」的特性，現在「我們已有了計畫」，即發動地方武力協助清剿。最後，白崇禧表示「今天必須將劉伯承主力擊破，才能收復華北援助東北。」

聽到這裡，蔣主席表示要補充幾句。蔣認為「此次劉伯承陳毅主力竄到長江以北黃河以南地區，其唯一目的在使國軍不能進剿山東膠東半島，膠東是共匪老巢，也是國際上武器彈藥的接濟路線，進剿膠東即是他們的生死存亡關頭。」蔣於是決定「不管他們如何牽制我們，還是照預定計畫向膠東半島進剿」。現在蔣氏認為膠東掃蕩已經完成，而劉伯承、陳毅兩部為了牽制國軍向黃河以北進擊，「所以他到大別山威脅武漢威脅南京威脅徐州」。因此國軍接下來的方針，就是先掃蕩黃河以南的共軍。[84]

其實膠東戰局發展，並不像蔣所說那樣樂觀，蔣氏儘管不願停止膠東進剿，顯然已經做出決定：調集重兵防堵大別山區的共軍。蔣準備令白出征大別山。十一月三日，蔣親自主持研究進剿劉伯承部共軍的會議，並「**約健生來談，令其在九江組織指揮部進剿大別山區（劉匪）總其成也**。」十一月十五日，蔣又與白「**談進剿大別山區方略**」。[85]

白崇禧接下坐鎮九江指揮作戰的任務，左右僚屬覺得是桂系重新掌握部隊的良機。「部長不出去指揮大別山區的作戰不行啦！」國防部部長辦公室副主任趙援說：「我們的部隊（指整七師、整四十八師、整四十六師）都在大別山區，」如果像萊蕪之役那樣被分割使用，有遭到各個擊破的危險。白如果坐鎮九江，指揮大別山區作戰，既可以「照顧自己的部隊」，又能尋機會擴充部隊。[86]

然而白氏雖然與蔣對於防剿大別山見解相同，其內心卻並不願意到九江坐鎮。[87]大概白崇禧覺得到九江指揮僅能謀一隅，不足以圖全局，因此不願前往。之前他在婉謝出掌東北行轅時曾經表示「每思長侍左右，貢其一得之愚」，言下就是希望留在參謀本部，向蔣提出關係全局的戰略意見。十一月七日，蔣氏記道「**與健生談戰局，彼主張放棄石家莊與長春、永吉，縮小範圍，余以為各重要據點無可再失，只有苦撐堅持，尤其長春如**

[83] 程思遠，《白崇禧傳》，頁 252-253。
[84] 「第十五次國務會議速記錄」（1947 年 11 月 14 日），〈國民政府委員會國務會議速記錄（二）〉，《國民政府檔案》，典藏號：001-046100-0071。
[85] 「蔣中正日記」（未刊本），1947 年 11 月 3、15 日；蔣中正，〈對大別山剿匪軍事的指示〉，《總統蔣公思想言論總集》，卷 22，頁 311-323。
[86] 覃戈鳴，〈白崇禧圍攻大別山戰役概述〉，《文史資料存稿選編．全面內戰》，中冊，頁 566。
[87] 熊式輝，《海桑集》，頁 648。

為匪所佔領，則彼匪必在該處建立偽政府，於我更為不利也。」[88]白崇禧此時已經看出大局極度危險，必須立刻縮小範圍，集中兵力，採取戰略守勢，保存東北、華北的國軍精銳，才能穩住陣腳，爭取主動。蔣雖然也有採取守勢的想法，卻仍然捨不得放棄「重要據點」；然而「苦撐堅持」的結果，是陷於被動，石家莊不久便告失陷，長春最終亦被圍困。

白崇禧另一項重要建議，是健全最高統帥部，也就是反對蔣氏現在獨斷部署、干預前方的指揮方式。根據熊式輝的記載：十一月十五日，因為大局日漸嚴重，行政院長張群約集熊式輝、吳鼎昌、吳鐵城、白崇禧、張治中等人座談，徵詢對時局意見及做法。白即於席間表示「統帥部統帥方法應改善」。[89]

大約在十八日前後，白氏向蔣上一簽呈，建議健全最高統帥部，及劃分四大戰區。白開宗明義指出，因中共組織堅強嚴密，且具有國際背景，是以此次戰事，「實較歷史上任何一次戡亂為艱鉅。」然而「目前國防部首要人員，多已外調，致使鈞座每日躬親主持作戰會報，宵旰宣勞，不免影響對國家其他外交、經濟、政治等重大問題」。白氏認為國防部長、參謀總長、陸軍總司令等「均為最高統帥之首要幕僚，」而目下連同他自己在內，全部遠離首都，致使最高統帥單獨負起策畫與指揮責任，如此「必累鈞座分心顧慮」，是以他建議統帥麾下的高級幕僚「仍宜集中首都，健全最高統帥部，使能分勞，而利剿匪。」

其次，白崇禧認為目前全國戰局演變，已經自然形成四大戰區，即東北、華北、華中、西北。他建議按照此四區劃分，「各任一智勇兼備之將領」，擔任戰區司令，負責作戰指揮，而「最高統帥部除戰略指導外，對其用兵不必作細部之指示，俾能專心策劃戰略，並致力於前方戰力之充實，而戰區之統帥又可適應機宜，獨斷專行」，如此分層負責，才能收提綱挈領之效。[90]

十一月二十三日，國防部九江指揮部編組完成，白崇禧於動身赴任前夕，致函蔣介石，再次申述對全盤戰局的意見。「職（**白氏自稱**）明日離京，對於全般剿匪意見，曾經面呈梗概，今謹再用書面條陳，敬乞鑒察。」白似乎擔心蔣誤解他健全統帥部的建議是為其個人利害打算，因此在信尾復又申明：「條陳各項，純為剿匪大計及愛護鈞座（尤其擔心鈞座健康）而立案者，絕無絲毫個人利害存乎其間也。」[91]

白崇禧已經看出蔣介石指揮決策的重大問題：統帥部高級幕僚全數外放，蔣的決策又干預前線指揮官權限，如再不立刻謀求改進，大局危矣！

蔣介石會接受白崇禧的建議嗎？十一月十八日，蔣在日記中寫道，當天「**與健生談話，彼對中央軍事機構之健全甚能注意也，**」頗為讚許。二十四日，蔣氏自記「**對剿匪戰略與整個兵力之運用獲得具體方案，自覺欣慰。**」他考慮起用張發奎專對劉伯承、而以范漢傑對決陳毅、胡宗南專打陳賡，這個構想明顯受到白崇禧「各任一智勇兼備之將領」、「分區負責」建議的啟發。[92]然而最後都沒有獲得落實，而蔣氏干預前線指揮部署也依然如故。

白崇禧能敏銳的觀察局勢，靈活調整策略，掌握戰略主動，從中保存力量。對白崇禧的全局意見，蔣終不能採納，而置他於一隅之地。

[88]「蔣中正日記」（未刊本），1947年11月7日。
[89] 熊式輝，《海桑集》，頁649-650。
[90]「白崇禧呈蔣中正簽呈」（1947年11月），《蔣文物》，典藏號：002-020400-00014-021。
[91]「白崇禧呈蔣中正函」（1947年11月23日），《蔣文物》，典藏號：002-020400-00022-015。
[92]「蔣中正日記」（未刊本），1947年11月18日、24日。

XII

國防部九江指揮部於一九四七年十一月二十七日開始行使職權。白崇禧調陸軍大學研究院主任徐祖詒為參謀長，部長辦公室副主任趙援為副參謀長，中央設計局副秘書長邱昌渭為政務秘書長，另從國防部各廳局、陸海空聯勤總司令部及機關學校調用官佐二一一人，組成九江指揮部。[93]

九江指揮部轄以下部隊：整七師、整四十八師、整四十六師（**以上桂系**）、整五十八師（**滇軍，親桂系**）、整十一師、整十師、整二十八師、整九師（**以上中央軍系統**）、整二十師（**川軍**）、一個快速縱隊（**戰車三十餘輛**），後來又從膠東調來整編第二十五師，另配屬空軍第三軍區和海軍江防艦隊。

敵情方面，白崇禧研判劉伯承、鄧小平進入大別山區的主力約有六到七個縱隊，十至十二萬人。作戰方針，決定將大別山共軍由東南向西北方向壓迫。白崇禧將整七師、整四十八師編成第三兵團，補充通訊器材，配備山砲、輕榴彈砲，使之成為機動剽悍的山地兵團，作為攻擊箭頭。作戰要領，以兩個師「靠攏在一起，相救如左右手，」對劉伯承主力採取攻勢，讓共軍只能招架；地方團隊與守備小部隊則憑藉碉堡據點固守，使共軍吞吃不下。「一個整編師他能吃得掉，兩個整編師在一起他就吃不下去。」白崇禧表示。[94]

據副參謀長趙援呈蔣介石的報告，九江指揮部在指揮部署上，重視以下各點：一、召開作戰會報時，「空海軍司令官、補給區司令、二、三、四處主官均參與，先由幕僚報情況，提計畫案，加以研討，部長最後裁定，對前方部隊下命令。」二、守軍在兵力居於劣勢，而預計難以增援時，先行轉移，以免局部損失。三、解圍與進剿，兵力至少需與對方相等，方可進行。四、時刻注意部隊之間聯繫，防止被各個擊破。五、重用伏兵堵剿。六、獎勵夜行軍，重視夜戰。七、「對部隊任務賦予，留獨斷活用餘地，不過於拘束，只責成其戰果。」[95]這份報告可能是趙援應蔣氏要求，歸納白崇禧的指揮特點，可以看出白與蔣在指揮風格上的差異：白在指揮上提綱挈領、願意授權；對於戰場上的變化，責成前線指揮官獨斷處置，不另加干涉。

二十八日，攻勢作戰即全線展開。按原先從八月間直到十一月二十七日為止，國軍在大別山區沒有整體作戰計畫，也無統一指揮機構，僅由武漢行轅、第五、第八綏靖區各自為戰。由於沒有充分協調，先後有整八十二旅、整四十師、整六十二旅遭到劉伯承部共軍各個擊破。白崇禧奉命坐鎮九江後，局面逐漸扭轉。國軍戰史評論道：先一日設指揮部，次日即開始作戰，「此固屬事先已有所準備，但能如此迅速行動，則出敵意表，容易達成奇襲效果。」[96]

十二月四日，劉、鄧所指揮的各縱隊「感受我強大兵團之威脅」，逐漸向西移動，有越過平漢鐵路模樣。白崇禧於是率領核心指揮人員飛赴漢口指揮。[97]

---

[93] 〈國防部九江指揮部三十六年度工作報告書〉（1949 年 3 月），《國防部史政局及戰史編纂委員會》，中國第二歷史檔案館藏，檔號：787/1777。

[94] 覃戈鳴，〈白崇禧圍攻大別山戰役概述〉，頁 567-569。

[95] 「趙援呈蔣中正報告」（1948 年 1 月 15 日），《蔣文物》，典藏號：002-080200-00324-050。

[96] 三軍大學（編），《國民革命軍戰役史・戡亂》，第 5 冊：戡亂前期，下（台北：國防部史政編譯局，1989 年），頁 372-374。

[97] 〈國防部九江指揮部作戰日記〉（1948 年），《國軍檔案》，檔管局藏，檔號：B5018230601/0036/540.4/6015.3。

XIII

整個十二月，華中國軍在白崇禧統一調度指揮下，與劉伯承部共軍發生四次大型戰鬥。先是十二月六日夜，整二十師在漫天風雪中追上企圖越過平漢鐵路西走的第十二縱隊，整十師也由北向南夾擊，鏖戰三日，將十二縱擊潰，擊斃五千餘，俘虜一千六百多人。十二月九日，共軍第二縱隊圍攻河南固始，整四十八師、整五十八師馳援，二縱解圍而去。十二月十三日，二縱主力出現在安徽立煌，於是白崇禧以控制於六安、霍山一帶的整四十六師攔腰截擊，重創二縱。[98]

十二月二十六日，屬於鄭州指揮所戰鬥序列的第五兵團整三師北進，在河南遂平中伏，激戰一日之後被消滅。[99] 緊接其後沿平漢路北進的整二十師，在確山遭遇劉伯承部第一縱隊、陳賡第九縱隊三萬餘人包圍，白崇禧調整十師、整十一師援救，並派空軍持續空投彈藥補給，共軍久攻不下，於一月二日解圍而去。[100] 綜觀白崇禧與劉伯承這四次交手，守固（**固始**、**確山**），攻克（**柳林**、**立煌**），佔了上風。

歷經三十五日的連續猛烈攻勢，據九江指揮部統計，劉伯承所部「傷亡被俘投誠約四萬零一百九十人，另逃散三千三百餘人，裝備損失無算。」[101] 一九四八年一月起，由於大別山區共軍化整為零，白崇禧亦改原來的包圍堵剿為分區清剿：第五綏靖區（**河南南部**）與第八綏靖區（**安徽西部**）分區進行清剿，第三兵團擔任機動打擊箭頭，從鄂東向西北掃蕩。白非常重視大別山區通信網與公路網的架、鋪設，並派出便衣情報組深入山區，在各據點修築碉堡防禦工事，以小部隊駐守。共軍由於要輕裝游擊，無法攜行山砲，因此打不下碉堡據點；而國軍一得共軍出現情報，增援部隊利用公路網以汽車輸運，幾小時內就能到達。共軍原有的機動作戰特性遭到遏制，「人民軍隊的指戰員及鄉村幹部先後被俘、被捕的有四百多人，」皆被後送到武昌接受感訓。[102]

二月一日，白崇禧下達作戰命令：一、敵情：劉伯承在大別山區只留置第三、第六、第一、第二縱隊之各一部為基幹，這些部隊「屢受挫敗，補充困難，戰力日弱，分股盲竄，士氣大為低落。」二、因此各部隊不必等待命令，應自行以加強連為單位，編組突擊總隊，「不分晝夜，搜剿堵擊，使匪無論停止或流竄，均不能避免我軍之打擊，並使分散之匪無法合股而各個擊破之。」三、重要據點應迅速加強工事，減少守兵，盡量抽出兵力，作機動積極的進剿。[103]

共軍在大別山維持局面日益艱難。桂軍自抗戰以來就在大別山區活動，許多廣西子弟甚至已經在這裡成家落戶。中共希望在此建立根據地，在地利、人和上已先輸掉一

---

98 三軍大學（編），《國民革命軍戰役史．戡亂》，第 5 冊：戡亂時期，下，頁 351-357。

99 「顧祝同致蔣中正電」（1947 年 12 月 26 日），《蔣文物》，典藏號：002-020400-00022-071。

100 三軍大學（編），《國民革命軍戰役史．戡亂》，第 5 冊：戡亂前期，下，頁 359；覃戈鳴，〈白崇禧圍攻大別山戰役概述〉，頁 578；趙援，〈關於白崇禧在國民黨華中「剿總」時的回憶〉，《文史資料存稿選編．軍政人物》，上冊，頁 160-161。

101 〈國防部九江指揮部三十六年度工作報告書〉，《國防部史政局及戰史編纂委員會》，中國第二歷史檔案館藏，檔號：787/1777。

102 覃戈鳴，〈白崇禧對大別山區的「清剿」計畫和實施經過〉，《文史資料存稿選編．全面內戰》，中冊，頁 583。

103 「陳誠呈蔣中正簽呈」（1948 年 2 月 6 日），《蔣文物》，典藏號：002-020400-00022-130。

白崇禧身為國防部長，職權卻形同遭架空，無法發揮輔弼統帥作用，
最後出鎮九江。圖為白部長與空軍官校教育長胡偉克（左）合影。

籌。「我們感到，最近兩個月來，領導和指揮上困難很多，」二月八日，劉伯承向中共中央軍委報告時坦承：「大別山鬥爭緊張，後方炸彈廠、醫院、學校、報紙、通訊社，都不能辦。現各縱隊多以旅為單位，分散行動和作戰。因敵情緊張，很難得到休整機會，手榴彈都無法供應，影響作戰甚大。」更有甚者，戰鬥兵員損耗嚴重，無法補充，「如何使新兵到手，及到手以後如何鞏固（不能集結和休整），成為極大的問題。」[104] 二月下旬，在嚴峻的情勢下，劉伯承、鄧小平指揮的晉冀魯豫野戰軍主力，不得不分別撤出大別山區。

據解放軍戰史記載：劉、鄧大軍於一九四七年八月下旬「千里躍進大別山」時，全軍原有十二萬四千餘人，在「完成偉大戰略任務」轉出大別山時，只剩下五萬八千六百餘人；所有山砲、野砲、榴彈砲等重武器，全部損失。[105] 中共在內戰中向來愈打愈多，大別山的戰例，實屬罕見。

---

[104] 劉伯承，〈關於大別山形勢與今後部署問題〉，《劉伯承軍事文選》（北京：解放軍出版社，1992 年），頁 220。

[105] 軍事科學院軍事歷史研究部（編），《中國人民解放軍全國解放戰爭史》，卷 3（北京：軍事科學出版社，1996 年），頁 361。

XIV

從戰術層面來說，白崇禧將劉、鄧大軍逼出大別山，可算成功；但是從戰略角度而言，大別山的勝利，無法補償膠東的得而復失——到一九四七年十二月中旬，國軍因兵力抽調一空，只能勉強守住煙台、蓬萊、青島等孤立據點，膠東半島遂重新成為中共華野輸送物資、支援前線的穩固後方。

劉、鄧之躍進大別山，是攻蔣之不得不救。「同志們對大別山一定感到是個謎，原先我們佔領了二十多個縣城，後來一個也沒有了，野戰軍主力也從大別山轉到淮北去了，這能不能說是勝利呢？」一九四八年四月二十五日，鄧小平如此自問自答：「我說，這也是勝利了。大家知道，中原戰略地位非常重要，正當敵人的大門，其中大別山是大門邊。我們反攻以後，它代替了敵人重點進攻的山東和陝北，是敵人兵力集中最多的戰場。」[106] 對此，白崇禧應該也所見略同。他之所以向蔣建議改善統帥部，不願離開中樞，幾次貢獻全局意見，正是希望能挽救日益危急的局面。

此時除了軍事危機日深以外，國民黨內部的一場政治內戰也山雨欲來。在國共全面內戰的同時，蔣決定要辦理國民大會代表、立法委員的選舉，以組成行憲政府，選舉正副總統。一九四七年十一月四日，國民黨秘書長吳鐵城簽呈總裁蔣介石：中央常會檢討時局，「以目前匪勢猖狂，選舉困難，本年大選應否延期」，推舉孫科、居正、于右任、戴傳賢、張群、鄒魯、邵力子、陳立夫、白崇禧與吳鐵城等十人詳細研究，權衡利弊，做出應予延期的建議。「動員戡亂全國宜切實認真施行，今匪勢猖獗，由黃河流域蔓延至長江流域，而各地黨政工作同志則置戡亂工作於腦後，用全力於辦選舉或競選，即武裝同志亦多有消耗精力於辦選舉或競選者。匪用全力竄擾，我僅少數武裝同志應戰，其他黨政工作人員及保甲長與民眾皆忙於不急之務，此情此勢不可不慎重考慮。」[107]然而蔣仍然堅持選舉如期進行。

白崇禧等人事前的擔憂不幸言中。國大及立委、監委選舉在國民黨統治區域裡造成各種亂象：首先，參加政府的民社黨、青年黨，因為當選人數未達保障名額，許多國民黨籍當選人被要求「禮讓」兩黨參選者，當選者不願退讓，國民黨以扣發當選證書作為手段，而民社、青年兩黨也以不報到當作要挾，導致當選而未領到證書者、未當選而要求遞補者，群聚首都請願抗議，紛爭擾攘。其次，在國民黨內，三青團系統與黨部系統，明爭暗鬥層出不窮，即使是軍隊也為了選舉而忙碌，在前線亦然。[108]黨的地方幹部不集中力量對抗中共，反將全副精力忙於選舉紛爭，「已經是授敵人以很大的空隙，」一位長期負責黨政宣傳的立法委員日後回憶：「至於當選之後，回到中央立、監兩院，坐而論道，等於將前敵最有力的戰鬥員撤回後方。從黨的對敵戰鬥的意義來說，這是多麼不可估計的損失！」[109]

[106] 鄧小平，〈躍進中原的勝利形勢與今後的政策策略〉（1948年4月25日），《鄧小平文選》，第1卷（北京：人民出版社，1994年），頁106。
[107] 「選舉應否緩辦問題研究意見」（1947年11月4日），《特種檔案》，黨史館藏，檔號：特26/3.42。
[108] 馬天綱、賈廷詩、陳三井、陳存恭（訪問、紀錄），《白崇禧先生訪問紀錄》，下冊，頁854-855。
[109] 劉健群，《銀河憶往》，頁135-136。

XV

一九四六年六月國民政府軍事機構改組，白崇禧被蔣介石任命為首任國防部長，顯示出蔣對白才能的了解和器重；然而蔣在戰後的軍事指揮布局，以陳誠為參謀總長，實際負責指揮部署，白氏雖為國防部長，很少參加作戰會報，無法過問戰略決策，職權形同遭到架空。

戰後蔣對白的任用，以臨時派遣、處理危機為主。「二二八」事件，白到台灣宣慰善後、查明真相；在上海協助平息罷課學潮，都是臨危受命，事畢而返。蔣對白的表現，大致滿意。白則眼見局面日壞，提出許多戰略意見卻未必被蔣採納。白認為亟需改善的是健全統帥部指揮方式，也就是蔣在決策時不能一人獨斷，在指揮上不可越級干涉，無奈蔣氏並沒有聽進白的勸諫。白崇禧任國防部長，眼見局面日壞，他空有見解做法而難以施展，對蔣發怨言牢騷，心中不滿，也就可想而知。

綜觀戰後國軍高級將領之中，如白崇禧這樣屢屢提出攸關全局的重要戰略建議者，並不多見。然而白崇禧出任國防部長以來，蔣介石雖然清楚白氏的見識才幹，卻不願意讓他執掌兵符。內戰時期，蔣在策定戰略時，欠缺遠見，拙於應變，卻又孤獨剛愎，麾下有白崇禧這樣具戰略眼光的將領而不能放心任用。一九四七年六月，蔣氏主持軍官訓練團第三期研究班時曾說過：「戰略的錯誤是不能以戰術來補救的。」[110] 諷刺的是，白崇禧在大別山的戰術勝利，正無法補救蔣在全局戰略上的種種失誤。

在前線指揮作戰的白崇禧，因為選舉而被召還南京。而這次的選舉，因為一個令白大感意外的決定，將使他與蔣的關係產生關鍵變化。蔣與白的關係，之前曾經有過分合起落，而在此之後，則完全朝決裂方向發展。

110 蔣中正，〈仁和墟與孟良崮兩次戰役之講評及其教訓〉，《總統蔣公思想言論總集》，卷22，頁162。

第十二章 副總統選戰

一九四八年四月二十九日午後，首都南京。

收音機即時播報副總統選舉開票，結果揭曉：李宗仁當選副總統。行政院會計長陳克文和秘書長甘乃光相偕到大方巷二十一號國防部招待所，向暫住在這裡的李氏道賀。「賀客盈門，爆竹滿地，煞是熱鬧。李太太（郭德潔）站在門（口）迎送客人，李先生在會客室內給新聞記者層層包圍著。」兩人乘隙和李握手，說聲恭喜，趕緊告辭出來。

走到門外，陳克文對甘乃光說，他們不該只錦上添花，於是轉往競選落敗的孫科寓所慰問。位於武夷路的孫氏官邸，雖然門前停了不少汽車，來客眾多，氣氛卻截然不同。敗選的孫科不見來客，由夫人陳淑英在會客室代為周旋。孫夫人見到甘乃光便說：「爭你的一票，也爭不到。」又說：「也好，選了李先生，孫先生可以減輕一些責任，李先生說他要收回東北，這責任是他的了。」陳克文隱約有一種感覺：儘管他與甘乃光並沒有積極為李宗仁奔走拉票，但是因為廣西籍貫的關係，他們竟也被中央看成是「桂系」人物了。

不久，國民黨中央組織部長陳立夫來了。在場的擁孫國大代表沈慧蓮生氣的對他說：「恭喜你，恭喜你的組織部沒有組織。」責怪黨中央未盡全力為孫科助選。陳立夫聽後只能苦笑。❶

李宗仁當選副總統，使桂系和中央之間的互信瓦解，也讓白崇禧與蔣介石的關係發生重大變化。這一切須從李宗仁決定參加副總統競選時開始說起。

I

抗戰勝利後，李宗仁擔任國民政府主席北平行轅主任，統轄華北五省軍政事務。北平行轅為華北軍政最高官署，行轅主任看來位高權重，但是在李宗仁而言，卻是一個「上不沾天，下不著地」之處。李自覺抱負不能施展，不甘長期坐困北平。他曾對白崇禧抱怨道「北平有許多事情辦不通」。為謀擺脫這一困境，李宗仁於是謀劃了進退兩條出路：進則參加中央政府，號召民主改革；退則脫離現職，回鄉歸隱。李聲稱，競選副總統，是一舉解決進退出處的良方：勝選可進入中樞，要是不幸落敗，也能擺脫華北困境。❷

李宗仁作風向來平易樸素，出掌北平行轅以後，他在故都禮賢下士，傾聽知識界意見，妥善應對學生運動，贏得開明進步形象。李氏外表忠厚樸拙，其實內心早蓄大志，認為自己可取蔣而代之。他在回憶錄裡對蔣氏顯露的怨懟和輕蔑，不完全是後來羈留美國時才產生的。一九四七年三月十八日，陳克文在拜訪李氏之後記道：「談話中彼

（李）對於蔣主席之批評極不客氣，頗出余意外。蓋以往彼從未嘗對余發此憤悶痛切之言論，彼向以謹樸渾厚稱，亦不似發此種言論之人也。」❸李妻郭德潔在返回桂林時則向黃旭初表示：「德鄰欲擺脫國民政府主席北平行轅主任而不可得，請假赴美醫病亦未獲准」。❹

李宗仁決定出來參選副總統，背後有美國的鼓舞慫恿。李在北平，與燕京大學校長司徒雷登往來頻繁。司徒雷登接任美國駐華大使以後，於一九四七年八月到華北視察，其與北平知識界多方接觸後，於九月八日致電國務卿馬歇爾，認為蔣介石在華北知識界聲望日漸低落，反之，李宗仁則日漸升高。❺言下之意，李是國民黨中可用以取代蔣的人選。李宗仁參選副總統前，曾命程思遠交給司徒雷登的私人顧問傅涇波一封密函，希望取得司徒大使的支持。最遲到一九四七年底，在獲得傅涇波轉達美國方面將給予支持的暗示之後，他就開始進行競選副總統的部署。❻

❶ 陳方正（編輯、校註），《陳克文日記：1937-1952》，下冊，頁 1095。
❷ 李宗仁（口述）、唐德剛（撰寫），《李宗仁回憶錄》，下冊，頁 779、782；馬天綱、賈廷詩、陳三井、陳存恭（訪問、紀錄），《白崇禧先生訪問紀錄》，上冊，頁 479。
❸ 陳方正（編輯、校註），《陳克文日記：1937-1952》，下冊，頁 1045。
❹「黃旭初日記」（未刊本），1947 年 3 月 24 日。
❺ Dept. of State ed., *United States Relations with China: With Special Reference to the Period 1944-1949*, vol. 1(Stanford, CA: Stanford University Press, 1967), p. 256.
❻ 程思遠，《白崇禧傳》，頁 256-257。

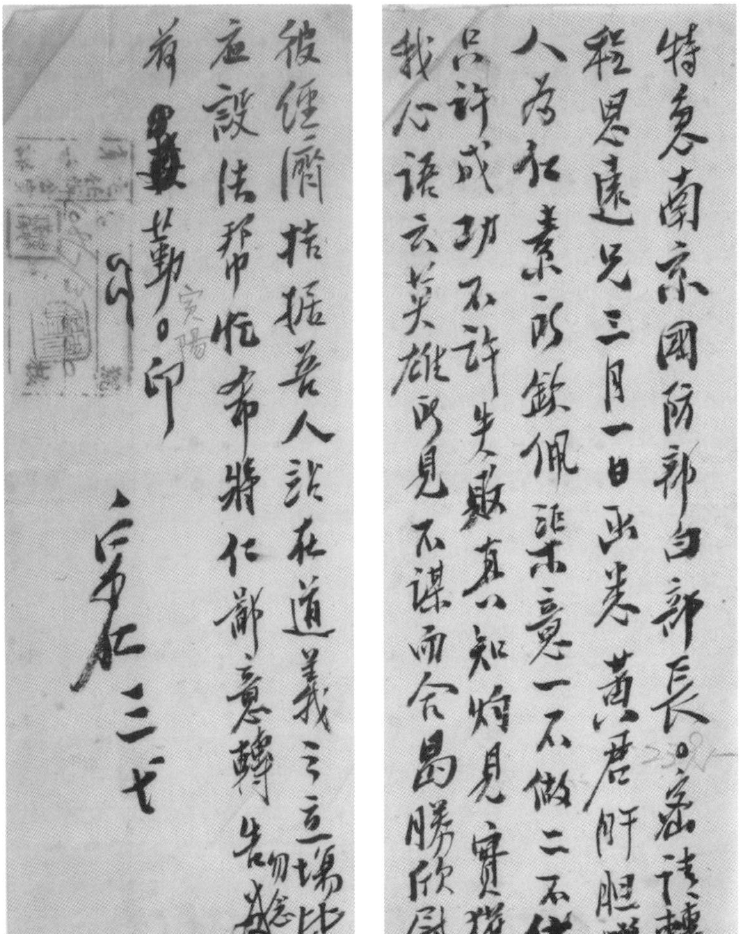
特急南京國防部白部長密請轉
程思遠兄三月一日函悉黃君所提無
人爲私素所欽佩惟意一不做二不休
只許成功不許失敗真知灼見實獲
我心語云英雄所見不謀而合曷勝欣慰
彼經濟拮据吾人站在道義立場皆
應設法幫忙希將仁鄙意轉告切盼
荷
宗仁 三七

一九四八年三月，李宗仁致白崇禧密函，說自己競選副總統，只許成功，不許失敗。（桂林李宗仁文物陳列館提供）

李決心既定，立刻派部屬四出聯絡；[7]同時，他將競選決定告訴白崇禧、黃旭初、甘介侯等人，並分別致函蔣介石、吳忠信，表達他參選的意願。「宗仁雲從綦切，亟願一竭忠誠，輔弼左右，爰不自揣，意擬參加本屆副總統競選，」一九四八年一月十三日，李在託白崇禧轉呈蔣氏的信函中寫道：「惟分屬黨員，遵照規定，須先呈奉總裁核可。」[8]同月二十六日，李宗仁再次函呈蔣氏：「職在鈞座領導之下，許身革命亦既有年，欣逢行憲之始，益勵輔弼之貞，因擬參加副總統競選，曾託健生部長、吳委員禮卿先後代達微忱，諒邀睿察。倘承俞允，俾得追隨鈞座，勉效馳驅，少分宵旰之勞，襄成戡建之業。」[9]他的參選，希望能得到蔣氏同意。

出乎李意料的是，白崇禧得知李宗仁準備參選副總統後，立刻表示反對，並且託黃紹竑、程思遠、韋永成等人先後到北平勸阻。[10]從軍事角度看，白崇禧認為北平地位重要，是國軍戰略重鎮，而中共方面「林彪在東北，聶榮臻、朱德在華北，陳毅在山東」，李宗仁宜應繼續坐鎮北平，專心軍務；從政黨政治而言，總統、副總統候選人理應由政黨一起提名，搭檔參選，似乎沒有單獨參選副總統的道理。然而李執意參選，白無法阻止。[11]

[7] 王捷三，〈李宗仁競選副總統瑣記〉，《新桂系紀實》，下冊，頁 87。
[8] 「白崇禧致蔣中正函」（1948 年 1 月 13 日），《蔣文物》，典藏號：002-020400-00010-066。
[9] 「李宗仁致蔣中正函」（1948 年 1 月 26 日），《蔣文物》，典藏號：002-020400-00010-067。
[10] 李宗仁（口述）、唐德剛（撰寫），《李宗仁回憶錄》，下冊，頁 783。
[11] 馬天綱、賈廷詩、陳三井、陳存恭（訪問、紀錄），《白崇禧先生訪問紀錄》，下冊，頁 855-856。

白崇禧、黃紹竑等人為了替李宗仁謀求政途出路，曾經建議李參選五院中的監察院長。按監察委員由各省市議會間接選出，監察院長則從監察委員中互選產生。一九四七年十二月二十六日，省主席黃旭初遵照白氏指示，運作廣西省參議會選舉出李宗仁、王贊斌等五人為監察委員，為李取得參選監察院長的資格。不過黃旭初似乎認為李志不在此，因而「電詢李德鄰確否競選監察委員？因當選後不能再任他職，在現勢之下，似非所宜。」⓬

II

儘管白崇禧反對，李宗仁仍然加快競選準備的步伐。一九四八年一月八日，李在北平向新聞界宣布參選副總統；十四日，公開推舉胡適為總統候選人。⓭李宗仁派親信部屬致送密函給在上海的黃紹竑，說明他參選副總統的理由。李宗仁首先從大局論，認為蔣氏必定失敗，他不願在北平束手做中共的俘虜；而從地位資歷論，當初北伐的蔣、李、馮、閻四大軍事集團領袖裡，蔣眼見即將出任總統，馮玉祥出亡海外，閻錫山已表示不參加競選，因此只有他最有資格競選副總統；最後從日後展望來說，將來競選成功，如蔣失敗，李就可出來和中共談判，收拾殘局。這番說詞最終成功打動了黃紹竑，由原本的不贊成，轉而同意擔任李的選戰總幹事，在京滬為其出謀劃策。⓮

至於李宗仁的競選活動經費，則由廣西省主席黃旭初與安徽省主席李品仙分別籌措。「李德鄰競選副總統，託季寬（黃紹竑）順道飛穗為其聯絡，並囑予為籌初期廣州費用，」一九四八年二月一日，黃旭初在日記裡記道：「予函香港撥付。」所謂香港撥付，即廣西銀行香港分行資金，實際上由廣西省財政廳長黃子敬負責供給；至三月初，共籌得一百一十餘萬港幣。廣西省政府委員全體動員，除了到南京支援競選事務，還分赴福建、台灣、廣東、四川、貴州等省聯絡。廣西籍國大代表，則組成聯誼會，支持李氏競選。⓯

至此，桂系領導人物中，只剩下白崇禧還沒有對李宗仁競選一事改變態度。李氏曾向白表示，他競選副總統「得了不回北平，不能得到也不回北平」。⓰三月七日，李更藉由一名香港舊部來函，向白氏表達他「一不做二不休，只許成功不許失敗」的決心。⓱據北平行轅政務處長王捷三回憶，李在私底下對於白氏反對他競選十分不滿，曾憤慨的表示：「白健生怕蔣介石，我（李）不怕」。⓲

對於李宗仁競選副總統，白崇禧確實相當為難。他所抱持的反對理由，已如前述。而程思遠更進一步指出，白之所以不願意李競選副總統，還有一層原因，不便明言，即

⓬「黃旭初日記」（未刊本），1947年12月2日、26日。
⓭程玉凰（編），《事略稿本》，冊72，頁98、191。
⓮黃紹竑，〈李宗仁代理總統的前前後後〉，《新桂系紀實》，下冊，頁126-128。
⓯「黃旭初日記」（未刊本），1948年2月1日、14日、3月5日。
⓰馬天綱、賈廷詩、陳三井、陳存恭（訪問、紀錄），《白崇禧先生訪問紀錄》，下冊，頁855。
⓱「李宗仁致白崇禧電」（1948年3月7日），毛筆原件，桂林李宗仁文物陳列館提供。
⓲王捷三，〈李宗仁競選副總統瑣記〉，《新桂系紀實》，下冊，頁86。

李的參選將會破壞目前中央與桂系的局面，從而影響蔣與白的關係：「為要保持蔣介石目前對他信任之專，自不願受到別的政治因素所干擾。而李宗仁所以競選副總統，恰巧是外因超越內因而起作用，若倖而成功，則白崇禧的地位，必將受到影響，自不待言。」[19]李的參選，背後有美國鼓動，白深知一旦蔣氏知情，必恐慌桂系奪權，屆時將引來禍端，其影響不只是蔣與白的關係，更及於桂系乃至整個國家的命運。[20]

況且依照憲法規定，副總統並無實權，李卻積極謀取此位，必定引起蔣的猜疑。李又是積極任事的性格，難以扮演好輔弼元首的副手角色。白夫人馬佩璋平日從不過問丈夫公事，這次卻強烈反對白為李助選：「你為何要捲入漩渦中？」她要丈夫「看清楚，德公是不是副總統的材料！」[21]

但白崇禧畢竟與李宗仁有著二十多年共同奮鬥的情誼，「就歷史上我們私人關係講，我助李競選是義不容辭。」[22]如果他繼續堅持反對李的參選，不但在情面上難以交代，更可能造成桂系內部的分裂。白因此只能主張「德鄰競選副總統，應先得本黨領袖（即蔣）同意再進行。」[23]而李宗仁曾多次函呈蔣介石，申明競選副總統的意願，都沒有得到蔣氏的明確回應。究竟蔣怎麼看待李的參選呢？

III

觀察相關記載，蔣介石對於李宗仁參選副總統一事，起初似乎沒有認真看待。「李宗仁自動競選副總統，而要求胡適競選大總統，其用心可知。」一九四八年一月十五日，蔣在日記裡寫下：「但余反因此而自慰，引為無上之佳音，只要有人願負責接替重任，余必全力協助其成功，勿〔務〕使我人民與部下皆能安心服務，而不為共匪乘機擴大叛亂則幸矣。」[24] 實際上蔣內心對於權力轉移不可能如此淡然，日記所載只能表示他對李參選，似乎漫不經心。李宗仁親自致函，隨後又接連託白崇禧、吳忠信轉呈函件，表明參選意願，蔣氏卻都「留中不發」，沒有答覆。

白崇禧多次探詢蔣氏態度，未得回音，於是函請參謀次長劉斐再代為詢問，「蔣答：吾儕軍人當此緊張時期，應先謀匪患剷平，再及其他，且選舉事須得黨之提名云。」[25]

一月二十三日晚間，蔣氏邀宴全體國府委員，散席後，特地留下吳忠信談話，詢問李宗仁近況。吳表示李曾經來函，打算參選副總統，隨即將李致吳函呈蔣閱覽。吳接著

---

19 程思遠，《白崇禧傳》，頁 256。

20 陸軍總醫院醫師陳石君和白崇禧一家來往密切，日後他告訴白先勇：一九四七年時，他曾在白家飯桌上聽見李宗仁得意的對白崇禧表示，這次參選「有美國人撐腰」，言下之意，他勝算不小，白氏聽後大不以為然。白先勇致筆者的電子郵件，2017 年 8 月 17 日。

21 申曉雲、李靜之，《李宗仁的一生》，頁 272；馬天綱、賈廷詩、陳三井、陳存恭（訪問、紀錄），《白崇禧先生訪問紀錄》，下冊，頁 858-859。

22 馬天綱、賈廷詩、陳三井、陳存恭（訪問、紀錄），《白崇禧先生訪問紀錄》，下冊，頁 859。

23 「黃旭初日記」（未刊本），1948 年 1 月 15 日。

24 「蔣中正日記」（未刊本），1948 年 1 月 15 日。

25 「黃旭初日記」（未刊本），1948 年 2 月 10 日。

表示，李宗仁在北平的宣傳，「措辭似有未妥」，他認為「德鄰人太老實，恐左右人不識大體之故也。據程思遠云，白健生亦不以為然，主張停止宣傳。」蔣聽後回答：「當前對副總統問題，不能有所表示。」[26] 但蔣內心真意如何？他對李參選是否認可？如果反對李參選，將如何阻止？都沒有明確的答案。

此時黨內副總統參選人逐漸浮現，派系競爭，暗潮洶湧；而軍事、經濟局面日益敗壞，人心惶惶，不可終日。行政院長張群對此憂心忡忡，特地見蔣表達他對大局的憂慮。這時蔣對於自己是否參選總統仍在猶豫，連帶對副總統選舉也還無法訂立方針，然而他對於自己能夠平息黨內紛爭，卻又過度自信。「中華民國今日之基礎不在政治與軍事之有否實力，而全在於余一人之生死存亡如何，只要余能生存一日，則必能保障國家之生存。」蔣回答張群道，「至於憲法與行憲問題，亦只有因應時宜，以革命手段斷然處置，對經濟問題亦復如是。一到最後關頭，只有以快刀斬亂麻之精神行之，不必為將來與目前之現狀深慮也。」與張談話後，蔣隨即約見白崇禧，「屬其轉告德鄰勿再對競選副總統作宣傳，勿予共匪以可乘之隙，自削其剿共之形勢與力量也。」[27]

蔣要李宗仁勿再做競選宣傳，卻又不令其徹底停止競選活動，李便「以為這是蔣主席不反對他競選的表示」，繼續部署聯絡。[28] 蔣既然沒有清楚表示，白崇禧的立場無可轉圜，為了避免桂系內部分裂，只好對李宗仁競選表示支持。白氏態度的轉變，使蔣內心大起猜忌。「與健生談話，觀其語氣神態，令人憂惶。」蔣在日記寫道，「內部之不能精誠團結，部屬不能對上直報，而有不可對人言之隱衷，則難矣。」[29] 果然如程思遠所說，白崇禧與蔣介石的關係，因為外在因素（李宗仁競選副總統）而發生變化。

IV

至一九四八年二月底，國民黨黨內有意競選副總統者，共有北平行轅主任李宗仁、監察院長于右任、以及武漢行轅主任程潛等三人，其中以李宗仁準備最久、力量最雄厚、呼聲也最高。[30] 三月十一日，李宗仁在北平南海發表競選演說；十六日，蔣介石約見國府副主席孫科，隔天孫氏就公開表明，將要競選副總統。桂系據此研判，「這顯現了中央將要以孫制李的跡象」：孫科為孫中山之子，又是廣東籍，廣東人當然支持，他出來參選，可以達成拆散兩廣的效果。[31]

白崇禧得知孫科參選消息之後，對於李宗仁的選情更不樂觀。「孫科是總理的哲嗣，又是現任國府副主席，李德公不是他的敵手；」他對程思遠說道，「其次蔣介石為總統當然候選人，他的副手應當是一個文人較為適宜。德公也是軍人，其條件當不如孫哲生（**孫科**）那樣優越。再次，孫哲生是廣東人，當然得到粵籍國大代表的充分支持。

[26] 《吳忠信日記》，1948 年 1 月 23 日。
[27] 「蔣中正日記」（未刊本），1948 年 2 月 8 日、9 日。
[28] 黃旭初，《黃旭初回憶錄——李宗仁、白崇禧與蔣介石的離合》，頁 299。
[29] 「蔣中正日記」（未刊本），1948 年 2 月 28 日。
[30] 〈競選副總統面面觀／李宗仁當選可能性最高〉，《新民報》（南京），1948 年 3 月 10 日，「民 38 年前重要剪報資料庫」，國立政治大學圖書館藏。
[31] 黃旭初，《黃旭初回憶錄——李宗仁、白崇禧與蔣介石的離合》，頁 299。

而兩廣分裂，則削弱了德公的基本票。」三月十九日，黃旭初以長途電話向白崇禧詢問南京政情，白氏也悲觀表示：「孫哲生仍出競選副總統，則德鄰競選亦盡人事而已。」[32]

但李宗仁既出來競選，已沒有退路。他於三月二十二日由北平飛上海，舉行記者招待會，說明競選主張，隔天飛南京，住進大方巷二十一號國防部招待所。白崇禧位於大悲巷雍園一號的公館，則充當李宗仁的競選總部，決定選戰策略的重要會議都在這裡舉行。[33]

選戰即將進入短兵相接的階段，蔣介石終於意識到，首都這場「沒有硝煙的戰爭」，其實形勢嚴峻。「本黨于、孫、李、程等又競選副總統，各不相下，」李宗仁抵達南京展開競選的同一日，蔣在日記中憤憤責備道：「此種不顧大局、只知權位之黨員，更令人痛苦萬分，不知所止。」隔天他則自記支持孫科競選的原因：「因李、程、于等皆擅自表示競選，而並未問余及黨之意見也，哲生此次態度與言行，皆不越黨員範圍，故示意其可競選也。」[34]

蔣於此時採取他所謂快刀斬亂麻的「革命手段」，試圖控制局面。他決定總統、副總統候選人交由黨提名，自己不擬競選總統，而希望推舉一位黨外人士擔任（即胡適），副總統則準備提名孫科，並分別勸阻黨內李、于、程等副總統參選人，要他們退出選舉。四月二日上午，蔣介石約見白崇禧，「示以余不任總統之決心，屬其轉勸德鄰勿再競選副總統為要。」[35]

但上述做法全告失敗。李宗仁、程潛、于右任三陣營組成攻守同盟，一致反對副總統候選人由黨中央提名。[36] 四月三日，李的競選總幹事黃紹竑往訪黨秘書長吳鐵城、副秘書長鄭彥棻、組織部長陳立夫等人，表示黨中央如果在召開第六屆中央委員臨時全會時，決定總統副總統提名人選，則「實為非法，廣西中委決不參加。」于、程兩陣營也立刻跟進，吳鐵城、陳立夫等人只得向黃表示，中央不採取提名辦法，開放自由競選。[37]

當日夜間，蔣召見李宗仁，以「非常溫和的態度」，要求李退出競選。但李表示自己早在半年以前，就已將競選決定呈報蔣氏，「不料，這半年來，主席始終未有任何表示，我以為中央已經默許，即積極進行，」現在一切就緒，只等會場投票，無法中途放棄。據李宗仁回憶，蔣勸說到後來終於動怒，威嚇道：「我是不支持你的。我不支持你，你還選得到？」李也惱火回應：「這倒很難說！」而據蔣的記載，當其要李退出競選時，「彼乃現醜陋之態，始尚溫順，繼乃露其愚拙執拗之慢語，反黨反政府之詞句，幾乎一如李濟深、馮玉祥之叛徒無異，」蔣氏只得「可憐其神智失常，故不再理解，聽之而已。」兩人毫無交集，最後不歡而散。[38]

四月四日，蔣出席臨時全會，提議以黨外人士擔任總統候選人，但是幾乎無人贊成，議論整日，只做出授權中常會考慮的決議；五日下午舉行的中常會，仍然決議推舉

---

32 程思遠，《白崇禧傳》，頁 258；「黃旭初日記」（未刊本），1948 年 3 月 19 日。

33 程思遠，《白崇禧傳》，頁 258；「黃旭初日記」（未刊本），1948 年 3 月 23 日。

34 「蔣中正日記」（未刊本），1948 年 3 月 23 日、24 日。

35 「蔣中正日記」（未刊本），1948 年 4 月 2 日。

36 觀察特約記者，〈國大・總統・憲法〉，《觀察》（上海），第 4 卷第 8 期（1948 年 4 月 17 日），頁 16。

37 黃旭初，《黃旭初回憶錄——李宗仁、白崇禧與蔣介石的離合》，頁 300；黃紹竑，〈李宗仁代理總統的前前後後〉，頁 131-132。

38 唐德剛（撰寫），《李宗仁回憶錄》，下冊，頁 792-793；黃旭初，《黃旭初回憶錄——李宗仁、白崇禧與蔣介石的離合》，頁 300；「蔣中正日記」（未刊本），1948 年 4 月 3 日。

蔣氏為總統候選人，至於副總統人選，則採自由競選，由國大代表連署推舉。「本黨臨時全會，不能令余辭退總統候選人，而另推黨外人士為總統之主張，又不能由黨公決副總統候選人，」四月十日，蔣在日記中寫道，「此實為革命建國無政策、無紀律之重大失敗也，殊為痛心。」[39]這顯示蔣已經無法制止黨內高層爭奪名位與資源了。

副總統提名攻防戰期間，白崇禧夾處於蔣、李（及黃紹竑）當中，一方是多年共事的長官，一方是共同奮鬥的同鄉，他兩面為難。「健生因任國防部長，時時小心翼翼，惟恐言行不慎，招忌更深，」來南京洽公的黃旭初在日記裡寫道，「而德（鄰）、季（寬）則放言高論，甚至表現於行動，使中央不能不注意以爭取德鄰競選之優勢，僅此點表面上略有出入。予（黃自稱）建議應使彼此了解。」[40]

副總統選舉的紛擾還在持續喧騰，幾天之後，由於參謀總長陳誠坐鎮東北損兵折將，東北代表情緒激憤，國民大會的軍事檢討會上出現「殺陳誠以謝國人」風波，白氏適於此時奉蔣命做軍事報告，使得蔣、白關係更加惡化。

V

第一屆國民大會第一次會議，於一九四八年三月二十九日在南京國民大會堂召開。四月五日，大會預備會議，選舉包括白崇禧在內的八十五名代表為主席團，輪流主持會議。國大代表選舉時產生的各種亂象，對國民黨政權造成的不利影響，已經在前一章提及。而國大開議以後，失序混亂的情況有增無減：被要求「禮讓」青年黨、民社黨等

「友黨」的國民黨籍代表當選人群集南京，在會場內外示威、絕食，甚至抬棺抗爭。[41] 政府施政報告，就在這種混亂情況下進行。

四月九日，國府主席蔣介石蒞會做施政報告。蔣的報告著重在經濟實況與剿共軍事。經濟方面，強調當前危機，決不如外傳的嚴重；軍事方面，聲明國軍損失比共軍輕微，戰略也已做出調整，宣示對剿共軍事有絕對把握，深信六個月內，可以肅清黃河以南共軍主力。[42] 蔣在報告中，特別讚揚國防部長白崇禧主持大別山區進剿軍事的功績：[43]

---

[39] 「蔣中正日記」（未刊本），1948 年 4 月 10 日，上星期反省錄。

[40] 「黃旭初日記」（未刊本），1948 年 4 月 7 日。

[41] 司馬既明（劉心皇），《蔣介石國大現形記》，上冊（台北：桂冠圖書公司，1995 年），頁 99-103。

[42] 朱克勤，《出席國民大會記》（廣州：著者自印，1948 年；台北縣：文海出版社，1977 年重刊），頁 46。

[43] 葉惠芬（編），《事略稿本》，冊 74，頁 127-129；一九六六年，白崇禧在接受中研院近史所口述歷史訪問時，引用其致潘公展公開信，有「曾摧毀悍匪劉伯承之大別山根據地，並擊潰該匪部於確山、柳林、花園各地區，曾蒙蔣前主席向國大第一屆第一次在南京會場當眾獎勉」等句，見馬天綱、賈廷詩、陳三井、陳存恭（訪問、紀錄），《白崇禧先生訪問紀錄》，下冊，頁 871。所指應即是這次報告。蔣氏做施政報告時讚揚白崇禧的段落，日後在收入《總統蔣公言論思想總集》時，被編者大幅刪改為：「劉伯承匪部是共匪中最兇悍的一股，他妄想佔住大別山區為根據地，但經過國軍的痛擊，現在他在大別山區的力量，已只剩零星的三個團了；其餘因不能立足，皆已逃回黃泛區。」見蔣中正，〈對國民大會施政報告〉，《總統蔣公言論思想總集》，卷 22，頁 444。白崇禧從作為史料的施政報告紀錄中「消失」，也可看作蔣白關係演變的一種痕跡。

> 大家都知道，劉伯承是共匪中最兇悍的匪首，當時他帶了六個縱隊竄入大別山區，妄想以大別山為根據地，東面威脅首都，西面威脅武漢，並且揚言今年五月要南渡長江，八月要西入四川。但經白部長坐鎮九江，指揮國軍出動痛剿，現在他在大別山區的力量，已只剩零星的三、四個團了。

繼主席施政報告之後登場的，是行政院各部會分項報告。四月十二日上午九時，國防部長白崇禧奉蔣之命進行軍事報告。對此，白崇禧並不樂意。「昨夜蔣主席召白部長令其擔任國民大會之軍事報告，辭之不得，」黃旭初在日記中寫道。[44] 因為白氏雖然身為國防部長，但是卻未能掌建軍與作戰的實權，對於參謀總長陳誠裁編地方武力的做法，更有很多批評（參見前一章）。「國防部長白崇禧做軍事報告。他很清楚，在這戰局相當嚴重的情況中，假如談起全面的戰績，可能引起無謂的責難。」一位國大代表日後回憶白氏的報告時記道：「因此，他一走上台，便聲明國防部長是政務官，僅負行政上的責任，在事實上，指揮權全在參謀總長。他從理論方面，詳盡地分析國防部的組織機構，略過了東北華北，而誇大了華中總備戰方案的效果，並強調組織地方武力的必要，認為應該擴大地方的權限，才可以真正剿清共匪。他居然講上了兩個鐘頭，博得好幾場熱烈的掌聲。」[45] 此時已近十二時，主席王雲五宣布上午會議結束。

下午三時，大會繼續集會，檢討軍事報告。這時候，東北選出的國大代表人人有備而來，個個情緒激憤，他們爭相發言，矛頭所指，正是甫自瀋陽回京療養的參謀總長陳誠。「山東代表趙庸夫，起來大呼，應請政府殺參謀總長陳誠，以謝國人，全場為之震驚。」會場甚至有多人高喊出「揮淚斬馬謖」的話來。一名在場的國大代表記錄下當時會場的氣氛：「各（東北）代表發言時，聲色俱厲，慷慨激昂，全場代表均為之唏噓。」[46]

根據國防部編印的《國民大會代表軍事檢討詢問案之答覆》記載：代表趙惜夢、尹冰彥、吳叔班等九人提案，「要求政府請陳總長誠及熊前主任式輝來大會報告東北情形，更希望政府將責任問題弄清楚，治亂世用重典。」代表賈永祥、于岑、沈哲臣詢問國防部長白崇禧：「請問今日共匪的武裝，都是哪些人輸送給他的，應嚴厲懲辦失職軍官以正軍紀。」民初首任國會議長吳景濂之女、遼寧省代表吳叔班更是直接問道：[47]

陳總長的辦法與白部長所說的完全不一致，白部長主張建立地方武力，可是陳總長主張取消地方武力，他到東北當行轅主任，把我們所成立的保安隊，完全取消，使共匪到處流竄，人民不能安身，被取消的保安隊軍官軍士，無以為生，致走入歧途，這樣增加共匪實力，使人民遭受更大的苦難，大會是不是應追究責任。

面對東北代表群起質疑，白崇禧只好代陳誠婉為解釋：「陳總長到東北後採用以強扶弱，以弱變強之辦法，將各（地方團隊改編之）暫編師分別歸各主力軍建制，俾能強弱相扶，戰力實較增強。」至於東北負責當局的責任問題，「自當尊重各位代表意見，翔實查明，轉呈主席核辦。」

[44] 「黃旭初日記」（未刊本），1948 年 4 月 12 日。
[45] 司馬既明，《蔣介石國大現形記》，上冊，頁 187-189。
[46] 《吳忠信日記》，1948 年 4 月 12 日；朱克勤，《出席國民大會記》，頁 50。
[47] 國防部（編），《國民大會代表軍事檢討詢問案之答覆》（南京：編者，1948 年 4 月），頁 5、頁 17-18、頁 89-90。黨史館藏原件。

東北代表要求懲辦陳誠的呼聲，經過報紙刊載，在隔日進入蔣氏的眼簾。「晚課見報載昨日國大檢討軍事，對陳誠總長痛詛深咒，甚至以諸葛斬馬謖為例，其他不堪聞入耳之言甚多，殊為痛憤。」但蔣氏將陳誠受到攻擊的責任歸咎於白崇禧的故意挑撥：「此種無知代表之言根本不足計較，而健生做軍事報告時故意暗示挑撥，使辭修成為眾矢之的。桂系不惟對人乘機報復，而且惟恐天下之不亂，不能藉故要脅也。」[48]

實際上，當時東北情勢之危急，已幾近無可收拾的地步，陳誠裁編地方團隊是否造成東北局面惡化，這裡暫且不論，不過東北代表對於陳誠的指責，卻很難說得上是白崇禧故意挑撥造成。[49] 蔣之所以遷怒於白，其實與日益白熱化的副總統選戰密切相關；日記中所謂桂系「惟恐天下之不亂，不能藉故要脅」，懷疑白藉製造政局紛亂，拉攏東北代表，使李宗仁選情從中獲利。從蔣氏日記可以看出，由於李的競選，蔣對白已橫生許多猜忌。

VI

四月十九日，第一屆國大第一次會議召開總統選舉會，蔣介石以二四三〇張得票，擊敗黨內出來「陪選」的居正（得二六九票），當選行憲後第一任總統。[50]

和總統選舉的平靜無波相比，副總統選舉則已經進入白熱化階段。四月二十日，國民大會第一次會議主席團公告副總統候選人，共有六位：孫科、于右任、李宗仁、程潛（以上為國民黨籍）、莫德惠（無黨籍）、徐傅霖（民社黨籍）。

六位候選人中，東北耆宿莫德惠與民社黨人徐傅霖的參選，宣示象徵的意義大過於實質，兩人也幾乎沒有競選活動；反觀四位國民黨人，競爭相當激烈：于右任是單兵作戰，孫科、李宗仁、程潛各自擁有競選團隊。孫科有黨中央組織部暗中相助，程潛則以兩湖（**湖北**、**湖南**）軍政界人士為班底。[51]

李宗仁競選陣營由黃紹竑操盤，並負責宣傳，而以白崇禧為組織拉票的大將，在國大代表間聯絡活動。李宗仁參選，本就有廣西、安徽兩省作為選票基本盤，更在華北各省代表之間享有很高的聲譽。而白崇禧當時既是國防部長，又是回教協會理事長，因此穆斯林與西北各省，加上若干軍界代表的選票，之後能被李收入囊中，白扮演關鍵角色。[52]

為了競選副總統，李、孫、程三大陣營的助選人員，從三月下旬開始，對近三千名國大代表，使盡各種手段，進行拉攏；放出謠言黑函，以打擊對手。南京城內安樂

48 「蔣中正日記」（未刊本），1948年4月13日。

49 四月十五日，原東北抗日將領、松江省安圖縣選出的代表孔憲榮，於下午四時許在南京夫子廟東來旅館二樓房間內自縊身亡，這一消息震驚國大會場。孔憲榮之所以自盡，據傳是其游擊支隊被陳誠改編遣散所致。「他認為國軍作戰並不得力，而地方團隊可以死拚，陳誠卻加以改編。他準備將內心一切的痛楚，向國大傾訴。他對於此行的期望是很高的，在國大會中白崇禧的軍事報告，強調發展地方武力，而東北的地方團隊偏偏給國防部的陳誠給改編了。他對於這種言行不符的矛盾政治，已表失望，而在軍事檢討的時候，東北代表的沉痛發言，反應也只是淡得很，他傷心極了。」見司馬既明，《蔣介石國大現形記》，上冊，頁214-215。

50 國民大會秘書處（編印），《第一屆國民大會實錄》（南京：編者，1948年），頁271-272。

51 觀察特約記者，〈副總統選舉的曲折〉，《觀察》（上海），第4卷第10期（1948年5月1日），頁13。

52 黃紹竑，〈李宗仁代理總統的前前後後〉，頁130；申曉雲，《李宗仁》，頁284。

酒家、曲園酒家、中央飯店、大三元等飯店酒館，日夜開流水席招待國大代表。投票前夕，孫科陣營送交各報刊登的巨幅對開廣告，斥資三千萬元，程潛與李宗仁則費二千二百五十萬。[53]

李陣營由黃紹竑親自操刀撰文，以文宣猛攻孫科隱私，重掀「敝眷藍妮」一案。原來孫科有一情婦藍業珍，即上海知名交際花藍妮。抗戰勝利後，藍堆放於源通倉庫的八十四大桶染料，被中央信託局敵產處理局判定為「敵產」而沒收。至一九四七年十月，敵產處理局竟收到立法院孫科院長函，稱該批顏料是「敝眷藍妮」所有，請求發還。藍妮以孫氏情婦一躍而為「如夫人」，成為京滬報刊上的桃色新聞。[54] 黃紹竑在此時舊事重提，嚴重影響孫科的選情，並且激怒孫的支持者。副總統選舉投票日當天，南京《救國日報》又刊出〈廣東代表不投孫科的票〉一文，於是擁孫科的廣東籍國大代表八十餘人，在薛岳、張發奎、香翰屏等粵籍將領率領下，分乘兩輛交通車，搗毀連日攻擊孫科的《救國日報》社，多人掛彩受傷。[55] 此事件使得選戰從本來唇槍舌戰的「文鬥」，升級成暴力流血的「武鬥」，反而讓孫科更失去輿論同情。[56]

四月二十三日上午九時半舉行副總統選舉。出席投票代表共二七五六人，下午二時開票完畢，結果如下：[57]

候選人姓名	**得票數**
李宗仁	七五四
孫科	五五九
程潛	五二二

于右任	四九三
莫德惠	二一八
徐傅霖	二一四

依照《總統副總統選舉罷免法》規定，在沒有候選人得票超過半數時，需取得票比較多數的前三位重行投票。當晚，李、孫、程三組陣營人馬傾巢而出，爭奪落選的于、莫、徐三組選票。得知選舉結果的蔣介石，也緊急召集幹部研商應對辦法，除了繼續勸程潛禮讓孫科之外，還嚴令原三青團的代表改選孫科。[58]

二十四日上午十時，舉行副總統選舉第二次投票，出席代表二四五五人，投票時爆發零星拉扯，開票結果如下：[59]

53 觀察特約記者，〈副總統選舉的曲折〉，頁 13。
54 司馬既明，《蔣介石國大現形記》，上冊，頁 307-314。
55 朱克勤，《出席國民大會記》，頁 67-69。
56 賴澤涵、黃萍瑛，《立法院院長孫科傳記》（台北：立法院議政博物館，2013 年），頁 195-196。
57 國民大會秘書處（編印），《第一屆國民大會實錄》，頁 277-278。
58 「蔣中正日記」（未刊本），1948 年 4 月 23 日、24 日。
59 國民大會秘書處（編印），《第一屆國民大會實錄》，頁 278；司馬既明，《蔣介石國大現形記》，上冊，頁 333-334。

副總統選舉期間，白崇禧代表李宗仁陣營檢查票匭。

候選人姓名	得票數
李宗仁	一一六三
孫科	九四五
程潛	六一六

首次投票落選三組得票為第二次競選三組所均分，仍然沒有人得票過半，於是預定明日舉行第三次投票。

本日在投票之前，白崇禧到會場向代表聲稱，蔣主席「已准由黨員自由選舉，不再指定應選之人」。蔣氏得報以後相當不滿，在日記中責備「白出言荒謬絕倫，且明目張膽而無所顧忌矣。」[60]

蔣之所以惱怒，是因為白的發言大違他支持孫科的本意。此時南京街頭，有人到處分送一份題為「李宗仁競選內幕」的傳單，稱李在「加官」（當選副總統）之後就要接演「逼宮」，三個月內「逼迫領袖出國」，又攻擊李妻郭德潔飛香港走私金條，為「豪門太太資本」。[61] 據黃旭初日記所載，桂系得到消息，「中央已發覺黨之控制失效」，蔣

[60] 葉惠芬（編），《事略稿本》，冊 74，頁 262。之後蔣氏到台灣，重提此事：「白崇禧在第一次國民大會開會時，挾匪共猖狂之勢以自重，矯令惑眾，謊言欺世，以為余面令其告代表黨員准其自由選舉而黨不加拘束，竟在大會場內，謊謬百出，毫無忌憚，此種隻手掩天跋扈凌上之邪惡言行，迄今思之，更覺憤痛。」「蔣中正日記」（未刊本），1954 年 2 月 12 日。

[61] 司馬既明，《蔣介石國大現形記》，下冊，頁 335-341。

召見程潛，要其退選，將票轉移給孫科，「黨、青年團、特務人員，全部出動，威嚇利誘，使用全力，以期明日使孫當選。李以為如此選法，尚復有何意義。」[62] 情勢至此異常嚴重，白崇禧、黃紹竑、黃旭初、韋永成等人於是在當晚十一時約同李宗仁，於雍園一號白公館召開緊急會議。[63]

VII

黃紹竑對李、白等人表示，局勢至此，如果繼續硬拚，不但沒有勝算，還會受到損害，不如「以退為進」，宣布因受到幕後壓力過大，退出選舉，使當局難以收拾。李宗仁乍聽之下，情緒激動，以自己已經戰勝兩場，眼見勝利在望，怎能退出，不肯發退選聲明。[64] 白崇禧起先也不贊同，他一面聽李、黃兩人爭論，一面尋思。良久，白氏終於開口表示意見：「這倒是一個好辦法，好似下棋一樣，將他們幾軍，緩和一下局勢，雖然將不死，打亂他們的陣腳，辦法就好想了。我同意宣布退出競選。」[65] 與會眾人見白崇禧贊同，有如一錘定音，紛紛勸李宗仁採納。幾經爭論，李於凌晨二時才勉強點頭答應，眾人遂在三時許趕製成放棄競選聲明，通知各界。

二十五日上午，李宗仁以候選人名義致函國大主席團，同時刊載於首都各大報，稱「此次國民大會在選舉副總統時，有某種壓力存在，致各代表不能本其自由的意志以投票，」故放棄競選。[66] 程潛也於中央飯店對助選幹部表示「奉命放棄競選」（旋即又否認奉命）。[67] 李、程兩陣營的助選人員在國民大會議場散發「放棄候選人資格」的傳單，消息傳遍後，會場內混亂騷動，主席團於是決議休會一天，原定舉行的副總統選舉會順延。[68]

李、程退出競選，危機陡然升高，國大有停會可能，副總統難產，行憲政局甚至將全盤瓦解。蔣介石「本晨五時起床，得李宗仁放棄競選副總統之報，彼以為今日競選已無把握，故出此無賴下策，」然而，對此他窮於應付，只好令孫科也聲明退選：「上午召集幹部，並約哲生來商辦法，結果囑其亦發表放棄競選聲明，使李平氣，以期挽回危機。」下午派出中常委六人，分頭勸說三陣營恢復競選。[69]

二十六日，僵局仍然沒有化解跡象，蔣氏感到「各方消息複雜紛繁，誠所謂千變萬化，而且謠諑頻興，共匪必在京各種競選團中各種活動挑撥離間，使我黨內互相仇怨猜忌，無法合作，此為其最大之陰謀，不能不迅速解決，」他因此決心推舉李宗仁為副總統，「此逆來順受之道。」[70]

---

62 「黃旭初日記」（未刊本），1948 年 4 月 24 日。
63 《徐永昌日記》，第 9 冊（台北：中央研究院近代史研究所，1991 年），頁 57。
64 黃紹竑，〈李宗仁代理總統的前前後後〉，頁 132-133；《李宗仁回憶錄》，下冊，頁 797。
65 黃紹竑，〈李宗仁代理總統的前前後後〉，頁 134。
66 黃旭初，《黃旭初回憶錄——李宗仁、白崇禧與蔣介石的離合》，頁 303-304。
67 王捷三，〈李宗仁競選副總統瑣記〉，《新桂系紀實》，下冊，頁 90。
68 朱克勤，《出席國民大會記》，頁 70-71。
69 「蔣中正日記」（未刊本），1948 年 4 月 25 日。
70 「蔣中正日記」（未刊本），1948 年 4 月 26 日。

白崇禧對於同屬穆斯林的邊疆代表極具影響力。圖為制憲國民大會期間白（右起第八人）、戴傳賢（右九）與深鼻高目的新疆代表合影。

代表攝影

蔣隨即約見白崇禧，將此意告知白氏，請他以本身的影響力，促成李宗仁恢復競選，中央將改變態度，積極支持李氏。白返回寓所，對李、黃（紹竑）表示，此次蔣態度誠懇，應可信任。李聽後「沉吟不語」，黃則「心裡有數，只看著天花板微笑。」[71]

在白崇禧的建議下，蔣在晚間九時約見李宗仁，親自告知將改為支持李的決定。「約健生與德鄰先後來談，提出解決競選副總統糾紛四種辦法，徵詢其意見：一、此次不選副總統；二、由競選人中互推一人；三、由競選三人協商另提一人為副總統候選人；四、自由競選，而側重在第二辦法，並擬以彼任之。彼聲淚俱下，表示絕對服從命令云。」[72]

白崇禧展開奔走折衝，先敦請國大主席團主席于斌拜訪李、孫、程三陣營，請他們恢復競選，接著又到國大會場和中央飯店，分別對代表宣示：李宗仁昨夜奉蔣主席召見，對他「懇切勸慰，仍望其繼續參加副總統競選。」因此李已答應仍繼續參加競選，「本人奉蔣主席命，轉達各位代表，敬希共體時艱，在舉行下次大會時，完成此次國大之神聖任務。」[73]

二十七日晚間八時半，蔣約見吳忠信，對其表示「副總統問題決自由競選」，並託吳轉告青年黨領袖曾琦，「前擬請青年黨選票投孫科，今則仍請投李宗仁」。[74]接著，蔣氏召集陳立夫、張群、王寵惠、陳布雷等部屬，會商與孫、程接洽，推舉李宗仁為副總統辦法。但是「眾意以昨日因余支持頌雲，並移轉哲生選票於頌雲，以致哲生重大誤會，故不能與哲生再商推李之事，只有自由競選，聽其自然。」蔣只好於晚間再約見白崇禧，「明告其昨晚與德鄰所商辦法以及今日接洽結果。孫、程皆多誤會，不能接受，故決仍自由競選。姑待第三次選舉結果如何，再定辦法。」白氏聽後，「現懷疑態色，」[75]對蔣的說詞難以信任，蔣氏無奈。其實蔣氏自身立場搖擺不定，至此已是左支右絀，無計可施了。

休會三天的國大於二十八日恢復召開，舉行副總統選舉第三次投票。開票結果如下：

候選人姓名	得票數
李宗仁	一一五六
孫科	一〇四〇
程潛	五一五

此次選舉仍然無人過半，按照規定，以得票數前兩位進行第四次選舉，程潛則被淘汰。[76]桂系助選幹部從得票數判斷，認為蔣暗中以程潛選票轉移給孫科，沒有遵守二十六日對李、白的支持承諾。

二十八日夜間是最緊張的關頭，李、孫兩陣營都在全力爭奪程潛留下的五百餘票。蔣介石果然於晚間召見程潛的助選大將、黃埔一期的賀衷寒，令原三青團系統及湖南籍

71 黃旭初，《黃旭初回憶錄——李宗仁、白崇禧與蔣介石的離合》，頁 304。
72 「蔣中正日記」（未刊本），1948 年 4 月 27 日。
73 《中央日報》（南京），1948 年 4 月 28 日。
74 《吳忠信日記》，1948 年 4 月 27 日。
75 「蔣中正日記」（未刊本），1948 年 4 月 27 日、28 日。
76 國民大會秘書處（編印），《第一屆國民大會實錄》，頁 279-280。

代表全數支持孫科。[77]李陣營因為黨和三青團系統完全挺孫，預估「己方計欠百餘票」，到了深夜仍苦無解套之道。直到凌晨三時，李陣營贏來關鍵挹注：透過白崇禧的關係，邊疆代表決定全數挺李，難題於是迎刃而解。[78]

二十九日上午，舉行第四次投票，李、孫兩人對決，開票時南京如同空城，不論男女老幼、達官貴人還是販夫走卒，人人聚精會神關注收音機的實況報票轉播：「李宗仁一票」、「孫科一票」。[79]開票結果：[80]

候選人姓名	**得票數**
李宗仁	一四三八
孫科	一二九五

李宗仁終於以一百四十三票的差距勝出，擊敗孫科，當選第一任副總統。落敗的孫科，固然深受打擊；而另一位感到極度懊喪痛苦的人，恐怕非全力支持孫氏的蔣介石莫屬。「（午後）一時回家，得決選報告，哲生落選，乃為從來未有之懊喪也，」蔣在二十九日日記中寫道：「非只政治上受一重大打擊，而且近受桂系宣傳之侮辱譏刺，為從來所未有，刺激極矣。」[81]

VIII

李宗仁為什麼能夠力退群雄，當選副總統？當時有不少支持李氏的人士，認為李之所以能廣受支持，乃是因為他以改革作為號召，代表的是一種與蔣中正不同的政治作風。如行政院會計長陳克文，於選戰最激烈時，在日記裡記道：「李德鄰之所以獲得優勢（**今天他仍居首位**），並不是投票人對於他本人的功績、政見、或道德、能力有什麼了不得的信仰，而是因為他代表了一個反對現政治，力求改革的傾向。」[82]

一向支持蔣氏的徐永昌，於副總統選舉時卻票投李宗仁。他在日記中表示，李雖然也有頗多缺點，「不過彼倔強有信譽。在無可如何之今日，多數人士總冀其能以去就匡救蔣先生之失」。[83] 白崇禧晚年接受口述歷史訪問，則認為李宗仁具備身為廣西領袖、親和力強、北伐抗戰功勳卓著等基本條件，再加上得到東北、華北、西北各省代表的支持，才得以擊敗有中央力助的孫科。[84]

77 葉惠芬（編），《事略稿本》，冊 74，頁 293。
78 黃旭初，《黃旭初回憶錄——李宗仁、白崇禧與蔣介石的離合》，頁 304。
79 程思遠，《白崇禧傳》，頁 260。
80 國民大會秘書處（編印），《第一屆國民大會實錄》，頁 280。
81 「蔣中正日記」（未刊本），1948 年 4 月 29 日。
82 陳方正（編輯、校註），《陳克文日記》，下冊，頁 1084。
83 《徐永昌日記》，第 9 冊，頁 53-54。
84 馬天綱、賈廷詩、陳三井、陳存恭（訪問、紀錄），《白崇禧先生訪問紀錄》，下冊，頁 858。

就桂系內部的看法，李宗仁勝出的關鍵在於助選者得力；除了總幹事黃紹竑策略靈活大膽以外，要屬白崇禧「居功最大」。白氏在中央供職多年，人脈廣泛，又因身兼回教協會理事長，在選戰最後關頭為李宗仁拉到西北各省和新疆、西藏代表的選票。[85]「李宗仁的命運幾乎是和白崇禧有著不可分離的關係。像這一次副總統的競選，如拉攏民社黨，吸收西北及回教代表的選票，聯絡軍界的國大代表，白崇禧實在盡了很大的力，」一位不具名的桂系人士如此表示道：「這次李宗仁氏競選副總統，倘沒有白崇禧在幕後作積極的活動，聯絡各方作有力的支持，也許會少了幾票給孫科壓倒呢。」[86]

「我本人卻不作此想，」白崇禧在晚年以後悔的語氣回憶自己助李競選一事：「其後因政治之糾紛，終於被捲入漩渦，此實為始料所不及。」白氏沒有聽從夫人馬佩璋的勸阻，返回前方專心軍事，而終究因為和李宗仁的情誼，介入政局紛爭。「我考慮再三，以決心不夠，仍為情感所動，未採納白夫人遠大之建議，至今思之，內心極感痛悔。」[87]

白助李打贏了副總統選戰，但是李的勝選破壞了原來中央與桂系合作的格局，更使得用人重視忠誠的蔣察覺，白在蔣、李之間作政治選擇時，最終仍傾向後者，這是蔣所不能忍受的。蔣氏對白從此多了提防猜忌，信任大不如前。蔣、白關係，因為李宗仁勝選而逐步朝破裂的方向偏移。這是白氏「極感痛悔」的原因所在。

IX

在內戰烽火中進行的總統副總統選戰，實際上是一場國民黨政權自我毀滅的政治災難。在大敵當前之際，黨內高層為了爭奪名位與政治資源，同志相殘，刀刀見骨，無異於自取滅亡。誠如《觀察》周刊的一位記者評論道：「在現在的世界上，有這麼一個政黨，全黨的人不作他圖，專門找自己的麻煩，無緣無故製造一些不可解決的糾紛，企圖毀滅自己。真是不暇自哀而後人哀之。」[88]

副總統選戰造成的後遺症很多，參選者對當局的離心離德就是其中之一。中央訓練團教育長萬耀煌回憶：「副總統選舉這一幕太使程（潛）不滿了，在南京時見到我就說總統的不是，」程潛自此之後即走上反蔣道路。[89] 副總統選舉三個星期後總統、副總統就職，李宗仁回憶蔣介石事前通知他穿著西式禮服，後又改為軍常服；及至典禮當天，李穿用軍常服與會，竟發現蔣氏穿著長袍馬褂，李站在蔣身旁宣誓，模樣形同副官，他認

---

85 馬天綱、賈廷詩、陳三井、陳存恭（訪問、紀錄），《白崇禧先生訪問紀錄》，上冊，頁 481-482。

86 李家駿，《李宗仁先生傳》（上海：吼聲書局，1948 年），頁 16-17；轉引自張學繼、徐凱峰，《白崇禧大傳》，下冊，頁 494。

87 馬天綱、賈廷詩、陳三井、陳存恭（訪問、紀錄），《白崇禧先生訪問紀錄》，上冊，頁 480、482。

88 觀察特約記者，〈副總統選舉的曲折〉，《觀察》（上海），第四卷第十期（1948 年 5 月 1 日），頁 18。

89 沈雲龍（訪問），賈廷詩、夏沛然等（紀錄），《萬耀煌先生訪問紀錄》，頁 464。

行憲後第一任正副總統就職後於南京總統府前合影。蔣事前通知李宗仁（前排右五）穿軍常服，自己卻著長袍馬褂，李自覺受蔣羞辱。白崇禧（第三排右五）與蔣也走向破裂。（國史館提供）

為蔣對其故意羞辱，心中抱恨。[90] 僅此一處，也就能看出這對正、副總統未來共事前景之黯淡了。[91]

綜觀蔣介石在副總統選戰當中的表現，可說相當拙劣：起初對於李宗仁參選，處置輕忽，估計不足，推選過程之中猶豫反覆，毫無手段。選舉過後，落敗者（如程潛）固然對其不滿，即使是勝選方（如李宗仁與白崇禧）也因蔣的反覆而失去信任。「所以（蔣）有三步都走錯了，」陳立夫日後回憶：「第一步是開始不制止他；第二步，總統自己不肯提名副總統，致第二次機會又錯失；第三步是李宗仁自己請求撤退（指放棄競選），應該核准他，而又不肯接受。結果李宗仁被選了出來，這個就是我們今天為什麼要到台灣來的主要原因。」[92]

李宗仁贏得副總統選戰，對蔣介石打擊非常重大，久久不能平復。為此，他在四月三十日的日記後「本月反省錄」裡，進行仔細的自省，檢討失敗的原因。「余自認為不能堅辭總統候選人，又不能達成推舉候選人以自代之目的，實為政治上最大之失敗。而對於副總統競選人事前又不能確定主張，以致本黨不能指定其人。在競選過程中不能始終扶持一人到底，乃隨環境與空氣所籠罩而轉移不定，卒達致失敗。此豈余年老氣弱，對於大事無決心無主張之故歟！」蔣接著批評自己，「余認為此次國大之失敗，乃在事前散漫大意，當事驕矜自大，以致各方人心為反宣傳者所眩惑動搖，甚至親信舊屬亦為敵方所引誘運動，此乃主張不堅、界限不明、魚目混珠、皂白不分所致也，應切戒之。」

然而接著蔣筆鋒一轉，語出驚人：「以余當時在中央全會提議，應由本黨提簽黨員或黨外賢達為候選人之提時，白崇禧即緊問，如提簽黨內，究屬何人？此一問題余驚懼不敢作答。」蔣氏因此判斷，「可知若輩之計，如余不應選，則桂必先競選總統，」故為了防止桂系趁亂奪取總統大位，蔣「不得已而不敢再辭。願以一身忍受奇恥，擔當大難」。

[93]依照蔣氏這段記述看來，他之所以無法舉薦胡適為總統候選人，竟然是因為白崇禧的一句提問。

蔣氏記憶中這段「白崇禧（桂系）意欲奪權」的情節，隨著日後他與白氏關係的惡化而產生變形。「以後在台灣，蔣公有次對黨內談話時，曾經親自說明提名的情況，」蔣的侍從秘書周宏濤轉述其回憶：「即在中全會閉幕前一日，廣西方面同志——此人現尚在此——來見，不贊成提黨外人士，同時說，如果我（蔣氏）不願擔任總統，則請考慮李宗仁為總統。我深悉李宗仁的能力及為人，因而為責任心的驅策，不得已接受總統參選人的提名。」這段話是一九五四年二月，蔣在台北陽明山舉行的一次黨內高層會議裡說的。所謂「廣西方面同志」，指的即是白崇禧。「他（白）當時坐在台下，我不知道蔣公這麼講時他的感受如何。」周宏濤回憶道。[94]

從桂系在副總統選戰全程的企圖和實際表現看來，李宗仁在當時看不出有競選總統的野心，更遑論之前不贊成李參選副總統的白崇禧，絕無促成李問鼎大位的意圖。蔣氏回憶裡白崇禧在臨時全會的提問，在白氏自己的回憶裡是這樣的：[95]

[90] 唐德剛（撰寫），《李宗仁回憶錄》，下冊，頁799-800。
[91] 申曉雲，《李宗仁》，頁293。
[92] 陳立夫，《成敗之鑑》，頁362。
[93] 「蔣中正日記」（未刊本），1948年4月30日，本月反省錄。
[94] 周宏濤（口述），汪士淳（撰寫），《蔣公與我：見證中華民國關鍵變局》（台北：天下文化，2003年），頁46-47。
[95] 馬天綱、賈廷詩、陳三井、陳存恭（訪問、紀錄），《白崇禧先生訪問紀錄》，下冊，頁855。

我對他（蔣）說：「委員長，現在選第一任總統，其聲望關係到中外觀瞻，現在拿文人出來不適當，恐怕威望不夠，尤其現在非打共匪不可，還不是承平之時，不適宜。」他當然應該做總統。

蔣竟誤會白這番話是準備推出李競選總統，可知副總統選戰之後，蔣與桂系之間的互信已經蕩然無存。

蔣白之間的關係，因為這場副總統選戰而驟生裂痕。白對蔣選舉時態度的忸怩反覆有許多抱怨不滿之處，蔣則自副總統選舉之後即不再信任白，全從負面角度解讀白崇禧的言行。是以，白崇禧於稍後被迫辭去國防部長職務、外放華中剿總，另行劃分徐州戰區，乃至國民黨在大陸統治的全盤瓦解，全都與這場副總統選戰有直接關係。

第十三章

華中剿總

一九四八年六月初，在上海讀書的白先勇，突然得到與父親相處的機會。平常總是忙碌得腳不點地的白崇禧，以檢查身體為名，告假來到上海，住進虹橋療養院。日間體檢的空檔，白崇禧帶著先勇上國際飯店二十四樓的摩天廳吃西餐。當時的國際飯店號稱遠東第一高樓，在孩子的眼裡，「真的覺得飯店頂樓快要摩到天了，仰頭一望，帽子都會掉塵埃。」到了晚上，十里洋場總有達官要人來邀約白部長伉儷赴飯局、看戲，還不滿十一歲的白先勇有時會跟著出席。黃紹竑也在他的公館設宴，席間請來上海的名伶李薔華兩姊妹唱京戲。幾次，在戲台上唱念作打、正是繁弦急管的時候，白先勇回過頭，望著正在看戲的父親。在光影搖曳，身段交錯之間，白崇禧的臉上顯得憂心忡忡。

「父親一向忙於公事，很少有閒情消遣，那次在上海完全不理公務，相當反常。後來我研究他的歷史，才發覺他那次逗留上海，原來是因為在國共內戰關鍵時刻，他與蔣介石之間發生戰略意見的衝突，而避走上海的。」六十多年後，白先勇如此寫道。❶白崇禧請病假到上海，是為了向蔣介石抗議其「華中剿匪總司令」的新任命。也就是在上

❶ 國際飯店和父親吃西餐，見白先勇，〈上海童年〉，收於《樹猶如此》（台北：聯合文學，2012 年），頁 100-104；黃紹竑公館看戲，見白先勇，〈八千里路雲和月：追尋父親的足跡（四之二）〉，《聯合報．副刊》（台北），2017 年 3 月 20 日。

海，白氏最後仍然接受這一新職任命；從此之後，中華民國和蔣白之間的關係，都將進入一個前所未有的緊張時期。這段始末，要從總統、副總統選舉後的軍事高層人事改組說起。

I

關於國軍高層人事異動的傳聞，很早便甚囂塵上。❷然而軍事高層人事真正改組，是在「蔣主席」成為「蔣總統」之後。一九四八年五月八日下午，蔣氏約見白崇禧，告知將改任他為華中剿匪總司令，新內閣國防部長一職，將由原在紐約擔任聯合國中國軍事代表團團長的何應欽出任。白崇禧當即表示不滿，「彼對敬之負軍事全責表示不悅之色，」蔣在日記中寫道。十二日，白崇禧遵令提交辭呈，蔣這才放下心中一塊大石。「自參謀總長與國防部決定調換之令簽署與決心後，又接健生辭呈，心神與志氣為之頓安，此為安定中央之最重要事也。」同日遞交辭呈者，還有因胃病大發而離開東北的陳誠，他遺下的參謀總長一職，由顧祝同接任。❸

據程思遠寫道，當蔣介石對白崇禧傳達改任其為華中剿匪總司令的決定時，白表示，軍人以服從為天職，他只能接受任命。白崇禧總結幾個月來在九江、漢口指揮作戰的經驗，認為華中剿總的成立，應當以保衛首都南京作為基本任務。而如果要達成這一目的，必須確立「守江必先守淮」的戰略方針。中原國軍主力必須集中使用在淮河以南地帶，運用攻勢防禦，堅持長期作戰。依照這樣的戰略構想，華中剿總的指揮所，則應設置在蚌埠。

蔣不等白說完，就插話表示，他已決定在徐州另設一剿總，華中剿總則設於漢口，將來華中與徐州可以守望相助，並肩作戰。白氏聽後，深感如此做法，難以集中主力，也不能落實他「守江必守淮」的戰略部署，於是對蔣氏說：「中原大軍分割使用，將來必敗無疑。此一問題關係重大，容後考慮一下再說。」不肯當面應承接任華中剿總新職。[4]

白崇禧被免去國防部長職務，一般輿論的看法，多認為這是高層對於李宗仁當選副總統之後，政府「廣西色彩太濃」，所採取的對應措施。程思遠則指出，蔣自抗戰以來，一直對李宗仁、白崇禧二人採取隔離政策：白在中央任副參謀總長、國防部長，李

[2] 〈國防人事將大調整〉，《新中華日報》（南京），1947 年 8 月 10 日，「民 38 年前重要剪報資料庫」，國立政治大學圖書館藏。

[3] 「蔣中正日記」（未刊本），1948 年 5 月 8 日、12 日。

[4] 程思遠，《白崇禧傳》，頁 262-263。根據程思遠的敘述，蔣的原話是：「我打算華中設兩個戰區：華中『剿總』設漢口，徐州還另設一『剿總』，由劉經扶負責。兩戰區可以並肩作戰，守望相助。」而白崇禧聽後，「心中不禁火起，劉峙在北伐編組東路軍時，不過是第一軍的一個師長，在他的記憶裡，從來沒有打過勝仗，而今居然同他並駕齊驅了。」然而考察蔣氏日記，五月十五日曾記：「勸銘三就徐州總司令，已允也。」銘三是蔣鼎文的字，可知蔣先考慮以蔣鼎文出任徐州剿總，自不可能在此時對白表示欲以劉峙主持徐州。另據〈蔣鼎文先生訪問紀錄〉：「在台北接到委員長的電報，要我到南京去，我立刻飛京。委員長與我論黃淮軍事，有意要我去徐州指揮馮治安、劉汝明部隊，他知道我會處人，會與他們處得好，……中央方面意見未能充分融洽，我去徐州之事乃作罷論。」見《口述歷史》，第 9 期（台北：中央研究院近代史研究所，1999 年），頁 3-85。

為方面大員（第五戰區司令長官、漢中行營主任、北平行轅主任）。如今李宗仁當選副總統，白崇禧就必須外放，以免兩人聯合一致，對他造成威脅態勢。❺

此說看似言之成理，實則不堪推敲。因為李、白一在地方，一在中央，李在京四處聯絡，白在外手握兵權，對蔣的威脅，遠大於同時在首都「就近看管」。是故蔣將白外放，從情感上說，是出自於對白的厭憎；從組織運作層面來說，蔣欲以統帥之尊直接指揮作戰，與白崇禧對國防部行使職權的見解完全相反，更因為聽命於蔣的陳誠因東北戰事不利而去職，蔣無法維護，遂決心同時撤除白的國防部長職位。❻

五月十五日，白崇禧函呈蔣氏，請辭華中剿總的新任命。「對於華中剿匪職務，任大責重，職考慮再三，實難勝任，」白崇禧在專函中指出，況且「徐州、武漢既各設綏區，通信交通，均覺方便，可直接歸大本營指揮，若再加以指揮機構於兩綏區之上，似有疊床架屋、因人生事之感。」最後並說「職追隨鈞座二十餘年，焦思盡忠，未遑寧處，只勞頓過度，體力欠佳，懇請早賜批准，辭去本兼各職，俾得專心休養，一俟精神體力恢復，再效驅馳。」❼「**本晨接健生堅辭華中區剿匪總司令及辭國防部長，似有負氣之意，**」蔣介石在日記裡寫道，「**應使之諒解苦心，仍勸其就剿匪職也。**」❽

五月十八日，蔣召見何應欽，得知白崇禧態度堅決，不願就任華中新職。❾這時，包括何應欽、顧祝同，都不明白蔣為何一定要撤換白崇禧的部長職務，何甚至一度表示不願接任。❿此時蔣才對何、顧掀開底牌，「**晚課後約敬之、墨三來談，告以健生不能再任國防部長之理由，以其招搖荒謬，挾天子以臨〔令〕諸侯之惡習已深，其企圖遂明也。**」⓫之後，蔣又在日記中批評白「**始終不願脫離國防部長，仍欲藉此為其號召張本**」。⓬

蔣在日記裡指白「招搖荒謬」，反映出蔣、白二人在副總統選舉時累積的嫌怨（**見上一章**）在這時爆發；而所謂「挾天子以令諸侯」、「號召張本」，則似乎表示蔣氏內心將白崇禧去年「健全統帥部決策圈」的建議，窄化為政治恩怨了。

戰略看法分歧，建言不被採納，已使得白崇禧迭有怨言，現在又被免去國防部長，更增他心灰意冷之感。白於五月十九日再次向蔣請辭華中任命。信函中，白先解釋十五日清晨便往龍潭視察陣亡將士墓及會師亭工程，到深夜才返回，並非故意避開蔣的約見。「惟職自二十六年八月四日奉鈞電入京，至今已逾十年，南北奔馳，心力交瘁，加以種種苦衷，想何團長（**何應欽**）已代轉呈，茲不再贅。懇請鈞座體念下情，早日批准辭呈，俾得安心休養。宛西及豫鄂邊境正在作戰，對於該方面軍事，望早派人統一指揮，免誤戎機。職以待罪之身，絕不忍遙領師干，貽誤戡亂剿匪軍事也。」[13]

現在蔣與白之間似乎心結很深，僵局難解。吳忠信受蔣委託與桂系溝通，他此時的日記，記載了白對被免去國防部長一職的真實反應。五月二十五日，白崇禧約吳氏到府談話，「他（**白**）恐怕因李德鄰選舉副總統事對蔣總統發生誤會，有傷感情，及不願任華中剿匪事宜，促我（**吳**）早日晉謁總統代為轉陳。」吳忠信於隔日下午請見蔣介石，

---

5 申曉雲，《李宗仁》，頁 295；程思遠，《政海秘辛》，頁 264。
6 陳佑慎，《國防部：籌建與早期運作》，頁 141。
7 葉惠芬（編），《事略稿本》，冊 74，頁 462-463。
8 「蔣中正日記」（未刊本），1948 年 5 月 15 日。
9 葉惠芬（編），《事略稿本》，冊 74，頁 500。
10 同上，頁 460。
11 「蔣中正日記」（未刊本），1948 年 5 月 18 日。
12 「蔣中正日記」（未刊本），1948 年 5 月 30 日。
13 葉惠芬編，《事略稿本》，冊 74，頁 507。

白崇禧因助李宗仁選副總統，遭蔣介石撤去國防部長職，外放華中。

轉陳白崇禧四項意見：第一、李宗仁「絕對服從總統，遵照諾言，不組織，不宣傳。」第二、白始終不贊成李競選，李執意要選，「白為團體關係，不得已參與其事，但向總裁聲明，不管李選舉得失如何，不影響白與總裁素來感情。」第三、蔣命白在蚌埠組織華中剿總，但白氏認為「現在武漢、徐州均有軍事負責人，似無再設此剿匪機構之必要。而駐蚌埠指揮，更無必要。」第四、過去白以國防部長出鎮大別山，節制五省主席，如今「白是四星上將，歸三星上將之顧參謀總長祝同指揮，尤為不合。」希望仍以國防部長兼領華中剿總。

蔣氏聽吳回報後，不為所動，只回答：「國防部長決定何敬之擔任，白健生要擔任華中剿匪事，宜由總統直接指揮，參謀總長所發命令係總統名義，剿匪總部可以不駐蚌埠，以駐何地為宜，以後如何組織，皆由健生自行決定，望健生早日就職。」⓮

儘管如此，蔣仍然難於處置白崇禧在辭呈中所提出，華中剿總與徐州剿總、武漢綏靖公署二機關「疊床架屋」的問題。⓯蔣原本的構想，是讓白在蚌埠設指揮部，統轄徐州和漢口兩大剿總，但白氏認為「近於為人設官」，堅不贊成。白準備將華中剿總設於漢口，然而漢口本來已設有以程潛（字頌雲）為主任的武漢綏靖公署，將來「剿總」與「綏署」形同一山二虎，權責如何劃分，大成問題。「其（白崇禧）駐地必欲在武漢，則又與頌雲之武漢綏靖公署衝突，不易解決，頌雲亦不肯相讓。」蔣氏因而只能在日記裡哀嘆：「是高級將領皆以其個人權位是爭，而不以黨國為計」。⓰

⓮《吳忠信日記》，1948 年 5 月 25、26 日。
⓯《徐永昌日記》，第 9 冊，頁 66、72。
⓰「蔣中正日記」（未刊本），1948 年 5 月 30 日。

程潛本來不願讓步，後來經過何應欽、顧祝同等人多次折衝協調，行政院院會於六月二十三日決議，原武漢綏靖公署改設於長沙。

II

如果從戰後蔣、白關係發展的脈絡來看，白崇禧無法續任國防部長，副總統選舉種下恩怨當然是主因，但也與蔣白二人的戰略歧見有關聯。

在蔣氏看來，設立徐州剿總，旨在取代原來的陸軍總司令部徐州指揮所，策應山東、蘇北戰場的後續攻勢；至於華中剿總，由白崇禧原先組建的九江指揮部改組，統轄大別山、湖北、河南等地原有部隊，乃是順理成章的事情。但是對白崇禧而言，最遲在去年十一月，他已看出國軍態勢不利，江淮一帶或將有戰事，曾建議縮小範圍，放棄孤懸據點，集中兵力，保全實力，健全最高統帥部組織，最高統帥不可干預戰區作戰。對於白氏這番建言，蔣雖然嘉許，但仍未採納。如今因為副總統選舉產生嫌怨，竟因人設事，在徐州、武漢之外另設機構，只為拿掉他的國防部長職務，自然無法令白接受。

五月下旬，聽取左右部屬對其出處的意見之後，⑰白崇禧似乎有接受華中剿總新職的意向，但是對蔣氏的用意仍然抱持不滿與猜疑。據當時因公務停留南京的黃旭初記載：六月四日夜，李宗仁在寓所約集白崇禧、黃紹竑、李品仙、黃旭初、韋永成、張岳靈、黃子敬與程思遠等桂系核心幹部，商討「健生應否就華中剿匪總司令職問題」。眾人認為，如果程潛的綏靖公署能移離武漢，蔣不越級指揮部隊，並授予白調整軍政人事的權力，則可以就任。但桂系眾人也懷疑「蔣似非真心，故使我與程發生摩擦。」[18]沒有得出結論。五日晚間，白崇禧以檢查身體及治療牙齒為名義，搭乘夜車到上海，表示倦勤。隔天，白再次致電蔣，懇請允准辭去華中剿總職務。「職自抗戰剿匪，十載以還，心力交瘁，未敢言勞，近更以剿匪局勢，旰夕焦慮，寢饋難安，精力疲憊，難負重任，再四思維，擬懇俯准辭去華中剿匪總司令兼職，」並推薦直接由程潛出任，「查武漢行轅程主任潛為軍中耆宿，勳高望重，如蒙賜予任命，庶指揮統一，易收事功。」[19]

「健生以不能統制武漢三鎮，不肯就剿匪之職，刁難要脅，驕氣凌人，」蔣在五日的日記中，認為白是在賭氣，故作姿態，「如何忍受，以期有濟也。」[20]他在七日以專函致白，先是慰勉白氏「年來主持戡亂軍事，倍著勳勞，」接著又強調「目前華中剿匪成敗，關係全般戰局至鉅。」因此「務請勉為其難，不可再辭，並望驗體完畢，如期回京，詳商一切，從速赴任」。[21]隔天，新任參謀總長顧祝同也去信勸駕。[22]

---

[17] 白問左右親信，他是外放為好，還是留京較妥？據後來接任安徽省主席的張義純回憶，當時他建議白：「平時是外重內輕，亂世是內輕外重，現在還是亂世，有機會不如外去。」白點頭稱是。見張義純，〈憶白崇禧其人〉，《文史存稿資料選編・軍事派系》，下冊，頁 43。

[18] 「黃旭初日記」（未刊本），1948 年 6 月 4 日。

[19] 「白崇禧致蔣中正電」（1948 年 6 月 6 日），《蔣文物》，典藏號：002-020400-00023-059。

[20] 「蔣中正日記」（未刊本），1948 年 6 月 5 日。

[21] 「蔣中正致白崇禧函」（1948 年 6 月 7 日），毛筆原件，白先勇教授提供。

[22] 「顧祝同致白崇禧函」（1948 年 6 月 8 日），毛筆原件，白先勇教授提供。

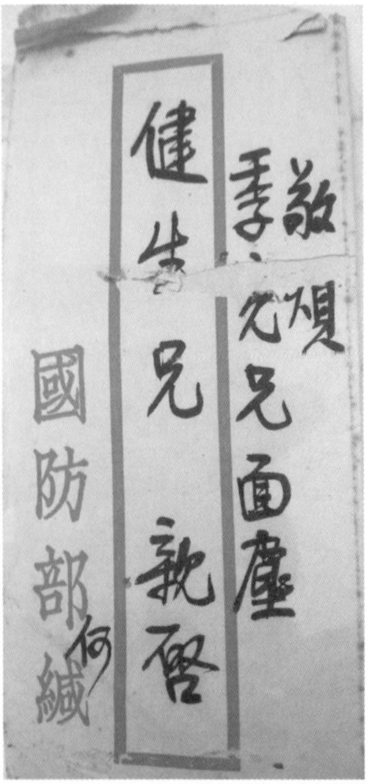

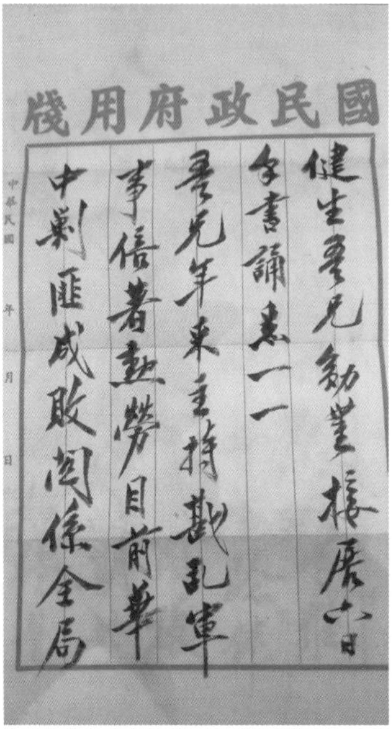
國民政府用箋

健生吾兄勳鑒接展六日
手書誦悉一一
吾兄年來主持戡亂軍
事倍著勤勞目前華
中剿匪成敗關係全局

中華民國 年 月 日

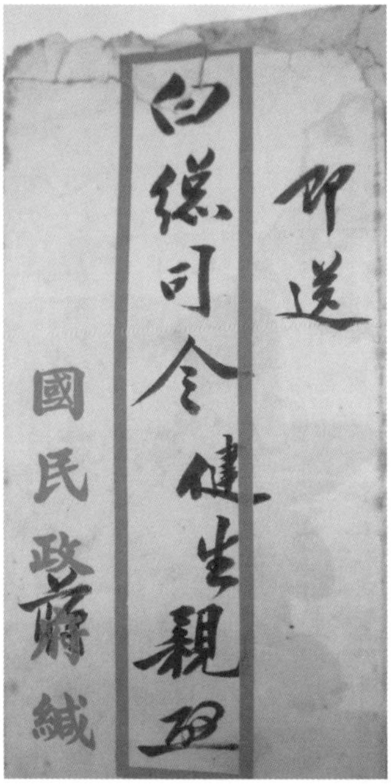

右｜蔣介石致白崇禧函信封。（廖彥博翻攝）
中｜蔣介石致白崇禧親筆函內文。（廖彥博翻攝）
左｜何應欽致白崇禧親筆函。（廖彥博翻攝）

蔣介石雖然要自己「忍受」，實際上已開始盤算同意白崇禧辭職。六月十日，蔣約見顧祝同，準備以顧兼任華中剿總，如此則「准白辭去亦可」。[23] 但是何應欽聞訊之後，卻極力主張華中軍事，必須由白崇禧負責。「健生赴滬表示消極，」蔣在六日寫道，「余以為不如准其辭去為當也。但敬之以為非彼不能剿除華中之匪也。」十日下午，何應欽又晉見蔣，商量如何勸白崇禧就任。何應欽並於隔日致函白崇禧：「連日來幾經考慮，深覺局勢嚴重，總統對兄畀倚甚殷，至盼吾兄為黨為國，仍速出任艱鉅，尤盼回京面商一切。」[24]

在信函末尾，何寫道：「不盡之情，請季寬兄面達。」這封勸駕專函，是交由黃紹竑轉達的。而白崇禧同意接掌華中剿總的關鍵，也就落在這位信使的身上。

III

六月十一日是端午節，據黃紹竑回憶：蔣突然於是日邀他到官邸午餐。在座除了蔣氏夫婦之外，僅有張群、吳忠信與蔣經國等人。飯後，蔣對黃說：「想請季寬先生去勸勸健生兄，以黨國大計為重，打消辭意，快去武漢就職。」並要他即刻乘軍用飛機前往上海。

[23] 「蔣中正日記」（未刊本），1948 年 6 月 10 日。
[24] 「何應欽致白崇禧函」（1948 年 6 月 11 日），毛筆原件，白先勇教授提供。

黃在機上思忖，只有以桂系本身利益，才能說動白崇禧。傍晚兩人甫一見面，白崇禧知道黃此來是為蔣勸駕，即抱怨「我這個仗還怎麼打？」並認為陳誠凡事作梗，「豈有權奸在內而大將能立功於外者乎？」黃紹竑聽後一笑，表示自己雖然是蔣派來勸駕，卻並不是要白「把仗打好」。見白一臉詫異，黃才接著說：「因為早就看到蔣的仗是打不好的，才想來同你談談趕快到武漢就職，掌握一些隊伍，尤其要抓回廣西那點軍隊，不要把本錢陪著人家一起輸光了。」然後又說：「你和德公（李宗仁）在南京高高在上做副總統和國防部長，不是等於關在籠中的鳥一樣麼？現在蔣把籠門打開放你出去，還不快快地遠走高飛？」白氏聽後心悅誠服，當即表示願意就職。[25]

白崇禧確實在黃紹竑帶何應欽專函赴上海後同意就職，但是黃在一九六〇年代所做的這段憶述，卻頗有值得推敲之處。首先，白、黃兩人應該都知道，陳誠已於五月辭卸一切職位，當時正因胃出血在上海治療，白崇禧如果仍抱怨陳誠為「權奸」，在軍政事務上掣肘，於時間上並不符合。再者，所謂「抓回廣西那點軍隊」，白崇禧於九江、漢口設置指揮所、與劉伯承大軍在大別山對戰之時，就已指揮第七、第四十六、第四十八軍等廣西部隊，實際上早有兵權在手。

而按照程思遠所述，黃紹竑要白崇禧到華中掌握兵權，還有一段後話：「一旦時機成熟，你就可以在外面製造形勢，迫蔣介石下台，而讓德鄰（即李宗仁）出來主政，倡導和談，豈不是一舉而數善嗎？」[26]這段話像是日後所編造，不是當時的原話。對照前述吳忠信所記，則白崇禧的態度實與程、黃的回憶完全不同，可是其中仍有值得推敲之處。按理說國防部長一職沒有實權，出掌華中剿總手握兵權應是正辦，但白崇禧的反應竟是推三阻四、不願到武漢上任，企圖留任國防部。如果從桂系利益的角度看，則根本無法解釋白的態度。所以，白對於國防部長、華中剿總的看法，必定與全國戰略有關。

推測黃紹竑赴上海勸說白崇禧的真實情況，除了他以桂系本身利益試圖說服白之外，很可能還帶來了何應欽的口信回覆。此時何、白兩人之間，就如何挽回局勢，應該已經達成某種合作默契，白崇禧在得到何氏的支持之後，同意到華中任職。這一點，參照日後情勢的發展，可以若隱若現的得到印證。

六月中旬，就在局勢還沒有明朗之際，一份呈送給蔣介石的機密報告，為蔣、也為後世的我們，揭露了此時華中複雜的政情，乃至於一九四八年中國危殆而關鍵的局面。這份報告的標題為「關於華中剿匪問題之意見」，執筆人是徐佛觀（**後改名復觀**），這位日後的新儒家代表人物，當時是蔣氏的智囊。

IV

關於華中情勢與剿總人事，徐佛觀開宗明義向蔣介石指出，局勢已到最後勝負關頭，華中剿總應由白崇禧出任。「目前主要戰場，一為東北，一為華中，現河南已全部糜爛，湖北糜爛五分之三，全般態勢，皆日趨惡化，已漸至決定最後勝負之邊緣，此乃政府今年之生死問題，」在此情形下，「其他一切利害問題均應從屬於此一大利大害之

㉕ 黃紹竑，〈李宗仁代理總統的前前後後〉，《新桂系紀實》，下冊，頁 140-141。
㉖ 程思遠，《白崇禧傳》，頁 263-265。

巨大問題下，而衡量之。」徐因而與來京洽公的彭善、阮齊（**都是湖北籍的黃埔學生**）商討，一致認為華中剿匪總部「機構必須單純，指揮必須統一，就剿匪人事而論，程頌雲先生決不如白健生先生，此可代表一般幹部與社會之共同看法。」

徐佛觀明白蔣氏對桂系奪權抱有疑忌，但是現在情勢緊急，「無人能於剿匪過程中，作非分之想。」況且覆巢之下，焉有完卵？「桂系之政治慾望，決不能向鈞座存問鼎之心，而僅係作次一步之打算，」因此徐氏認為「任何幹部所蓄之政治慾望，在領袖所掌握的大的國家政策之下，均無根本之危險性，此無需過為顧慮者。」

其次以湖北目前政情而論，白崇禧亦較程潛適合。徐氏向蔣陳述：程潛與白崇禧二雄相爭的背後，有何成濬（**時任湖北省參議會議長**）運用挑撥的身影。「何雪竹先生欲利用程頌雲先生無是無非之政治招牌，以掩護其『湖北王』之地位，尤必須在矛盾中得以運用，提高身價，故彼不惜盡情挑撥於程白之間，其心實不可問。」可知如果程潛留任武漢，將成為何成濬勢力運用的棋子，華中局勢會更加嚴重。

反過來說，徐佛觀認為，倘若以白崇禧指揮華中軍事，可使目前癱軟腐化的各級軍政幹部，「處於比較生疏之環境下，反可加以磨練淘汰，」如此則白來到華中，「可發生相反相成之作用。」

最後，徐向蔣氏報告自己的親身觀察，婉言勸諫蔣氏在戡亂軍事上，不可一意孤行。陳誠與白崇禧之間關於戰略意見的分歧和摩擦，在軍中已經傳開，然而「國軍幹部，與陳辭修先生之關係甚深，與白健生先生之關係淺，而辭修先生年來之威望，亦遠非健生先生所能企及。然職聞去歲上春以來，辭修先生在中訓團對軍官訓話之反應，反不如健生先生之良好，此實值得深長思考者。」[27] 陳誠是蔣中正戰略決策的忠實執行者，他的威望一落千丈，正足以反應軍中對於蔣氏指揮作為與戰略的觀感。

這份呈蔣介石密閱的機密報告對於促成白崇禧就任華中剿總起到了什麼作用，如今已不得而知，但是白氏終於同意接掌華中剿總。六月二十一日，白崇禧請見，對於華中軍事部署與權責提出要求。蔣認為白「糾纏不休，並要求隨便簽准，」並未允准。[28] 白崇禧在六月二十五日自南京飛漢口就任，[29] 在三元里一棟日軍建造的鋼筋水泥建築裡，以原漢口指揮所及國防部人員為班底，組建華中剿匪總司令部。華中剿總以徐祖貽為參謀長，趙援為副，下分八個處，重要部屬有第一處（主管人事）處長張宣、第二處（主管情報）處長熊振漢、第三處（主管參謀作戰）處長林毅之、副處長覃戈鳴（林未到任，以覃代理）、第四處（主管後勤補給）處長賴光大、政工處處長程式、軍法處處長何孝元、軍醫處處長陳石君、總務處處長張鶴齡。[30]

此時隸屬於華中剿總指揮序列的主力部隊，有桂軍整編第七師、整編第四十六師、整編第四十八師，中央系統的整編第十八軍、整編第十師、整編第八十五師、整編第二十八師，以及川軍系統的整編第二十師等。另外，還有第五、第六、第十三（河南）、第八（安徽）、第十五、第十六（湖北）等六個綏靖區，受華中剿總節制。

六月二十日，白崇禧簽呈蔣介石，建議調整部署，以因應共軍集結主力、向國軍尋求決戰的態勢，「分別以三至五個整編師編組四至五個追剿兵團，」依照劉伯承、陳

27 「徐佛觀呈蔣中正意見書」（1948年6月15日），《蔣文物》，典藏號：002-080105-00002-005。
28 「蔣中正日記」（未刊本），1948年6月21日。
29 「白崇禧致蔣中正電」（1948年6月26日），《蔣文物》，典藏號：002-090106-00002-231。
30 馬天綱、賈廷詩、陳三井、陳存恭（訪問、紀錄），《白崇禧先生訪問紀錄》，下冊，頁844。

毅、陳賡各部的實力，指定某兵團專對共軍某部攻擊，「不限時期，不分畛域，對匪窮追猛打，徹底擊滅之。」除了以廣西部隊三個整編師合組為一個輕裝機動兵團（司令官張淦）外，並提請將中央軍整編第十八軍等部隊編組為主力追擊兵團，由杜聿明出任華中剿總副總司令兼該兵團司令。[31] 白崇禧曾經和杜聿明數度共事，以杜為副手，有利於指揮。[32] 但杜聿明旋即被任為徐州剿總副總司令，華中剿總副總司令由宋希濂出任，機動兵團則由張軫擔任司令。

據程思遠回憶：白崇禧命他去邀請何浩若（曾任行政院綏靖區政務委員會秘書長）出任負責政務的剿總秘書長。但是何氏對程表示：「蔣先生是不會同意我去跟健生先生的。我倒有另一想法，白先生遠離南京，蔣先生必不放心，現在袁企止（袁守謙）閒著沒事，白先生不如帶他去當秘書長，有一個黃埔學生在華中『剿總』自然較好一點。」程思遠回報後，白崇禧採納建議，改邀袁守謙出任秘書長。[33] 而根據袁守謙於六月二十日呈蔣介石的報告中表示，「職（袁自稱）前奉鈞座面諭，飭隨白總司令赴華中剿匪總部擔任秘書長一職，」所以袁推卻了其他職務的邀約，「且參加該部服務，亦有其政治意義之必要。」[34] 從報告中可以看出，蔣氏也有安排親信門生，就近監視白崇禧的意味。

---

31 「顧祝同呈蔣中正簽呈」（民國 37 年 7 月 3 日），《蔣文物》，典藏號：002-020400-00023-088。

32 抗戰時的桂南會戰、一九四六年春夏之間的東北四平會戰，白崇禧皆曾經指揮過杜聿明；抗戰期間白氏視察各部隊，對杜聿明第五軍有很高評價，參見本書「桂林行營」、「遺恨失東北」兩章。

33 程思遠，《白崇禧傳》，頁 265。

34 「袁守謙呈蔣中正報告」（1948 年 6 月 20 日），《蔣文物》，典藏號：002-020400-00023-070。

一九四八年六月，白崇禧（前排中）到任華中剿總，在武昌奧略樓前留影。前排左為前湖北省主席萬耀煌。

白崇禧到任後隔日，就前往河南前線視察。正當一切部署即將展開之際，漢水中游的襄陽、樊城旋即遭到劉伯承部圍攻。劉伯承在攻擊襄樊之前，已於六月二十二日攻破河南省會開封；而這場襄樊保衛戰，更使得蔣白關係進一步惡化。

V

白崇禧走馬上任，他的老對手劉伯承正在密切注意。

劉伯承研判，「白崇禧集團在豫鄂皖防我渡江，假如我一過江，彼將如何堵擊呢？白崇禧集團是其戰略守勢的最後防線，此點突破，必將全盤瓦解。」劉伯承決定乘白氏部署未完成之前搶先進攻，選擇漢水流域的襄陽、樊城一帶為戰略突破口，因為「此地既可渡江，亦能入川，且是敵之接合部，無法彌補。」六月初，中原野戰軍開會研討發起攻擊的戰場，提出兩案，第一案是佯攻鄭州，奪取信陽；第二案為南下攻擊老河口、襄陽、樊城。會中達成共識，選定第二案，即以中原野戰軍第六縱隊，加上鄂豫陝、桐柏兩軍區發起老河口戰役，此次進攻是「將漢水變為我們內河的開始。長江也會像黃河一樣變為我們的內河。」[35]

中原野戰軍之所以選定第二案，乃是因為襄陽守將康澤實力最弱。[36] 第十五綏靖區司令官康澤，字兆民，四川安岳人，黃埔三期，是三民主義力行社及其外圍組織復興社的核心人物。在一九三〇年代，五次圍剿江西蘇區期間，康澤組建別動總隊，擔任總隊長，在協助恢復地方秩序、剷除中共組織等事務上，扮演活躍角色。抗戰開始後，力行社等組織併入三民主義青年團，康澤又兼任三青團中央組織處長，可說是盛極一時。然而，先是別動總隊被改編為第六十六軍，入緬甸作戰，康澤卻未能出任該軍軍長。接著在抗戰勝利前夕，由於蔣疑心康澤把持三青團，他便在張治中授意下，自請辭職出國赴歐美考察。一九四七年三月，康澤回國，當選為國民黨中央常務委員，十一月時，被任命為第十五綏靖區中將司令官（駐襄陽），於一九四八年二月到任。[37]

此時康澤兵力約為兩萬人。駐守襄樊的主力是兩個旅，共一萬二千餘人，一為補充還未完成的國防部後調旅，一是川軍系統部隊，戰力較強，但武器窳劣，軍風紀也不佳。[38]中原野戰軍第六、第十、第十二縱隊把握張淦兵團、張軫兵團向東策應河南戰局的時機，於七月一日從河南新野出發，三日攻陷老河口。七月六日，共軍三面包圍樊城，康澤向華中剿總與南京連發告急電報。八日，白崇禧電令康澤立即放棄樊城，集中兵力於襄陽固守待援。並告知已調援軍前來，但集中需要時間，希望襄陽能堅守到二十二日。[39]

35 〈中原區的任務和行動〉（1948年6月5日），《劉伯承軍事文選》，頁545。

36 同前註，頁547。

37 康澤，《康澤自述及其下場》（台北：傳記文學出版社，1998年），頁177-183、242-245。

38 覃戈鳴，〈襄樊戰役白崇禧黔驢技窮，康澤裝死被俘〉，《文史資料存稿選編．全面內戰》，中冊，頁713。

39 「午佳0830機電」，華中剿總編，〈襄鄭會戰史〉，《中華民國史檔案資料匯編》，第五輯第三編：軍事二（南京：江蘇古籍出版社，1991年），頁662。

據華中剿總主管作戰的第三處副處長覃戈鳴回憶，白崇禧對於當面敵情，以及如何解襄陽之圍，有如下幾個判斷：第一，共軍使用兵力，約有五個縱隊（軍），其中陳賡兵團戰力較強；第二，距離襄陽最近的部隊，為南陽第十三綏靖區王凌雲部整編第九師（駐地距襄陽一百二十公里，急行軍三天可到），但是如果動用整九師由南陽南救襄陽，必定在劉伯承的預料之中，不但處處都會遭遇敵軍側擊，且以共軍慣於「圍點打援」的戰法，大可只用一個縱隊監視戰力不強的襄陽守軍，以四個縱隊形成優勢，吞噬整九師；第三、襄陽在漢水西岸，王凌雲部趕到漢水東岸也無法挽救危局，且敵前渡河，非常危險，故無法從南陽發兵解圍；第四、駐紮在信陽、確山一帶的桂軍整編第七師（原第七軍），以及在上蔡的川軍整編第二十師（原第二十軍），兩個整編師共五萬兵力，可以抽調馳援。

救兵如果晝夜兼程取捷徑，由確山出發，走唐河、新野，直奔襄陽，距離兩百五十公里，急行軍要七天才能抵達。不過，如果採取此一路線，劉伯承部三個縱隊、陳賡兵團的四個縱隊，有可能預先設好口袋，對援軍前後夾擊。即使援軍擊破沿途所有阻攔，在漢水東岸冒著敵人阻擊渡河，同樣沒有把握。

因此，白崇禧不待參謀討論，直接裁定「以迂為直」的進軍路線：援兵由河南駐馬店、確山、信陽以火車運到湖北孝感，再往北由宜城渡過漢水，解襄陽之圍。走這條路線，最快需時十日，才能抵達襄陽。白氏說明理由：第一，遠敵渡河，可保安全；第二，如果援兵趕到前，襄陽不幸已告失守，由南向北進兵可以阻止共軍繼續往長江南岸進犯。

照此決心，整七師先行裝車出發，整二十師晚一天開拔。白崇禧並命令空軍第四軍區（駐漢口）晝夜不斷飛臨襄陽上空助戰。[40]

襄陽地處漢水南岸，城西、南兩面有高度在海拔一六〇至四六〇公尺之間的山地環伺，易守難攻。在白崇禧看來，襄陽保衛戰的成敗關鍵，在於康澤能否運用事前在城郊山區各高地修築的各種碉堡工事節節抵抗，爭取時間，等待救兵到來。此即為「守野重於守城」。

VI

七月七日，中原野戰軍第六縱隊逼近襄陽西南高地，爆發激烈爭奪。同時，佔領樊城的共軍由襄陽以南渡過漢水，攻擊襄陽南面。九日，能瞰制襄陽西門的真武山高地失守，康澤當即運用預備隊逆襲奪回。[41] 十日，白崇禧致電康澤，據空軍偵查後向華中剿總回報：真武山陣地發現國軍對空聯絡布板，「則真武山之爭奪我已得手，甚慰，」白並且勉勵康澤：「匪軍遭我陸空協同打擊，死傷較我必大數倍，且匪十天之內絕無援軍，若我堅決固守，則匪必再衰三竭，我援軍一到，可將其壓迫於襄河而殲滅之。」[42]

[40] 覃戈鳴，〈襄樊戰役白崇禧黔驢技窮，康澤裝死被俘〉，頁 715-716；華中剿總編，〈襄鄖會戰史〉，頁 662。
[41] 康澤，《康澤自述及其下場》，頁 252。
[42] 「午灰已機電」，華中剿總編，〈襄鄖會戰史〉，頁 663。

十一日下午二時，白崇禧再致電康澤，指示城防機宜：「連日戰鬥，賴兄督率，將士用命，匪攻勢似已稍挫，禧正請加派飛機空投糧彈，日夜助戰，嚴飭7D、20D急進增援中，希曉諭軍團〔應為「軍民」〕襄城係背水陣，捨死乃能求生，固守必能解圍，共體此意，痛殲敵寇。」此時城南高地已失，敵軍火力可居高臨下，因此白氏要康澤準備巷戰。「對南面受瞰射部分，並預備夜間簡易照明設備，街市房屋宜斟酌打通，使匪逐屋前進時，我輕重機槍火力得收縱橫掃射阻止之效。」[43] 戰況最激烈時，白崇禧整夜未眠，不斷以電話催問空軍偵查報告。[44]

白崇禧要求康澤憑藉襄陽城郊高地節節抵抗，必要時甚至將指揮所也移往城外山地，只要守住山頭，共軍就算進城也無法久待。[45] 但是隨著包圍圈逐漸緊縮，康澤擔心敵軍有放棄對山地攻擊，轉而切斷城內與山地守備區聯絡的意圖。[46] 他與南京之間一直有電報往來，越過漢口，直接向蔣介石報告戰況。蔣先是於十一日致電康澤，認為包圍襄陽之共軍「必無重武器及遠射程砲兵，如城垣尚完整可守，則不如集中兵力固守城垣待援。何如？」[47] 十二日，康澤向蔣報告，西南高地各據點「迄今晨戰況沉寂，時為止仍在我軍掌握。」但城垣戰況激烈，倘將高地全部放棄，城西將全部在敵人火力瞰射之中。[48]

蔣介石於十三日覆電康澤，電文長近五百字，先告以南北二路援軍，二十日前必定趕到，並鼓勵康澤：「望弟經過此一番風浪，穩渡此一道難關，以後不惟膽識可以因此大為長進，而且立名成業，皆起於此點。只要信從余言，堅忍鎮守，匪雖凶橫，其如余何乎？」在此電中，蔣氏更加明確的對撤守山地、退守城垣作出指示：[49]

> 以余判斷，認為危險期限，已將過去，蓋匪迫近襄樊，爭奪外圍各處據點，激戰惡鬥，已連數晝夜，匪部攻勢之損失，必比我軍傷亡更大。而且匪方作戰，皆無後

方彈藥之接濟，照屢次戰役經驗，匪部彈藥，決不能持久三日至五日之時間，尤以各種砲彈之補充，更為缺乏。故在過去數日之激戰，其槍砲攻勢雖甚凶猛，但其砲彈必因爭奪我外圍山地而消耗將盡。何況山砲彈之威力，決不能轟破我舊式之城牆耶。故此時如我決心退守城內，集中兵力，抵禦匪部來攻之點，則必能擊退匪部，確保安全，有時且可乘機轉移攻勢，殲滅疲乏之殘匪，何況我有空軍晝夜掩護助戰，更非匪之所能及也。

康澤接電，認為這是蔣「守城不守野」的明確指令，於是在十四日下午一時，將城郊守軍悉數撤入城內，並且電覆蔣「為集中兵力，已遵照鈞示於本寒日十三時起將山地部隊轉移城內。」㊿

㊸「白崇禧致康澤、郭勳祺電（午真 1400 機電）」，收於華中剿總編，〈襄鄖會戰史〉，頁 664。
㊹覃戈鳴，〈襄樊戰役白崇禧黔驢技窮，康澤裝死被俘〉，頁 716。
㊺同前註，頁 717。
㊻康澤，《康澤自述及其下場》，頁 253。
㊼「蔣中正致康澤電」（1948 年 7 月 11 日），《蔣文物》，典藏號：002-090300-00197-178。
㊽「康澤致蔣中正電」（1948 年 7 月 12 日），《蔣文物》，典藏號：002-090300-00186-392。
㊾「蔣中正致康澤電」（1948 年 7 月 13 日），《蔣文物》，典藏號：002-020400-00023-105。
㊿「康澤致蔣中正電」（1948 年 7 月 14 日），《蔣文物》，典藏號：002-090300-00187-035。

康澤在轉移兵力之後，才電告白崇禧：「匪之攻勢猛烈無已，遵總統蔣午元府機電令，以集中兵力固守襄陽之目的，即將山地守備部隊轉入城固守待援」。[51] 白氏接獲康澤的電報後，「頓足叫苦不迭」，但已來不及阻止。[52] 十五日，共軍經過休整，攻勢再起，因城外防禦盡撤，隨即攻破西門，城內守軍立刻陷入混亂。據空軍偵查，除了位於楊家祠的第十五綏靖區司令部還可確定仍由國軍固守之外，其他各處據點都已失去控制。[53]

此時整七師進抵樂鄉關，距離襄陽還有九十公里。在無可奈何中，白崇禧一面致電康澤，鼓舞士氣：「只要最後有數個據點在我手中，即襄陽並未失陷，兄等達成光榮任務矣」；[54] 一面派飛機空投通訊袋，故意將命令投入共軍陣地，稱援軍一日之內就將趕到，希望守軍能憑藉核心工事，堅持到底，企圖故作疑兵。[55]

但解放軍並未中計，十六日下午六時，襄陽最後一處碉堡被攻陷，康澤遭手榴彈爆炸波震暈，被俘。這時，援軍距離襄陽還有四十五公里。[56]

VII

襄陽陷落對蔣介石是一大打擊，不僅因為康澤是蔣的親信門生，更因為蔣直接指示康澤退守城垣，與白崇禧守備城郊高地的指令相違，結果致使戰局急轉直下。「審閱戰報，襄陽城內已巷戰，不勝繫念，此豈余指導無方之過乎？」七月十六日，蔣氏在日記中寫道。十七日，襄陽確定失守，康澤生死未卜（後來證實受傷被俘），蔣心中更加忐忑：「本日以襄陽失陷，康澤不知下落最為憂慮，自覺今後作戰再不可預聞前方部署之指示，否則更失統帥之威信矣。」[57]

城陷時，派駐襄陽「監軍」的國防部戰地視察第八組組長周建陶（黃埔一期）化裝成農民逃出。他在七月二十四日呈給蔣氏的報告中，分析襄陽陷落的原因：「此次匪犯襄城，我以數團之眾，集結一點，終未能固守待援。第一為各級重要幹部無必死決心；第二為巷戰經驗和準備不足；第三為各部隊歷史環境欠佳，惡根性太重；第四為綏〔區〕指揮機構不健全。」[58] 歸結四項原因，可知周建陶認為康澤不能掌握部隊，撤入城中後，無法有效重新部署，組織戰鬥，導致撤守高地之後才一天時間，全城就告陷落。

蔣介石接獲報告，顯然接受上述看法。「**襄樊失守，康澤以重傷不省人事被俘，此為公私關係最大之打擊。**」他在日記的七月份反省錄中寫道，「**復因余令康固守襄陽之城，不料其部隊無力，士氣渙散至此。**」等於間接承認在不清楚前線部隊戰鬥力的情況

---

51 「康澤致白崇禧電（午寒 1230 仁一電）」，收於華中剿總編，〈襄鄖會戰史〉，頁 670。
52 張任民，《回憶錄》，頁 116。
53 「康澤致蔣中正電」（1948 年 7 月 16 日），《蔣文物》，典藏號：002-090300-00032-183；華中剿總編，〈襄鄖會戰史〉，頁 671。
54 「白崇禧致康澤、郭勳祺（午銑 1815 機）電」，收於華中剿總編，〈襄鄖會戰史〉，頁 665。
55 覃戈鳴，〈襄樊戰役白崇禧黔驢技窮，康澤裝死被俘〉，《文史資料存稿選編．全面內戰》，中冊，頁 717-718。
56 康澤，〈襄樊抗拒被俘紀實〉，頁 702-703；覃戈鳴，〈襄樊戰役白崇禧黔驢技窮，康澤裝死被俘〉，頁 718。
57 「蔣中正日記」（未刊本），1948 年 7 月 16 日、17 日。
58 「周建陶致蔣中正電」（1948 年 7 月 24 日），《蔣文物》，典藏號：002-090300-00032-193。

下，越級指揮，干預戰區統帥的部署，導致失敗。「因之謠諑蜚語蜂起，對余個人之攻訐益劇，」蔣接著寫道，「不僅共匪，而黨內反動派亦藉此希圖毀滅領袖地位，喪失統帥威信，盡其各種伎倆，以快其幸災樂禍、報復之私意，此誠革命以來未有之苦痛也。」[59]換言之，蔣明白黨內對其指揮作風不滿者大有人在，但是為了維護「領袖地位」與「統帥威信」，他不願承認錯誤。

白崇禧對蔣氏越級干涉指揮的做法，早已迭有微詞，襄陽一役更加深他的不滿。白在各個場合都曾公開批評蔣的干預指揮作風。派駐在漢口的戰地視察第二組組長胡素（黃埔一期），奉有秘密任務，暗中監視白氏的言行。他於八月四日向蔣介石呈報「呂先生來漢後言行」。負責轉呈報告的軍務局長俞濟時，擔心「校長」日理萬機，不知呂為何許人，故在「呂先生」之後加註如上文字：「為保守機密，經規定以呂先生為白健生之代名。以後報告鈞座，均用此代名，謹註。」

「呂恃才傲物，於中央舉措，時有責難。」胡素在報告中寫道，「如六月廿八日巡視戰地，於駐馬店召集各部團長以上訓話時，對政府協商整軍及對軍事之指導，深表不滿，且自詡於勝利之初，已有先見，惜人微言輕，未荷採納，致令共匪坐大，政府威信低落，」繼而提到襄陽保衛戰：「又如襄樊挫敗，謂康司令官越級報告，鈞座（蔣）亦越級指揮，致地區指揮官備受牽制，其責任鈞座與康司令官各負其半云。」然而，注意胡素接下來的一句話：「此間將領對呂之言論，多認為言非其時，為不智之舉。」[60]所謂言非其時，並不是言非其實，而是話說的不是時候。這句話很委婉的指出華中將領在襄陽一役中認同白氏的看法。

白崇禧對蔣介石越級指揮甚感不滿，蔣氏心知肚明，但是何應欽也持如此看法，則出乎他的意料之外。八月二日，在黨中央政治會議上，國防部長何應欽提出，近來軍事上的失敗，多因為「軍隊指揮未經過國防部轉行手續，」而且軍中人事調動，自團長以上，都由蔣氏決定，而不經由評判會之審定。何氏並且向出席委員建議，往後軍事指揮與人事任命，均應回歸國防部。[61]

當天蔣介石並未出席會議，隔天他出席由何應欽主持的軍事檢討會議後，在日記中痛批何：「此人推過爭功之技能機巧無雙，而其宣傳之方法完全學習共匪之一套，所謂投機取巧，盡其能事，惜乎其無補於事耳。培養二十餘年，總不能成材自主，始終被人利用而毫不自覺，無骨氣，無人格，誠枉費我一生心血。此亦為余平生最大失敗之一也。」到此，蔣乃一改前些時候的看法，「回寓檢討襄陽失陷作戰之經過，證以健生歸咎于余電令康澤固守城垣所以失敗之原因，完全為其有意詆毀也。」[62] 將這兩段話連在一起看，可知所謂何應欽「受人利用」，所指即為受白崇禧的利用。

「月來以白等推責（襄陽失陷），浮言四起，幾乎以余為敗軍之罪魁，」蔣在日記中批評何、白「無形中損喪統帥威信，一切軍事失敗罪惡均歸於余統帥對部隊直接指揮。」蔣氏認為，並非他直接指揮前線部隊，而是將領前來請示，甚或是戰區總司令請求他以手令督導軍、師長，「則余不能不批覆其來請示與不能不直接督導，而並非余越級指揮之

59 「蔣中正日記」（未刊本），1948 年 7 月 31 日，本月反省錄。
60 「胡素呈蔣中正報告」（1948 年 8 月 4 日），《蔣文物》，典藏號：002-080200-00332-004。
61 呂芳上（主編），《蔣中正先生年譜長編》，第 9 冊（台北：國史館、國立中正紀念堂管理處、財團法人中正文教基金會，2015 年），頁 125。
62 「蔣中正日記」（未刊本），1948 年 8 月 4 日。

過，」而何、白對他的批評，「不特其推諉個人責任，而且予統帥喪失威信。」蔣自覺遭受冤屈，「因之對於軍會將領急欲有所表示，而又不忍自白，恐失威信，故心緒抑鬱比有冤莫訴更為難堪。」[63]

根據周建陶在日後受中共關押「改造」時寫出的供狀文字稱：蔣召其來京，要他出席軍事檢討會議，並暗示他在會議上發言，襄陽失守，並不是因為蔣令康澤撤守城郊高地所致，而是桂系的見死不救。周建陶深體此意，在會議上陳述時，著力指出攻擊襄陽的共軍採取鉗形攻勢，如果不放棄高地，集中兵力，就有遭到各個擊破的危險，還指責整編第七師救援遲緩，才是襄陽失敗的主因：「不知道白長官對此作何感想？」這時代表華中剿總出席會議的副參謀長趙援，憤而起身代長官回答：「放棄制高點，退守襄陽城，讓敵人居高臨下，我們白長官認為是鑄成大錯！」支持兩方意見的人馬互相叫罵，會場亂成一團，蔣遂出而制止，宣布對黃泛區戰役有功的第七兵團司令官黃百韜進行授動儀式，檢討會在混亂中草草結束。[64]

從戰略層面來看，襄陽一役雙方各有得失。共軍中野動員五萬餘人，歷經十多天，雖然攻破樊城、襄陽，但是因為國軍解圍部隊已經逼近，只得於打掃戰場之後退出，未能達成發起戰役前奪取襄樊、變漢水為內河的預設目標。華中剿總的援兵以迂為直，儘管已經排除萬難，兼程並進，終究無法完成解圍任務，不過逼使敵軍退出襄、樊，算是扳回一城。[65]

在軍事檢討會議上有一種意見，認為白崇禧坐視康澤告急，見死不救。華中剿總主管作戰的第三處處長覃戈鳴，於一九六二年還在接受中共「改造」之時回顧這場戰役，為老長官辯護，他認為白氏儘管與蔣、康澤有矛盾，但絕對不會允許自己轄區內的第十五綏靖區被中共消滅。至於援兵馳救曠日費時，覃認為一是由於華中剿總的機動兵力是沿著平漢鐵路為軸線，作東西向移動，襄陽距離太遠，兵力轉移不易，沿途還要防範共軍的圍點打援；二是國軍的兵力皆已捉襟見肘，可抽調的部隊太少，華中地區自然不能例外。[66]

華中剿總於此戰結束後編纂的〈襄鄭會戰史〉指出，白崇禧令康澤在城郊山地上逐次抵抗，用意在盡量爭取時間，以利援軍抵達；但康澤信心不足，繼又遵蔣氏電令退入城垣，「守山地凡十日，匪攻不下；退守城內一日，即被攻陷。足證放棄西南高地之失策。」[67]

---

63 「蔣中正日記」（未刊本），1948年8月7日、9日。

64 周建陶，〈襄樊戰役第十五綏靖區被殲前後概述〉，《文史資料存稿選編．全面內戰》，中冊，頁710-712。

65 日後國軍戰史檢討此役時，認為襄樊作戰「正值豫東方面情勢緊張，平漢路沿線部隊，不宜西調增援，」因此對襄樊無適當兵力可以增援，不得已之下只能以大別山南側之整七師西進救援，但由於距離過遠，救援不及。修纂戰史者認為「衡量當時戰略態勢，實應暫時放棄襄樊，撤守自忠，或沿漢水河谷持久，以待豫東方面作戰獲勝後，再圖恢復襄樊。」惟主動放棄要地，不符合當時的作戰指導，不能作為選項。至於襄陽城破主因，是否由於「守城不守野」？戰史編纂者只是委婉指出「此次襄陽防禦，匪即直攻襄陽城垣，其所以得逞之原因，一為利用夜間攻擊，使城西南高地失去瞰制作用；二為守城部隊缺乏遠射程武器，不能制壓其攻擊準備行動。」但「襄陽背山面水，城垣與南山互為依存」，意即守軍以山地為依託，方能「奮戰十三日之久」。見三軍大學（編），《國民革命軍戰役史．戡亂》，第五冊：戡亂前期，下（台北：國防部史政編譯局，1989年），頁449-450。

66 覃戈鳴，〈襄樊戰役白崇禧黔驢技窮，康澤裝死被俘〉，頁718-719。

67 華中剿總（編），〈襄鄭會戰史〉，頁671。

按說最高統帥致函電給前線將領，只可鼓舞士氣，不可涉及實際部署機宜。蔣遠在南京，不明瞭襄陽部隊情形，貿然以自身判斷，要康澤撤回城垣，實際上是犯了兵家之大忌。他本人對此並非不知，但是在面臨白崇禧的指責時，先是為了維護「統帥威信」而拒絕承認，後又指控白對康澤「見死不救」，全面否認自己越級指揮的失誤。蔣尚且猜忌何應欽與白合謀。對此白崇禧的不滿只有更為加深。襄陽之戰是戰後蔣、白關係惡化的縮影。

VIII

襄陽之戰也暴露出蔣對白的提防。前面提及戰地視察第二組胡素於八月四日所呈白氏在漢口言行的報告，蔣在八日批閱。胡素在報告末尾認為「綜觀呂（**白**）之舉措，未必能有所圖，除寄以深切注意防範外，當力避任何情感上之刺激，否則徒增間隙，為淵驅魚。」因此列舉下面各項做法，建議中央實施：「一、遴選中上級精幹幹部，利用各種關係，薦入華中剿總，以明瞭其一切措施，惟人選應極端謹慎；二、對華中區部隊團長以上及軍事機關首長之人事，應予慎密之考核控制，重要主官之調動，應先機主動行之，不予剿總以保薦之機會；三、對華中剿總械彈裝備之配發補充，應飭國防部與聯勤總部審慎核發。」

對於這幾項建議，總統府第三局長俞濟時簽註擬辦意見：「一、二兩項，擬由職濟時密告何部長、顧總長核辦，（**國防部**）第一廳長毛廳長注意。三項擬密由職濟時面告郭總司令照辦。」蔣親筆將「何部長」三字抹去，似乎不願意讓何應欽得知中央對華中剿總的暗中防範措施。[68]從這一舉動當中可以看出蔣氏對於白崇禧的猜忌，以及對何、白聯手的懷疑。

白崇禧個性稜角分明，出言直率。據時任華中區補給司令的朱鼎卿回憶，白常批評蔣「指揮作戰連一個交警大隊、一個步兵營也要干涉，弄得前方將領縮手縮腳，動彈不得，」並說：「國防部第三廳都是一些年青〔輕〕子弟，不敢向老頭子（蔣）講話，我是他的老朋友，為了國家的存亡，不能不講直話，難道我講了直話就是反對他嗎？」[69]但是，由於中央各級單位「善體」蔣氏對白的猜忌防備之意，先意奉承，華中剿總的各項業務以及械彈補充，往往遭到為難。「各剿匪總司令部均有政務委員會，但華中剿總之政委會則被為難，至今未能成立，」黃旭初在八月初的日記中寫道：「白健生此次進京即為催請此事。」[70]

此時白崇禧因為視察確山陣地時，致足部舊傷復發，藉催請械彈補給機會回南京休養，蔣介石特於八月九日上午親往大悲巷雍園一號白氏寓所探視，兩人談話約半小時。當日蔣的日記裡記載下兩人談話的內容，有很多可解讀之處。

[68] 「胡素呈蔣中正報告」（1948年8月4日），《蔣文物》，典藏號：002-080200-00332-004。

[69] 朱鼎卿，〈蔣、桂矛盾的幾點見聞〉，《新桂系紀實》，下冊，頁344-345。

[70] 「黃旭初日記」（未刊本），1948年8月1日。

談話一開始，蔣詢問白關於李宗仁在北平對美國副領事的談話。原來，副總統李宗仁夫婦於六月底飛抵北平，和華北各界人士聯絡接觸。根據保密局於七月二十八日呈蔣的情報指出，「李副總統原擬在京多事逗留，以期與總統感情有所增進，彼此取得諒解。但經龍雲與李任仁之鼓動，離京赴平，」暗中與北方閻錫山、傅作義、馬鴻逵等人串聯，籌畫倒蔣，並派人與在香港的李濟深聯絡，勸其「目前不宜與中共發生摩擦，以免在計畫未成熟前遭受懷疑與破壞。」[71] 所謂計畫，自然是暗中籌畫反蔣。

蔣又告訴白，聽聞李在北平對美國副領事說，未來他蔣某人「結果當不出三途：一、自殺；二、亡命；三、憤死云。」蔣隨後說，自己並不相信李會作此語：「余以為此必非德（鄰）之所言，而必受翻譯者之惡作劇也。」所以請白氏轉告李，日後應切實注意翻譯者的德行。

但接下來白崇禧的回答，更出乎蔣氏的意料之外。「健言德專信小人甘介侯之流，並聽迷信命相之言。今後余（白自稱）與李雖有歷史關係，然政治必自有主張，即桂皖二省當局亦決不附和于李，」蔣聽後極為重視，認為白氏所說「可深長思之。」[72]

白崇禧這番話透露出清楚的訊息：白氏對國是「自有主張」，不會惟李宗仁之命是從；而即使是同屬桂系的安徽、廣西兩省地方大員，對於李的所為也不會盲從。白對蔣氏的回答，既是他一貫的立場，也是四個月後採取猛烈大動作的預告。

可惜的是，蔣氏雖認為「其言可深長思之」，思緒只在李宗仁身上著眼。幾天後，蔣在日記中寫道：「德鄰遲遲不回南京，並以白之言意測之，則德與馮（玉祥）、李（濟深）本為一邱（丘）之貉，其為共匪煽惑合流不無可能，」他隨即自我寬慰：「但此其絕路，徒苦吾民，而于政府根基無損也。」[73] 對於白「政治必自有主張」的直言相告，以及軍事指揮、戰略的各種建議，仍然未能聽受。

李宗仁終於在八月十七日搭乘專機飛返南京。一下機，李副總統的車隊便直驅大悲巷白崇禧的寓所，兩人旋即閉門密談。[74] 這兩位桂系領導人此時究竟談的什麼，如今我們不得而知。李宗仁當選副總統之後，白崇禧外調華中剿總，襄樊戰役等各事接踵而來；白認為蔣干預指揮，蔣反指白見死不救。就在白崇禧與蔣介石的互信愈發低落的同時，全國軍事進入危急階段，東北、山東戰場相繼崩潰，蔣氏回心轉意，要白崇禧統一指揮徐州、華中兩大戰場，而白氏本來答應，幾經思考之後，卻拒絕接受，其中因由為何？請見下節分解。

[71] 「保密局呈蔣中正情報」（1948 年 7 月 28 日），《蔣文物》，典藏號：002-020400-00025-072。
[72] 「蔣中正日記」（未刊本），1948 年 8 月 9 日。
[73] 「蔣中正日記」（未刊本），1948 年 8 月 12 日。
[74] 〈李宗仁離平返抵京／下機後逕訪白崇禧／去牯行期尚未決定／離平前傅作義曾趨訪長談〉，《大公報》（天津），1948 年 8 月 18 日，「民 38 年前重要剪報資料庫」，政大圖書館藏。

第十四章

中原風雲急

蔣先生脾氣難改，決心不堅，最後無法，奈何奈何！

——白崇禧

一九四八年八月九日，華中剿總軍醫處長陳石君醫師告別上海的家人，啟程前往漢口履新。臨行前，陳石君和八哥、滿弟攝影留念。當時他們都沒想到，此地一為別，下次再回到上海，便是三十年後了。

陳石君抵達漢口後的當務之急，是趕緊把剿總的軍醫處組建起來。好在上海陸軍醫院和國防醫學院裡有不少他的舊識，加上一批軍醫署派往美國進修的人員剛回國，陳石君很快就在其中挑選到不少醫術精湛又熟悉公共衛生行政的好手。白總司令和參謀長徐祖詒都對軍醫處的業務運作感到滿意。

漢口的市面還算穩定，不像南京、上海那樣亂象頻仍，物價雖然也不斷飆漲，速度比較慢。但是人心已經不像抗戰時期或前兩年那樣安定了。陳石君感覺到剿總的同仁們都在作應變的打算，日常各種活動能省則省，連館子也不上了。

雖然華中的局面目前仍算安定，但是全國戰局已經相當嚴峻。漢口號稱九省水陸轉運通衢，由平漢鐵路北段，以及南京、上海方面沿江而上的傷兵，都得在漢口轉運後送。到了秋冬之際，戰事已逐漸發展到徐州地區。華中國軍各部，不斷被抽調增援徐淮戰場；漢口附近的鐵、公路線上，運兵的車隊排成了長龍。陳石君看著車隊裡的官兵，大多都是中年人，神情疲憊，看起來不像即將開赴前線的作戰部隊，倒像是一幅流民逃亡圖。他回想起抗戰軍興開往前線的部隊，都是些年輕力壯的青年，十年來戰禍綿延，不禁感慨萬千。[1]

山雨欲來風滿樓，中原風雲急，陳石君見到的這一幕，正是一九四八年下半，這段最關鍵的時期。

I

兩篇立場相反的報導，可以一窺白崇禧面臨的局面，以及他採取的對策。先是新加坡《南僑日報》在八月九日刊出署名「李漫」的作者發自漢口的專文，題為〈白崇禧的錦囊妙計〉。《南僑日報》反國民黨的立場鮮明，報導中對白崇禧也採取批判態度。

李漫分別從軍事、政治、經濟三方面說明華中的困難局面。就軍事情況來說，在湖北全省的七十縣當中，現在有四十五縣陷於戰爭狀態，其中全部被共軍佔領的有安陸、隨縣、天門等八縣；部分被佔領有三十七縣。「這些縣分布在共軍所佔領的大別山、大洪山、桐柏山，和江漢等軍區當中，」對於武漢構成威脅，而江漢區更是全省的穀倉，它的被佔領對於糧食供應造成重大影響。「照目前的態勢看，在大別山，雖然對方沒有留下多大的兵力，但國軍在周圍受牽制的卻有十萬人左右。」白崇禧正準備調兵遣將進行掃蕩，但劉伯承已經先發制人，進攻襄陽。

就政治情況來說，「白氏在出任以前，不惜以去就為要挾，來換取轄區和職權等具體問題的順利解決，」而從目前他在武漢的言行判斷，「種種跡象都在說明白氏是想配合李副總統，以『革新』做招牌，以自己的轄區和嫡系作基本，來團結南京以外的地方勢力。」然而白氏的意圖不但與「政學系想在各省尤其是長江各省部署自己勢力的打算」相牴觸，也「必然與湖北的地方勢力鑿枘」。白氏與省主席張篤倫，以及省參議會議長何成濬之間，已有種種不愉快的傳聞，衝突「遲早會表面化的。」

就經濟情況來說，「半年來武漢的物價平均漲了二十二倍，而靠薪工生活的公教人員和一般職工的收入只相應的增加了六倍左右，工商因為一般購買力的降低，通貨迅速貶值，物價飛漲，運輸阻滯，負擔增加，也都叫苦連天欲哭無淚，就業的已經如此，失業的更不消說了。」各職業與社會團體的抗議、請願、罷工層出不窮，造成社會動盪。綜上所述，李漫認為白崇禧雖然號稱「小諸葛」，也難有可以扳回局面的妙計，難怪水深火熱的武漢市民要「頻頻搖頭」了。且不論其論斷，李漫的報導對於白氏在華中面臨的困難局面，有清楚的介紹。❷

---

❶ 陳石君，《杏林滄桑六二年》，頁 260-261。

❷ 李漫，〈白崇禧的錦囊妙計／武漢市民不懷幻想／看看事實表現老百姓頻頻搖頭〉，《南僑日報》（新加坡），1948 年 8 月 9 日，「民 38 年前重要剪報資料庫」，政大圖書館藏。

面對這樣的困局，白崇禧以加速在華中實行軍事、政治、經濟三位一體的「總體戰」作為因應之道。八月十八日，漢口《武漢日報》刊出署名伊理社記者郁塞夫的專訪〈白崇禧將軍訪問記〉。伊理社是中國回教協會所屬新聞媒體，記者郁塞夫以恭維的筆調，描述白崇禧上任以來，為了穩定局面而殫精竭慮：「白將軍的前頂是禿光了，臉上的氣色雖然是紅潤，但是肌肉比半年前記者看他的時候，是瘦多了。」據白氏的部屬表示：「白將軍自辭去國防部長後，為時只兩個多月，便減輕了二十多磅的體重。」可見其辛苦之一斑。

「我這次來到武漢，真沒想到老百姓對我表示這樣的歡迎和信任。剿匪工作是非常艱難，必須靠全體軍民合作，始可達成任務。」白崇禧對記者表示：「我今天所執行的總體戰，就是今後我們必須要掌握住壯丁，然後壯丁才不為匪所用；必須掌握住糧食，然後軍民才不會枵腹作戰；必須掌握住情報，然後匪情才可了然，作戰才可致勝。半年前我去鄂北的時候，那裡並沒有什麼土共。但是半年以後，鄂北就有幾十萬的土共。這個病根就是湖北自復員以來，就沒有作組訓的工作，因此掌握不住民眾。匪黨卻做了很好的組訓工作，所以才形成現在的逆勢，真是可怕！此次襄陽之失陷，康澤司令之殉職，就是因為我們的軍民還沒有明白總體戰的要旨，所以才有此意外的損失（**按：康澤係被俘，參見上一章**）。希望各位和一般市民對於總體戰的要點多多研究，多多宣傳，協助國軍完成剿匪任務，否則，大家僅把希望放在我一人的身上，而不能出錢出力為國犧牲，那是絕難成功的。我雖然堅信剿匪終必成功，但是我也知道我今天所負的責任是過於重大，因此我晝夜無時不在警惕憂慮之中，絕不敢自驕自滿！」[3]

實施總體戰，目的在於以所有力量支援軍事作戰；而在戰略部署上最讓白崇禧憂心的，是可供運用的兵力不足。「目前華中戰場兵力計十四個整編師，」八月二十一日，白崇禧在致蔣介石的簽呈中說明，其中四個師整補作業還沒有完成，而華中「地區遼闊」，漢口、合肥、安慶、平漢鐵路沿線、宜昌、襄陽、南陽等要地守備，共需七個師，所以「能集結參加決戰者最多七個師，」而共軍劉伯承部卻「可調集十個縱隊以上兵力與我決戰，陳毅於柘城周口地區之三至五個縱隊亦可參加會戰，我似感兵力薄弱」，因此希望能增調兩個整編師，部署於河南、安徽交界，「如此不僅皖豫邊境可策安全，即津浦平漢一旦會戰，亦可收策應之效。」而如果調兵不可能，至少應將現有兵力逐步充實加強，由原來的每師兩旅六團，增編為每師三旅九團。[4]

八月二十四日，白崇禧再向蔣上簽呈，由於「華中戰場遼闊，兵力不敷分配，為顧慮平漢津浦兩路間之大空隙，使大別山以北之兵力不致空虛，」因此建議將配屬徐州剿總作戰序列的李彌兵團，西移推進至阜陽地區，以掩護津浦路交通與淮北地區的糧食、壯丁徵用。[5]

---

3 郁塞夫，〈白崇禧將軍訪問記〉，《武漢日報》（漢口），1948 年 8 月 18 日，「民 38 年前重要剪報資料庫」，政大圖書館藏。

4 「白崇禧呈蔣中正簽呈」（1948 年 8 月 21 日），《蔣文物》，典藏號：002-020400-00023-126。

5 「白崇禧呈蔣中正簽呈」（1948 年 8 月 24 日），《蔣文物》，典藏號：002-020400-00023-128。

事實上，鑑於國軍在全國各戰場的兵力使用皆已捉襟見肘，白崇禧甚至提出建置所謂「空運師」：這個構想參考美軍「空降師」的設計，計畫挑選十個輕裝步兵師，配備足夠數量的飛機架次，控制於機場附近，一旦有戰事爆發，可以將兵力迅速空運投入指定戰場，快速推進，造成局部優勢。❻

然而上述的請求、建議和構想全告落空。將各整編師增編為三旅九團的建議，據參謀本部核議後答覆：「此時華中各兵團應先做到每師兩旅六團制。」商調李彌兵團北進阜陽一節，國防部回覆：李兵團因為「現正策應黃百韜兵團向蘇北之匪進剿，並掩護津浦南段之安全，白兼總司令請將該兵團推進至阜陽一節，目前尚無必要。」至於「空運師」的建議，「白總司令建議成立十個空運師一節，雖可合我目前各戰場作戰之需要，」參謀總長顧祝同在核覆的簽呈中表示：「據統計一師兵力之輸送，需C-46機八百七十架次，查我現僅有二個空運大隊，即以成立一個『空運師』為滿足，亦須增加四個空運大隊，以增編四個大隊計，即達二億五千八百六十三萬五千六百四十美元，以此鉅額費用，實非我國現有財力，所可負擔。」白崇禧的計畫、建議不得實行，固然是條件與環境不容許，但是白在華中有志難伸、無從施展的情況，也可見一斑。

III

蔣介石對於白崇禧的建議，並非不願接受。八月十三日，蔣氏致電國防部長何應欽：「據健生兄稱後方各省應皆用總體戰法，令其條呈。據軍務局報稱，已交國防部核議，務請從速擬妥呈核。」蔣要求何按照白崇禧的建議，盡速擬妥總體戰實施辦法，

「中(蔣氏自稱)意正以全國應一律實行總體戰,法令大明,中央須有實行總體戰之健全與簡化機構,不致如過去總動員機構膨大而無效也。最好能於一星期內擬訂具體實施辦法。」❼軍事局面日漸危殆,蔣的內心自然萬分焦急。「總體戰與第二線兵團之補訓工作應特加督導,」他在日記裡如此提醒自己。❽

然而蔣、白之間的怨隙卻仍然持續加深,主要分歧在於爭執有限資源與彼此缺乏互信。武器分配便是其中之一。九月八日,白崇禧為了爭取美援武器配發華中各軍,特地飛抵南京晉見蔣氏。「健生來談美國武器分配意見,」蔣在當日的日記裡批評道:「總想擴充其本身軍隊為第一也。」❾

蔣、白的另一項爭端,與籌措財源有關。「今日時局之嚴重,為民國以來所未有,有形的軍事經濟之頹勢,固為人所共知,無形的軍心民氣之萎靡,較有形者為尤甚,」白崇禧在給廣西省主席黃旭初的信函裡提到:「必須在軍事培養優勢武力,戰術上採取攻勢,政治上收攬人心,使軍民一致,實現總體戰之要求,庶可挽回劫運。」而「培養武力非錢莫辦」,因此華中在白氏堅持下,開始徵收自衛特別捐,用來擴充地方自衛團隊、整補交通通信及武漢城防工事。❿

❻「顧祝同呈蔣中正簽呈」(1948年9月9日),《蔣文物》,典藏號:002-020400-00013-058。
❼「蔣中正致何應欽電」(1948年8月13日),《蔣文物》,典藏號:002-080200-00591-003。
❽「蔣中正日記」(未刊本),1948年8月21日,上星期反省錄。
❾「蔣中正日記」(未刊本),1948年9月8日。
❿「白崇禧致黃旭初函」(1948年10月21日),《健生書簡》(未刊本)。

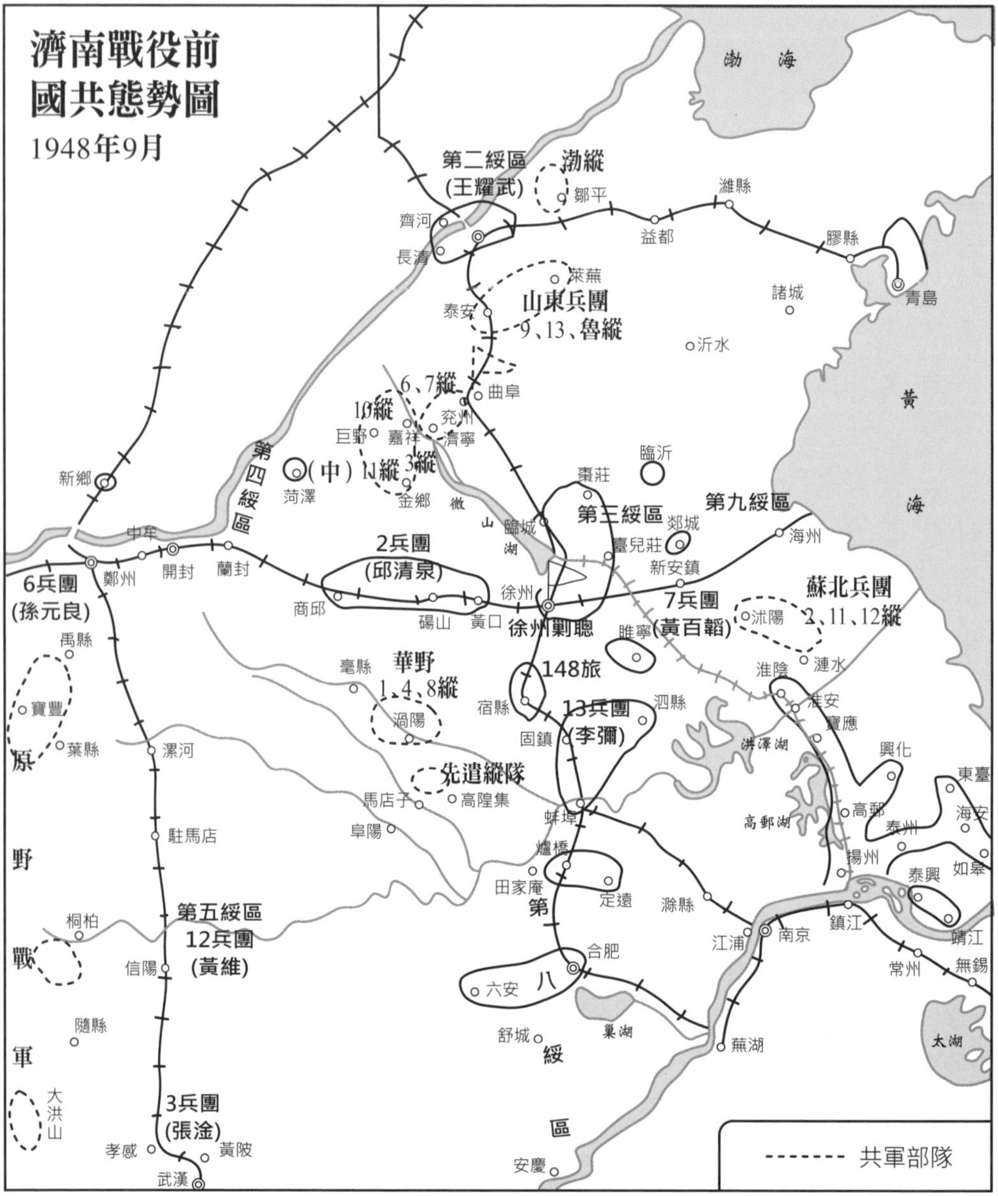

一九四八年八月，濟南戰役前國共軍事態勢圖。

華中自行籌措財源，引來蔣氏的猜忌。九月二十六日，蔣介石在日記中批評白崇禧：「乃以每月要令武漢私籌一千萬金元為其個人支配，且不令中央知道也，可痛。」[11]但是白崇禧相當堅持，除了將徵收特別捐辦法報呈行政院核備之外，十月十一日即行開徵。[12]「該項綏靖臨時費之徵收，係根據總體戰實施綱要，乃白總司令之堅決主張，由彼對中央負責，」據華中剿總秘書長袁守謙在電話中對何應欽表示，「現一切徵收，均由原稅收機關代辦。如有與財部牴觸之處，由白總司令負責解釋」。何氏則認為「徵收綏靖臨時費自衛特捐，核與總體戰實施綱要所訂原則，尚相符合」，並不反對徵收。[13]

白崇禧對蔣氏的各種做法很不以為然，私下頗有抱怨。陸軍大學校長徐永昌在日記內記下白氏的一段話：「白健生來談：一、今後將努力於掌握面，若僅點線，何以生存……；二、渠指揮十四個師，宜昌、武漢、安慶、合肥、南陽、信陽、九江間共佔七師，必要時擬放棄南陽，但能機動打仗的總不過八個師，此中尚有若干不好部隊；三、人事無權過問，遇有更調，皆不之知，蔣先生脾氣難改，決心不堅，最後無法，奈何奈何！」[14]

---

[11] 「蔣中正日記」（未刊本），1948年9月26日。
[12] 「白崇禧致蔣中正簽呈」（1948年10月19日），《蔣文物》，典藏號：002-020400-00024-025。
[13] 「何應欽致蔣中正簽呈」（1948年10月21日），《蔣文物》，典藏號：002-010400-00010-044。
[14] 《徐永昌日記》，第9冊（台北：中央研究院近代史研究所，1991年），頁118-119。

IV

白崇禧認為「蔣先生脾氣難改，決心不堅」，即是指蔣氏平時習慣干預作戰指揮，然而戰略決策卻猶疑不決，當斷不斷。白曾經多次向蔣諫言，甚至以辭職抗議，但不被蔣所接受。白認為長此以往，將會貽誤大局。一九四八年九、十兩個月的局面迅速惡化，白崇禧此前的預言，不幸而言中。

先是山東戰局一敗塗地。兗州失守之後，山東省會濟南形勢孤立，與津浦路、徐州、青島的交通全部斷絕。九月十四日起，中共陳毅所部九個縱隊，分途向濟南外圍發動進攻。蔣不肯放棄重要城市，一如先前康澤守襄陽的前例，命令山東省主席王耀武堅守濟南，不可突圍，並準備空運一個整編師增援守軍。「其實此際應考慮者，是濟南應不應守的問題。」來台後曾任蔣氏侍衛長的郝柏村，從全盤戰略構想的角度提問道：「增兵能否固守？固守是否變成死守？死守是否成為守死？」[15]

這些問題，當時蔣氏顯然無暇顧及。果然，「死守」成為「守死」。九月十九日夜間，守備濟南西面陣地的整編第九十六軍軍長吳化文率第八十四師投共，防線因而洞開。二十一日，共軍對市區發起總攻，激戰到二十四日，濟南陷落，守將王耀武被俘。[16]「前月底本已決定空運第八十三師於濟增防，以期有備無患，」蔣在九月二十五日的日記裡懊悔地寫道，「但卒為所部動搖余之決心，准其緩運，以致因小失大，能不愧怍？然已後悔無及，惟來者可鑒也。」[17]其實此時增援一個師也只是杯水車薪，無補大局；「為所部動搖」是蔣的自解推託之詞，只是反映出蔣氏內心對濟南棄守與否的猶疑掙扎。

緊接著，東北局面全盤瓦解。一九四七年夏末，白崇禧曾向蔣建言：長春形勢孤懸，應及早放棄，縮小範圍，以保存國軍精銳兵力，但是不被蔣氏接受。直到十月十日，蔣氏在策畫遼西會戰的同時，才終於下定決心，命長春國軍突圍，但為時已經太晚。十月十七日，困守長春的滇軍第六十軍倒戈，十萬守軍束手就擒。十月二十六日，遼西會戰失敗，東北國軍幾乎全軍覆滅，瀋陽不戰自潰（參見第十章「遺恨失東北」）。

九、十兩個月間，蔣介石奔波於北平、瀋陽、錦州各地，席不暇暖，焦思竭慮，最終竟然換來全盤皆輸的敗局。事後蔣在日記裡檢討，追悔莫及：「錦州既陷，明知反攻兵力不足，地形不利，尤以士氣不振，將心不固為慮，苟能依照時初意，由新立屯撤回瀋陽固守一時，再向營口撤退，轉進葫蘆島，以圖恢復錦州，亦計之得者也。余不此之圖，竟以長春部隊叛降之故，與國際外交情勢惡劣之故，仍令不顧一切冒險出擊，竟遭此莫大之失敗，其責任之重，將何以自贖也。」東北慘敗以後，蔣自覺心神恍惚悲悔，難以鎮定：「卅餘年之靜坐，十八年之信教，以及朝夕虔禱與默誦《聖經》及學庸首章與孟子養氣章。自以為修養有素，持志養氣，研幾窮理，不致大誤。不料驕矜自大，鑄此大錯，能不痛悔切戒。」[18]

[15] 郝柏村，《郝柏村解讀蔣公日記》，頁 362。
[16] 三軍大學（編），《國民革命軍戰役史．戡亂》，第 5 冊：戡亂前期，下，頁 60-63。
[17] 「蔣中正日記」（未刊本），1948 年 9 月 25 日。
[18] 「蔣中正日記」（未刊本），1948 年 10 月 31 日，上星期反省錄。

「事實上以總統（蔣）的智慧應該不至於有（民國）三十七、八年間慘敗，但幾乎每局都敗下來了，這有其失敗的因素，」中央訓練團教育長萬耀煌日後回憶時認為：「總統具有英雄本質，使他堅持必須親自指揮軍事；為了明瞭戰場實況，他冒險在每一個吃緊的戰區出現，整個戰區的指揮官——總司令、兵團司令……——集合起來開會，他聽取每人的報告才決定了戰略，要大家執行。問題就在各個帶兵官是否得到正確的情報？是否肯把實況報告出來？是否敢把自己的弱點宣布出來？無疑的總統所得的報告要打很大的折扣，他的決定當然成問題。」[19]

山東潰敗，東北瓦解，徐淮一帶立刻進入緊急狀態。蔣介石因東北戰事而焦頭爛額，無暇顧及中原戰局。在此情況之下，因而有何應欽提出以白崇禧統一指揮華中、徐州兩大剿總的建議。

V

何應欽這時再次提出以白崇禧統一指揮華中、徐州作戰，既是因為白氏的戰略構想，也是看重其指揮大軍聯合作戰的能力。

濟南失守以後，國軍統帥部就不斷研議徐淮地區的戰略構想。白崇禧於四月時提出的「守江必先守淮」主張被重新提起。十月二十九日，國防部召開作戰會議，在「守江必先守淮」之指導精神下，擬定兩個作戰部署方案。第一案是主管作戰的第三廳廳長郭汝瑰提出，稱為「淮北決戰」：除以一到兩個軍守備徐州外，隴海鐵路沿線各城市一律放棄，收縮主力於徐州至蚌埠間鐵路兩側地區，採攻勢防禦，無論共軍由平漢路或津浦路南下，均可集中全力尋求決戰。

據第三廳副廳長許朗軒的回憶，他於會中即席提出第二案「守淮」：放棄徐州，退守淮河南岸，憑藉川流交錯的地形障礙，實施河川防禦。此一方案雖然背負放棄名城重鎮的指責，但是最能保存國軍戰力。[20]

會議結論，認為如若退守淮河南岸，日後對於收復平漢路和蘇北地區將有困難，故決定採用第一案。但是當十一月三日，參謀總長顧祝同帶郭汝瑰飛赴徐州決定部署方針時，竟沒有按照會議定案實施，反倒形成了一個實際上違背「守江必先守淮」精神的第三案，即「守徐（州）」案：國軍以固守徐州、保衛南京門戶為目的，即於徐州附近地區，集中兵力，依內線作戰機動攻勢之指導，對來犯之敵，適時各個擊破之。[21]「以上三案，依優缺點比較，其中第二案較佳，第一案次之，第三案最差，」因為在徐州作戰，四面開闊，無險可守；日後國軍戰史編纂者在記述此一戰略構想時遺憾地指出：「不幸國軍當時即採用此案。」[22]

[19] 萬耀煌（口述），沈雲龍（訪問），賈廷詩、夏沛然、周道瞻、陳存恭等（紀錄），《萬耀煌先生訪問紀錄》（台北：中央研究院近代史研究所，1993 年），頁 458。
[20] 許承璽，《帷幄長才：許朗軒》（台北：黎明文化，2007 年），頁 114-120。
[21] 郭汝瑰，《郭汝瑰回憶錄》（成都：四川人民出版社，1987 年），頁 325。
[22] 三軍大學（編），《國民革命軍戰役史．戡亂》，第五冊：戡亂前期，下，頁 142-145。

至於實際指揮中原大軍作戰的統帥，何應欽建議由白崇禧出任，指揮所設在蚌埠。此一考量有兩個理由。其一，徐州剿總的主將劉峙，其能力不足以與劉伯承、陳毅相抗。劉峙乃國軍宿將，長年有「福將」之稱，但反過來說，就是打仗但憑運氣，並無善戰本領。戰事一起，兵貴神速，戰機稍縱即逝，如果劉峙猶豫瞻顧，恐怕會貽誤戎機。

其次，以兵力來看，當前隸屬徐州剿總戰鬥序列的，雖然有第二（杜聿明）、第七（黃百韜）、第十三（李彌）、第十六（孫元良）等四個兵團，再加上四個綏靖區，只能勉強應付陳毅所部共軍。屆時劉伯承部中原野戰軍很可能加入徐州戰場，則國軍必須以華中剿總所轄部隊增援。所謂華中部隊，實際上指的就是華中剿總的主力第十二兵團。而要取得白崇禧同意調遣華中部隊，又非以白統一指揮兩大剿總不可。由於白氏曾任國防部長，以華中總司令指揮徐州總司令多有不便，因此準備在蚌埠開設國防部指揮所，由白以主任名義，指揮大軍作戰。[23]

論及十二兵團的組建，則需要從白氏在九月時的部署說起。

VI

九月下旬，為了牽制豫西劉伯承部共軍，阻止其與華東陳毅部合流，白崇禧準備發動一次掃蕩攻勢。華中剿總可供抽調的機動兵力不足，已如前述；於是白氏一面調整大別山的兵力部署，一面集結七到八個軍（九月一日起，各整編師奉令升編為軍，整編旅升編為下轄三個團的師），編成兩個主力攻擊兵團。

按照白崇禧的構想，這兩個攻擊兵團，一是火力強大的重裝兵團，一為迅疾剽悍的輕裝兵團，作戰時各自發揮所長，相互配合。「白崇禧說：對付劉伯承要兩個大兵團，一個重裝備兵團，一個輕裝備兵團。重裝備好像海軍的主力艦，力量大但行動慢，追不上劉伯承機動性這樣大的部隊，打不上；輕裝備兵團像第三兵團那樣，像海軍的巡洋艦或驅逐艦，行動快，可以追得上，但僅一個第三兵團力量不夠。」據主管作戰的華中剿總第三處處長覃戈鳴回憶：「若果一個重裝備兵團和一個輕裝備兵團緊密配合起來就好辦。用輕裝備兵團去追他，打上了，重裝備兵團就趕上去參加，這樣輕裝備兵團就有保障，不致吃虧。」[24] 擔任輕裝兵團任務的是張淦第三兵團，轄桂軍第七、第四十八兩個軍；而成為華中重裝備主力的，則是新編成的第十二兵團。

十二兵團下轄第十、第十四、第十八、第八十五等四個軍，另有一個快速縱隊，一個戰車營，各式車輛五百餘部，總兵力約十二萬人。由整編第十一師升編的第十八軍是兵團主力，第十、十四兩軍都是以十八軍的人員為骨幹擴編；第十八軍和該軍的第十一師是陳誠的起家部隊，也就是中央嫡系部隊三大系統（陳誠、胡宗南、湯恩伯）當中的「土木系」（因為「土」字拆開為「十一」，「木」字拆開為「十八」，而有此稱號）主

[23] 李以勗，〈淮海戰役國民黨軍被殲概述〉，中國人民政治協商會議全國委員會文史研究委員會（編），《淮海戰役親歷記（原國民黨將領的回憶）》（北京：文史資料出版社，1983年），頁64。

[24] 覃戈鳴，〈華中「剿總」豫西秋季攻勢之失敗經過〉，《文史資料存稿選編．全面內戰》，中冊，頁730。

力，歷任指揮官皆出身於「土木系」，任免都要經過陳誠的同意或推薦。[25]原整編第十八軍軍長是胡璉（黃埔四期），胡指揮作戰勇猛機智，素得白崇禧賞識，和邱清泉的第五軍並列為中原戰場國軍的兩大救火隊。[26]

但是胡璉卻未能成為十二兵團司令官（僅擔任副司令），另由當時擔任新制軍官學校校長兼第三訓練處處長的黃維（黃埔一期）出任。雖然黃維也是「土木系」出身，曾任第十八軍第四任軍長，但是早已離開前線多年，據黃日後回憶，他之所以出掌十二兵團，是軍中資歷、各方派系矛盾折衝妥協之下的結果。[27]

十二兵團司令部於九月下旬在漢口成立，二十六日移駐確山。十月八日，白崇禧在駐馬店南邊一座天主教堂的二樓召開作戰會議，第三、第十二兵團和華中剿總參謀幕僚等二十多人參加。[28]會中決定判明劉伯承主力所在以後，立即發動攻擊，先發制人，打破其可能的攻勢。[29]十月中旬，華中國軍各部開始行動，十二兵團與第三兵團齊頭並進，意圖在新野、鄧縣一帶，尋求與劉伯承部主力會戰。但是當時秋雨連綿，道路泥濘，十二兵團的機械化部隊在駐馬店到南陽約兩百六十公里的道路上來回移動，不但沒有捕捉到共軍主力，反而讓各軍器械車輛，長途奔襲，徒然耗損。華中剿總的秋季攻勢，未能成功。反觀此時劉伯承部主力的七個縱隊卻棋先一著，晝伏夜出，避開空軍偵照，向東北越過平漢鐵路，和陳毅會師。

就在此時，白崇禧同意將十二兵團東調增援，但是卻拒絕指揮徐州剿總，這是怎麼一回事呢？

VII

何應欽、顧祝同在十月下旬向蔣氏建議，由白崇禧統一指揮華東、華中軍事。十月二十三日，國防部第三廳廳長郭汝瑰攜帶統一指揮方案飛往北平，請示蔣介石（**當時蔣正駐節北平，督導東北軍事**）。

郭臨行前，參謀總長顧祝同為了避免蔣氏猜忌，特意對他囑咐道：「要報告總統，白健生統一指揮是暫時性的，會戰結束後，華中剿總和徐州剿總仍分區負責。」郭汝瑰照此意向蔣氏報告，蔣聽後堅定的表示：「不要暫時指揮，就叫他（**白**）統一指揮下去

㉕ 李冠儒，《土木砥柱：國軍第十八軍戰史，1930-1956》（台北：知兵堂，2012年），前言。

㉖ 王禹廷，《胡璉評傳》（台北：傳記文學出版社，1986年），頁127。

㉗ 黃維稱十二兵團本來應由胡璉指揮，但白崇禧既想拉攏胡璉，又對其抱有成見，屢屢攻擊，因此蔣不得不另外派人擔任司令官。經林蔚徵詢當時在上海養病的陳誠之後，由黃維出任。見黃維，〈第十二兵團被殲紀要〉，《淮海戰役親歷記》，頁483-484。若從資歷而論，原任第五軍軍長邱清泉（黃埔二期）和第十八軍軍長胡璉（黃埔四期）都沒有升上兵團司令官。第二兵團司令官由杜聿明出任（稍後交給邱）、第十二兵團由黃維出任，杜、黃兩人都是黃埔一期，「有人說邱、胡兩人都是有個性而驕悍型的人物，當局故意稍事壓抑，以養其氣而老其才」，見王禹廷，《胡璉評傳》，頁93。

㉘ 覃戈鳴，〈華中「剿總」豫西秋季攻勢之失敗經過〉，《文史存稿資料選編．全面內戰》，中冊，頁732。

㉙ 熊順義，〈白崇禧夢想吞食中原野戰軍的回憶〉，《文史存稿資料選編．全面內戰》，中冊，頁722-723。

好了。」[30]國危思良將，蔣介石已經顧不上白崇禧可能「坐大」的疑慮，決心以白為最後決戰的主帥了。

國防部於十月二十四日以代電促白崇禧到蚌埠統一指揮華中、徐州作戰，白並未答應。十月二十八日，蔣氏自北平致電白：「華中與徐州軍事必須統一指揮，方能收效，兄兼顧華東，對於劉匪（**劉伯承**）之進剿任務，仍可進行無礙也，務希即照敬電（**即二十四日國防部代電**）從速實施，望能多分中（**正**）之憂勞，勿再言辭。」[31]白接到此電後，在隔日召集張軫、趙援、楊受瓊等人商議，決定先到南京了解情況。

三十日，白崇禧帶覃、楊二人飛抵南京。當日下午五時，國防部長何應欽在黃埔路國防部兵棋室特地為白崇禧召開一次作戰會報，與會者有參謀總長顧祝同、次長劉斐、空軍總司令周至柔、國防部第三廳第二處處長曹永湘等人。據隨白氏出席聽取會報的覃戈鳴回憶，會報一開始，先由曹永湘就標明國共兩軍態勢的十萬分之一地圖，報告徐蚌會戰作戰方針（**也就是前述的「守徐」案**）；接著，何應欽、顧祝同紛紛出言敦促白崇禧趕緊赴蚌埠指揮。「總統方寸已亂，再不能指揮了。」周至柔描述蔣介石得悉長春發生內變時的反應：「他（**指蔣介石**）還叫我派飛機到長春去把鄭洞國帶回來。我說：飛機場已經不能降落。他說：從飛機上放繩子下去把他拉上來。我說：飛機飛得那麼快（**沒有直升飛機**），繩子帶不了他上來；即使吊著他，飛機一拖也就把他拖死了。他說：死的也好！」在座眾人聽了，盡皆苦笑。

白氏隨即就徐州的主陣地、工事強度、機場等提問，與會者沒有人能清楚回答。於是在座有人提議，可以搭機去徐州實地勘查。白聽後未置可否。劉斐則全程一語不發。[32]

晚間，白崇禧到傅厚崗六十九號副總統官邸拜訪李宗仁。白對李表示，如果去年

（一九四七）夏秋之交，蔣能採納他的建議，放棄長春，收縮兵力，局面就不會弄得如此難以收拾了。言下不勝感慨。[33]

次日早晨，覃戈鳴到白氏寓所陳述他對於徐蚌會戰的意見。覃認為「徐蚌會戰未戰而敗局已定」。首先是戰略部署極為不利。「華東野戰軍已經以優勢的兵力在優越的態勢下先集中好了，隨時可以發動強大的攻勢了，形勢非常緊張。」反觀徐州國軍各兵團卻在隴海、津浦路上，以徐州為中心，排成一個死十字，更動部署，時間已經來不及。徐州以東的黃百韜等兵團，沿著鐵路線排成一字長蛇陣，首尾不能相顧。徐州以南則兵力配置薄弱，一旦戰事吃緊，主力南移，缺乏掩護，易遭截擊。再者，白氏對華東方面國共兩軍各部隊的經歷、指揮官的才具性格，多不了解，不知己不知彼而會戰，兵家所忌；況且徐州各軍多為中央嫡系，南京離蚌埠不遠，戰事一起，蔣氏必定會干預指揮，直接下手令給其黃埔學生，如此一來，步調難免錯亂。據覃回憶，白崇禧在他報告時頻頻插話補充，表示同意。[34]

---

30 郭汝瑰，《郭汝瑰回憶錄》，頁 320。

31 「蔣中正致白崇禧電」（1948 年 10 月 28 日），《蔣文物》，典藏號：002-020400-00024-029。

32 覃戈鳴，〈桂系在淮海戰役中的態度及白崇禧「備戰求和」陰謀的幻滅〉，《淮海戰役親歷記》，頁 124-126。

33 程思遠，《白崇禧傳》，頁 270。

34 覃戈鳴，〈華中「剿總」豫西攻勢失敗之經過〉，《文史資料存稿選編・全面內戰》，中冊，頁 735。

白崇禧總司令（右起第六人）視察前線時留影。
此時為一九四八年十一月，徐淮一帶戰雲密布。

上午十時，白崇禧再次出席國防部作戰會報，據郭汝瑰回憶，白氏在會上表示：「你們要我統一指揮，無非是為了調動十二兵團嘛！你們把十二兵團調去就是。」[35] 覃戈鳴說當日下午，白崇禧向空軍要到一架軍機，帶著華中剿總幕僚人員飛回漢口。國防部第三廳副廳長許朗軒由南京打電話到漢口問白是否回到了漢口，並說：「我們以為白總司令到蚌埠或者到徐州去了，可是打電話到蚌埠和徐州都沒有找到，原來你們是回武漢去了。為什麼不辭而行？」[36]

實際上白並未「偷溜」回漢口，也沒有「不辭而行」。日後蔣介石的日記公開，赫見十一月一日下午白氏見蔣、明確表示不願指揮徐蚌會戰的記載。「下午召見健生，彼又不願受統一指揮之命，」蔣因此在日記裡批評白：「其只為個人打算，惟知權利而不負責任也。」[37]

[35] 郭汝瑰，《郭汝瑰回憶錄》，頁 323。

[36] 覃戈鳴，〈桂系在淮海戰役中的態度及白崇禧「備戰求和」陰謀的幻滅〉，頁 129。

[37] 「蔣中正日記」（未刊本），1948 年 11 月 1 日。

VIII

為什麼白崇禧拒絕指揮徐蚌會戰？

覃戈鳴認為，白崇禧由於調整部署已無時間，且對華東將領不熟悉，且「驕兵悍將」無法掌握，是以決定放棄統一指揮兩大剿總。白氏突然「變卦」，頗出郭汝瑰意料之外。據郭的推測，按說這次由白出任蚌埠指揮所主任，是出於何應欽的推薦，何、白兩人此時相當接近，照理白氏不會辜負何的舉薦。「因此當時國防部的人推測，不是白故意要看蔣介石出漏子，就是怕蔣介石做成圈套，準備於會戰失敗時諉過於他。」程思遠更認為，白崇禧是「去傅厚崗同李宗仁交換意見以後，立刻幡然變計。」[38]

郭汝瑰是潛伏在國防部中的共諜，程思遠在一九六〇年代回歸大陸，覃戈鳴則是兵敗被俘以後被迫「改造」交代。他們三人的憶述，固然指出了白崇禧拒絕指揮徐蚌會戰的部分原因（**如白氏提防蔣諉過於他、擔心蔣會干涉前線指揮等**），卻基於各自不同的理由，不約而同的隱蔽了最重要的主因——蔣、白之間在戰略上的嚴重分歧。

所謂「白崇禧故意要看蔣介石出漏子」、存心要使蔣垮台的說法，事實上站不住腳。白此時的建議，著眼處不只是桂系的幾個軍，而是國軍全局戰略。如果蔣氏採納白的建議，在淮海與共軍至少能打成平手，嫡系主力尚在，或許不至於有隔年一月的第三次下野。廣西軍隊當時不過四個軍（**第七、第四十六、第四十八、第五十六軍**），十萬之眾，堪稱精銳者只有張淦的第三兵團，如果坐視中央主力覆滅，覆巢之下，焉有完卵？

至於所謂白「去傅厚崗同李宗仁交換意見以後，立刻幡然變計」，同樣經不起推敲。何況白氏已經表明，在做重大政治決定時，「必自有主張」（**見上一章「華中剿總」），不以李馬首是瞻。

白崇禧的外甥海競強日後回憶，當時其舅父有鑑於津浦、隴海、平漢三大鐵路線，都有一段不通，戰略運輸效力不大，曾緊急向當局提出三項建議，作為受命的條件：

一、放棄徐州、鄭州，退守淮河一線（因後方交通完整），由蚌埠、駐馬店至南陽。因淮河支流多，敵軍大兵團難以活動。

二、統帥權獨立，總統賦予大權，不要以電話指揮第一線兵團之活動。

三、盡速建立長江防線，充實第二線兵力。

前二項建議，蔣都不能採納，白於是放棄指揮徐蚌會戰。[39]

比起覃戈鳴、郭汝瑰、程思遠等人的說法，海競強的憶述應當更貼近實情。蔣介石不願意主動放棄徐州、鄭州，而白要求「統帥權獨立」、蔣不可越級干涉指揮，更是勾起蔣氏自襄陽之戰以來因白不斷批評蔣指揮風格而起的舊恨。

更深一層來看，白崇禧放棄指揮徐蚌軍事，更重要的原因是他與蔣的戰略分歧。一九四七年時，白氏曾向蔣進言，主動放棄長春、吉林、石家莊等重要據點，縮小範圍，改採戰略守勢（戰術上仍然可以有攻勢作為），但是蔣猶疑不決，錯過時機。一九四八年中以後，白崇禧已然看出內戰局勢發生重大變化：國共相搏呈現勢力，國民

38 郭汝瑰，《郭汝瑰回憶錄》，頁 323；程思遠，《政海秘辛》，頁 268。

39 海競強，〈白崇禧將軍對黨國之勳功及卓見〉（手寫未刊稿），未標示日期，頁二。

黨成為劣勢的一方。當蔣氏告知白崇禧，將改任他為華中剿匪總司令時，白曾經表示，華中剿總必須以「守江必先守淮」作為戰略指導方針，華東國軍主力集中在淮河以南地帶，以攻勢防禦，進行長期堅持；換言之，他的戰略意圖是以保全國軍實力、不被共軍消滅為主要著眼。倘使東北、華北戰局不利，至少還能保住黃河以南，以江南地區作為立國基礎。

然而蔣氏對於徐蚌會戰的戰略構想，仍然秉持原有的攻勢決戰思維。徐州剿總設立之初，就是為了策應、指揮山東進剿作戰。到了東北、山東相繼失敗，國共力量逆轉之際，蔣仍然希望在徐州進行主力決戰以扭轉頹勢。共諜郭汝瑰正是利用最高統帥這種心態，在「守江必先守淮」的名義下，設計出在四面受敵的徐州進行決戰的「守徐」案。這樣的部署，與白崇禧原先的構想背道而馳，如何能要他指揮一場與自己戰略構想完全相反的戰役？

我們可以據此推測：一九四八年十一月一日下午，白崇禧很可能藉著蔣氏召見的機會，做最後的直切進言，提出前面所述的三項建議，並以拒絕統一指揮兩大剿總相爭。但蔣不肯接受，或是認為白畏難要脅，因此才批評白「只為個人打算」、「惟知權利不負責任」。

一九六六年二、三月間，國大代表王禹廷，在第一屆國大第四次會議中被分派到一個以白崇禧擔任小組長的臨時小組。會議進行期間，王私下曾經詢問過白氏，當初為何拒絕統一指揮的任命？白委婉回答，那時他「認為有不易克服的困難，也沒有統一指揮的權力」，故難掌帥印。[40] 所謂「不易克服的困難」，以及「沒有統一指揮的權力」，確實就是白最後放棄指揮徐蚌會戰的真正原因。

IX

徐蚌戰事在白崇禧返回漢口五天之後爆發。[41] 由粟裕指揮的華東野戰軍在十一月六日凌晨發起戰役，追上正在渡過運河西撤的國軍黃百韜第七兵團；八日，在黃兵團北面的第三綏靖區三個師，在中共地下黨員張克俠、何基澧領導下倒戈，第七兵團退路被斷，在碾莊一帶遭到華野九個縱隊重重圍困。為了解救黃百韜兵團，蔣介石派杜聿明任徐州剿總副總司令兼前進指揮所主任，率領邱清泉、李彌、孫元良三大兵團、約二十萬人，由徐州向東發動攻擊。

十一月十三日，預定增援華東戰場的華中剿總黃維第十二兵團，由阜陽開拔，分兵三路，往徐州進發。[42] 十二兵團於十六日拂曉，三路大軍分別強渡淝河、澮河（都是淮河支流），但已經遭遇劉伯承中原野戰軍逐村、逐寨強力阻擊，發現當面敵軍為中野第

[40] 王禹廷，《胡璉評傳》，頁 55、92。

[41] 十一月三日，白崇禧覆電蔣氏，懇請由何應欽統一指揮華東、華中軍事：「敬公（何）資深望重，勝職百倍，必能應付餘裕。」蔣於六日覆電白氏：「華中與徐州之指揮，必須由兄統一，勿再固辭。」但白崇禧終不肯同意。見「蔣中正致白崇禧電」（1948 年 10 月 28 日），《蔣文物》，典藏號：002-020400-00024-029。

[42] 「黃維致蔣中正、顧祝同、白崇禧等電」（1948 年 11 月 14 日），《蔣文物》，典藏號：002-090300-00193-197。

一、二、四、六縱隊，雙方連日激戰，均傷亡慘重。[43]二十二日，困守碾莊的第七兵團覆滅，司令官黃百韜兵敗自殺，這時從徐州向東攻擊的邱、李、孫兵團，遭受重重阻擊，尚未抵達。黃維兵團則於此時發現已陷入中野所布下的口袋陣地，於是企圖從澮河一線向東南方撤退，與蚌埠方面國軍靠攏。但由於行動猶豫遲緩，混亂之際，遂被包圍在宿縣西南雙堆集一帶。二十五日，十二兵團各軍攜行糧彈即將告罄，補給只能仰賴空投；黃維於是決定強力突圍，但是第八十五軍第一一〇師竟於此時叛變，突圍作戰失敗。

津浦鐵路南段的交通樞紐宿縣於十一月十五日被中野攻佔，徐州與蚌埠之間交通斷絕，形勢對國軍相當不利。杜聿明於二十八日奉召飛返南京，與蔣介石商議之後，決定率領邱、李、孫三個兵團放棄徐州，往永城方向南撤，預計先退至淮河南岸，再北進解黃維兵團之圍。

三十日，杜聿明率部行動，開始時頗出解放軍意料之外，沒想到十二月三日時蔣又改變意圖，致函命令杜聿明不可避戰，應向東南攻擊前進，解黃維兵團之圍。[44]杜奉令後，採取三面抵抗、一面進攻的做法，逐步前進。到了四日，杜聿明部二十餘萬人，也遭到華野、中野包圍在河南永城的青龍集、陳官莊一帶。

十五日，被圍困於雙堆集的十二兵團已殘破不堪，剩餘的官兵於當晚分數路實施突圍，激戰一夜後，除了少數脫出包圍圈之外，全軍覆沒。司令官黃維、第十八軍軍長楊伯濤、第十軍軍長覃道善等被俘。[45]

黃維兵團、杜聿明集團相繼被圍，蔣介石幾無可調之兵，於是陸續從華中抽調部隊，增援津浦路南段防線。華中的第二十八軍、第二十軍在十一月下旬奉令集結於武漢，準備船運東下。

白崇禧非常反對這樣逐步投入兵力的做法。他認為華中在抽調第二十、第二十八軍之後，不僅湖北西部將因此而有門戶洞開的危險，東援的部隊也會因逐次投入，而遭共軍各個擊破。再者，華中的可用之兵，將只剩下防禦武漢正面的張淦第三兵團，形勢單薄。因此他再三向國防部申述理由，請求免調，並抱怨「把部隊都調走了，武漢還要不要？」後來經顧祝同透過華中剿總參謀長徐祖詒從中斡旋，白氏才同意兩軍東調。[46]

但是蔣氏接著又謀抽調第二軍。此時第二軍屬第十四兵團戰鬥序列。第十四兵團轄第二、第十五、第七十九等三個軍，然而除了駐新野的第二軍（原整編第九師升編）武

43 「黃維致蔣中正、顧祝同、白崇禧等電」（1948 年 11 月 20 日），《蔣文物》，典藏號：002-090300-00193-312、002-090300-00193-313。

44 「蔣中正致杜聿明電」（1948 年 12 月 2 日、3 日、6 日），《蔣文物》，典藏號：002-020400-00024-059、002-080200-00590-005、002-020400-00024-072。

45 王禹廷，《胡璉評傳》，頁 116-118；民國歷史文化學社編輯部（編），《蔣介石軍事作戰檢討》（台北：開源書局，2019 年），頁 198-200。

46 宋希濂，〈淮海戰役中蔣介石和白崇禧的傾軋〉，《淮海戰役親歷記》，頁 117-119。

白崇禧並非「按兵不動」，第十二兵團是華中主力，
派赴徐州後他已無兵可「按」。圖為十二兵團司令官
黃維（前方坐者）被俘後所攝。

器、人員充足之外，另外兩個軍都還在整補，戰力低下，因此調走第二軍，等於將十四兵團的主力抽調一空。據駐漢口的戰地視察第二組組長劉伯龍密報：白崇禧對此頗不謂然，認為「因襄宜方面無一可用部隊，7A（第七軍）只能保守平漢線，防守武漢實感力微。」[47]

十二月八日，蔣致電白崇禧，要求「務令第二軍用最快方法先調南京，以濟燃眉之急」。[48]九、十兩日，第二軍先頭部隊第九師已經開抵漢口，準備登船水運。但白氏研判，劉伯承中原野戰軍第十縱隊及孔從周部主力，正準備乘第二軍東調機會，襲擊襄陽、樊城。一旦襄樊失守，宜昌、沙市也將不保，因此反對再調走第二軍。[49]由於蔣調動第二軍，是繞過華中剿總，直接對宋希濂及該軍主官下令，白崇禧大為不滿，採取激烈措施，派剿總警衛團將輪船看守起來，不准裝運；並且表示「（第二軍）最好不要調走，要調走也不要經過武漢」。[50]十六日，白覆電蔣氏，為了留下第二軍，不惜以去就力爭。他先申述在第二軍調離之後，第十三綏靖區部隊就必須撤往荊門以南，「則不僅開放向西向南之通路，若匪追躡南下，與江漢區匪軍會合，勢將危及宜沙，我十五軍、

[47] 「劉伯龍致蔣中正電」（1948 年 12 月 4 日），《蔣文物》，典藏號：002-080200-00336-060。
[48] 「蔣中正致白崇禧電」（1948 年 12 月 8 日），《蔣文物》，典藏號：002-020400-00024-082。
[49] 林秋敏（編），《事略稿本》，冊 78（台北：國史館，2013 年），頁 162-163。
[50] 宋希濂，〈淮海戰役中蔣介石和白崇禧的傾軋〉，頁 119；覃戈鳴，〈桂系在淮海戰役中的態度及白崇禧「備戰求和」陰謀的幻滅〉，《淮海戰役親歷記》，頁 131。

七九軍戰力脆弱，江防堪虞」，因此「與其貽誤於事後，不如辭卸於當前」，表態請辭華中剿總。[51]

據程思遠和宋希濂兩人的記述，此時蔣介石親自打長途電話給白崇禧，要求調動第二軍，但白無論如何不肯答應，兩人因此大起口角。[52]但是據蔣氏日記所載，事實剛好相反，是白氏主動致電蔣，說明不能調第二軍的理由，兩人言語衝突則係事實：「二十日夜接白總司令電話，要求停調第二軍來京。」蔣在「上星期反省錄」裡記下這次通話的內容：「其語意要協（脅），態度冷酷，甚至中途置之不理，任余苦慰而卒未置答，余仍以婉語再會了事。嗚呼！余何惡罪而受此侮蔑汙辱至此。天父如果有靈，其盍不速救子民乎！」[53]到了二十五日，蔣決定退讓，「白崇禧阻止第二軍東調，在漢口扣留船隻不准開行幾將一周，余乃退讓，准其仍向上游回駛集中沙市，以示不爭也」，令顧祝同覆電白氏慰留，並同意第二軍可暫留在襄樊一帶協助作戰。[54]

這就是日後白崇禧受指責「按兵不動」的由來始末。但問題是此刻白氏是否真的有兵可「按」？徐蚌戰事開始不久，南京即抽調屬於華中剿總戰鬥序列的第十二兵團東向支援。這十數萬將士，「乃係華中主力，均係增援徐蚌，幾乎全部犧牲。」[55]十二兵團東調後，華中剿總手中兵力只剩兩個兵團（第三、第十四）與四個綏靖區（第五、第十三、第十六及川鄂邊區），真正能機動作戰的部隊，只有桂軍張淦第三兵團的第七軍，與宋希濂第十四兵團的第二軍。以這樣的兵力，抵擋劉伯承、陳毅兩大野戰軍已經非常吃力，遑論再抽調支援徐蚌方面。可見，白崇禧並不是按兵不動，而是無兵可以調動。這就是為什麼當蔣介石又要調走第二軍時，白的反應如此激烈的原因。

在謀調第二軍不成以後，蔣、白的關係已幾乎破裂。此時蔣介石陷入內外交逼的境地，由於內戰失敗，社會動盪，民心士氣跌落谷底。徐永昌記道，人心厭戰，京滬謠言紛飛，傳言蔣已辭職下野，各界「以為蔣先生一走，和平立現；尤其美國人以為出現了聯合政府，即是和平。所以一般人民聞蔣先生出國，多有放炮竹以誌欣慶者。」[56] 而白崇禧對這「大廈將傾」的局勢憂慮不已，正考慮採取行動以挽狂瀾。

十二月二十三日，駐漢口戰地視察第二組組長劉伯龍向蔣密報：「查呂先生非真病，乃為政治病，渠迭派劉士毅、李品仙至京，盼注意。」[57]「呂先生」已如前述，是白崇禧的代稱。蔣似乎已經掌握白將有大動作的情資。一場政治風暴，已經來到。

---

51 「顧祝同呈蔣中正簽呈」（1948 年 12 月 25 日），《蔣文物》，典藏號：002-020400-00024-103。

52 「蔣介石一時火起，罵白氏不服從命令。白崇禧說：『合理的命令我服從，不合理的命令我不能服從。』蔣氏最後氣得把電話機使勁地往桌上一摜，用他的寧波土話，罵了一聲『娘希匹』。」見程思遠，《白崇禧傳》，頁 276。對照蔣氏日記，可知這段描述並不屬實。

53 「蔣中正日記」（未刊本），1948 年 12 月 25 日，上星期反省錄。

54 「蔣中正日記」（未刊本），1948 年 12 月 25 日；「顧祝同呈蔣中正簽呈」（1948 年 12 月 25 日），《蔣文物》，典藏號：002-020400-00024-103。

55 馬天綱、賈廷詩、陳三井、陳存恭（訪問、紀錄），《白崇禧先生訪問紀錄》，下冊，頁 868-869。

56 《徐永昌日記》，第 9 冊，頁 182。

57 「劉伯龍致蔣中正電」（1948 年 12 月 23 日），《蔣文物》，典藏號：002-080200-00337-135。

第十五章

亥敬亥全電

一九四八年十二月二十五日中午時分，漢口白崇禧官邸，張任民與其他幾位廣西軍政幹部在飯廳裡等待主人現身。

自從卸除軍職後，張任民在廣西當選立法委員，常往南京開會。當時他們幾個桂系幹部奉白氏之命，在首都搜集政情，突然接到華中白總司令電召，到漢口商討局面。前一晚眾人聚談敗訊頻傳的徐淮戰局，愁容相對，一籌莫展，到凌晨三時才各自散去。這時，張任民等人看見白崇禧緩步踱入飯廳。他雙眼發紅，似乎通宵未睡。白氏方坐定，就從衣袋裡掏出一份文稿，隔桌遞給張任民，說是昨夜談話以後，心緒如麻，不能成寐，於是起來擬了一份電文，拍發給南京的張群與吳忠信，請他們將電文轉呈給蔣。說完，白氏斜靠在對面的椅子上，雙手插在褲袋，仰視著天花板，一語不發。

接過文稿閱讀，張任民愈讀愈感覺不妙。他連讀了兩三遍後，不禁問道：這封電報是否已經發出？白崇禧表示，電稿擬好後，便交付報務人員拍發，此時想必已經發出了。「劍公！」張任民還叫著白氏從前的字：「我覺得這電報上的話，說得太過直率了，既然已發出，那也沒法挽回，南京方面對你會引起更深的誤會的，現在只好等那邊的反應來了再說啊！」白崇禧答：「大局到了這樣的地步，我們見得到、想得到的，

難道還不應該慷慨陳詞嗎？今天再不直率的說老實話，恐怕以後也沒有機會讓你再說了。」言下似有無限感觸。❶

張任民看見的電文稿，全文如下：❷

> 總統蔣鈞鑒：民心代表軍心，民氣猶如士氣，默察近日民心離散，士氣消沉，遂使軍事失利，主力兵團，損失殆盡，倘無喘息整補之機，整個國軍，雖不辭任何犧牲，亦無救於各個之崩潰。不僅中國版圖變色，我五千年之文化歷史將從此斬斷，言念及此，憂心如焚，職辱承知遇，垂念餘年。當茲國家危急存亡之秋，不能再有片刻猶豫之時，倘知而不言，或言而不盡，對國家、對鈞座為不忠，對民族為不孝，故敢不避斧鉞，披肝瀝膽，上瀆鈞聽，並貢蒭蕘：（一）先將真正謀和誠意，轉知美國（電話加英國），請美國出而調處，或徵得美國同意，約同蘇聯共同斡旋和平。（二）由民意機關向雙方呼籲和平，恢復和平談判。（三）雙方軍隊應在原地停止軍事行動，聽候和平談判解決。以上所陳，乃多數忠貞而有遠見者之共同意見，不敢壅於恕聞，伏乞鑒核察納。職白崇禧手呈

電報末尾，還有一段託蔣氏親信張治中、張群以口頭轉陳的文字：

> 並望乘京滬尚在國軍掌握之中，迅作對內對外和談部署爭取時間，若待兵臨長江，威脅首都，居時再言和談，已失去對等資格，噬臍莫及矣！

在中文電報韻目中，「亥」代表十二月，「敬」為二十四日。這就是即將引發政壇驚滔駭浪的「亥敬」電。

I

張任民見到電報時，白崇禧實際上還有其他動作：約莫在同時，白氏找十四兵團司令官宋希濂密談。「現在的形勢已經變得更壞；黃維兵團十多萬人已被全部殲滅。這樣，共軍的力量更增大了。杜聿明所率的三個兵團恐也不可避免地會遭到消滅，」白對宋表示：「在北平附近的傅作義部已成甕中之鱉，被消滅只是時間問題。可以說，已經沒有什麼兵力可以再進行決戰了。唯一的辦法，就是設法同中共恢復和談，利用和談以爭取時間，在長江以南地區編練新軍一、二百萬人。如能做到這一點，還可與共軍分庭抗禮，平分秋色。否則這個局面是很難維持下去的了。但要同中共恢復和談，必須請蔣先生暫時避開一下，才有可能。」語畢，白希望宋領銜，和其他華中的黃埔學生一起向「校長」蔣介石力陳不能再戰。白自然知道宋不可能答應，他的用意是向南京傳達「請蔣先生暫時避開」的訊息。❸

宋本人則於十二月三十一日以電報向蔣報告這次談話。其電文分為六項，第一項感謝蔣氏關懷，二至五項報告其所部各軍調動位置與戰力情報，第六項為「職離漢（口）前夕辭謁，白健公對職表示，時局嚴重至此，力主鈞座下野，並謂張篤倫、鄧翔海等輩

❶ 張任民，《回憶錄》，頁 118-119。
❷ 「白崇禧致蔣中正電」（1948 年 12 月 24 日），《蔣文物》，典藏號：002-020400-00028-005。
❸ 宋希濂，《鷹犬將軍》，下冊，頁 400-403。

均具同見，鄧且有電致吳禮卿先生向鈞座進言云云。比〔彼〕詢職意見如何，職答個人主張，只知效忠領袖，效忠黨國，其他非所敢聞問，嗣職覆以倘匪以優勢圖擾武漢，將作何處置？白答以保存實力為上策，談話中一再提及湖南，似對湖南地位極為注視。現華中剿總以第七軍主力集結長江埠閘〔間〕，擬使該軍清剿洪湖之匪，又第四十六軍最近移駐安慶附近，由此動向可以測其用心矣。」❹

白崇禧更為直接的舉動，是請託上面宋希濂電報中提及的鄧翔海進京傳話。十二月二十二日，即將接任總統府秘書長的吳忠信以「轉呈總統閱於白健生兄等意見」作為當天自己日記的標題：「白健生兄及武漢人士以局勢嚴重，擬請蔣總統暫時退休，以謀補救。惟因健生係軍人，不便呈請，特派鄂民政廳長鄧翔海於昨日飛京面請余會同張岳軍先生婉陳總統考慮。」鄧翔海，湖北蒲圻人，時任湖北省政府民政廳長，由於鄧曾在吳忠信主政新疆時任職省政府，與吳頗有交情，因此白崇禧託他於二十一日飛往南京，當面向吳氏傳達局勢嚴重，請蔣總統下野的意見。吳忠信獲知以後，認為事關重大，便和張群會商，決定隔（二十二）日趁蔣邀宴時報告。❺

回頭說二十五日當時的白崇禧寓所。按照張任民的回憶，二十四日白氏拍發「亥敬」電後，隔天下午南京打來長途電話，來電者是此時在南京的西北軍政長官張治中。張在電話中表示，他和吳忠信、張群等人奉蔣介石之命，趕往副總統李宗仁官邸，將「亥敬電」交其閱看。

「德公（李宗仁）作何表示？」白崇禧問道。

「德公很驚訝，他說他根本不知道你發來這封電報。」張治中回答。

「不錯，不錯，我始終還沒有向德公講過，他的確不知道這回事。我的意思並不是要德公出來負起這個談和的責任，他是負不起的呀！」白氏進一步解釋道。但張治中以蔣既然已有表示，他們也難籌善策，不如白崇禧自己去向蔣、李說明。

張任民說白崇禧掛上電話後，「不覺雙眉緊皺，似乎深感事情的發展，有些出於他的意料以外」，因此又叫了李副總統公館的長途電話。稍頃，電話鈴聲響起，白氏一拿起話筒，李宗仁劈頭便問道：「你怎麼會打這樣一個電報來呢？他們三個人（**指張治中等**）跑來時，我簡直摸不著頭腦，現在事情弄得很僵哪！」白回答：「我昨天夜晚想了大半夜，這個局面若再拖下去，決不是辦法，我是以黨員身分向總裁沉痛的進言，我說不能再戰，也決不是我抗命不願打下去呀！就是要打，也得要重新收拾一下啊！」李隨即表示：「你說不能再打下去，麻煩就多了。何苦把這些麻煩弄到自己頭上來呢？」李、白結束通話之後，白崇禧在小客廳內又坐了片刻，看得出在無限感慨中，仍保持著「好漢做事好漢當」的氣魄。張任民認為白氏「貿然發出這封電報，在事前確實有欠考慮」，因為即使其力主「不能再戰」的觀點正確，無奈當時正值徐蚌新敗，首都震動，共軍陳兵江北；而白崇禧身為華中最高軍事長官，手握重兵二十餘萬，卻陳述這樣的觀點，「無論如何，將無法獲得中樞的諒解的。」[6]

白崇禧以電報向蔣介石力陳軍事失利、民心離散的實情，主張請美、英、蘇出面調停國共內戰，同時和黃埔將領宋希濂密商、託鄧翔海飛南京傳話，請「蔣總統暫時退

---

4 「宋希濂致蔣中正電」（1948年12月31日），《蔣文物》，典藏號：002-090300-00198-009。

5 《吳忠信日記》，1948年12月22日。

6 張任民，《回憶錄》，頁119-121。

休」。但是從張任民的回憶可以看出，白事前並未與李宗仁商議。[7] 可是為什麼白要在此時發起大動作？又為什麼主張蔣介石下野？

II

「（民國）三十七、八年健公在華中時對和戰看法如何？」一九六六年六月四日，白崇禧發出「亥敬電」的十七年後，中研院近史所的訪問人員陳存恭向他叩問道：「健公反共的決心是無可懷疑的，但有的人對健公的兩份電報（指「亥敬電」與六天後的「亥全電」）有些誤解，請健公談談好嗎？」

「我是堅決反共的，而且準備打下去，但我們實力損失，士氣受挫，致命傷是錢，軍心民心變了，敗徵暴露，因此我打電報給總統，」白崇禧答道：「在我看來，『民心代表軍心，民氣猶如士氣』，士氣民心喪失後要在軍事上取勝是很困難的，所以我主張爭取喘息整補的機會，請美國聯絡英國、蘇聯出來調停，若美國肯出來，他們擁有原子彈，蘇聯不能不有所顧慮，用蘇聯來壓中共，不許他們過長江，否則便是妨礙太平洋的安全，我們爭取這種機會來整補。」

一九六六年七月二日，白崇禧再次對訪問人員談起他拍發「亥敬電」、「亥全電」（十二月三十日電報，見後節）的動機：[8]

> 我打這兩個電報考慮很久，徐州會戰敗了，損失下來，可說是精銳被打擊得太厲

害，在東北是好的部隊，五個美械軍都是精銳，在徐州也是精銳，甚至華中五個軍一個整編師都抽去了，餘下第三兵團張淦部，其他都很差，所有中央在黃河以南精銳，在徐州一役慘敗了。徐州未失敗以前，中共力量已與我們平衡了，失敗以後，我們已處劣勢，這關係很大，最高統帥應該了解實在情況，因此我把我意見照實發電報給了他，不料因此引起很多的誤解。

簡單說，白崇禧認為徐蚌會戰失利之後，國軍已無力再戰，必須藉由和談作為手段，休生養息，爭取時間，保存實力。要做到這一點，必須以國際力量影響國共內戰，所以他主張請美國出面，聯絡蘇聯共同出來調停，期望能由蘇聯制止中共進軍，保住建設江南的機會。

但是一九六六年時台灣的政治環境，白氏難以明白指出達成上述目的之關鍵，在於必須「請蔣先生暫時避開」。而白在一九四八年底之所以有此見解，有其內外交相影響的因素。

---

7 華中剿總參議劉仲容是桂系與中共的聯絡人，據其回憶：「大約在十二月十七日，白崇禧到南京與李宗仁會晤。他認為仗已經打不下去，早和早有利；要打開和談局面，只有促請蔣介石暫避，因為共產黨是不會以蔣介石為談判對手的。李宗仁也有這個看法。」見劉仲容，〈白崇禧逼蔣下野前後〉，《新桂系紀實》，下冊，頁116。這段話意指白崇禧在發動逼蔣下野以前，和李宗仁已有商議。但是參照宋希濂的回憶，十二月十七日前後，白崇禧應在漢口，再對比本年八月九日，白崇禧對蔣氏說，他「在政治上必自有主張」，劉的記載應該不確。

8 馬天綱、賈廷詩、陳三井、陳存恭（訪問、紀錄），《白崇禧先生訪問紀錄》，下冊，頁862-863、876。

就戰後蔣、白的戰略觀分歧來看，白有此大動作是必然的結果。回顧抗戰勝利後白崇禧的所有戰略建議，幾乎都與蔣介石相左：抗戰勝利後，白聯合李宗仁建議政府先接收，後受降，但蔣氏反其道而行；四平街會戰勝利，白想在東北督師，蔣要白先回南京；白反對在國共內戰烽煙又起之時，進行自廢武功式的裁軍，但蔣以陳誠主持整編，裁退「游雜部隊」；白反對一面戡亂，一面選舉，但蔣卻在戰火之中堅持辦理選舉；白在一九四七年中建議縮小範圍，主動放棄若干據點，保存有生力量，蔣猶豫不決而終於失去時機；白主張健全統帥部決策機制，高級幕僚不可離開首都，蔣卻在副總統選戰落幕後將他外放；襄陽保衛戰，白要康澤「守野不守城」，蔣卻干預前線指揮，反其道而行，使襄陽失守；徐淮戰雲密布，蔣要白統一指揮徐州、華中，白請蔣不可干涉前線指揮，蔣又不肯接受，白憤而拒絕接任。兩人衝突已浮上檯面。

到了徐蚌會戰失敗，杜聿明集團被重重圍困，北平、天津岌岌可危，局勢之嚴重已到了最後關頭。即使杜兵團將來能夠突圍出險，國軍在淮河以北已無可為。此時「中央若仍不顧國家民族之淪亡，而猶作孤注一擲之繼續作戰，其慘敗後果，實不忍言。」[9]為了保住國家政權的一線生機，首先就是要屢勸不聽的蔣停止孤注一擲。

從統帥部決策機制來看，在抗戰和戰後初期曾經擔任過蔣氏最高幕僚、參與密務者，現在幾乎全數不在蔣的身邊。戰略事關國家存亡，而蔣的部屬如何應欽、陳誠、顧祝同、徐永昌等，忠誠或有之，戰略眼光則顯不足，白崇禧知道自己此時要求蔣氏不可孤注一擲，以蔣如此重視個人效忠，此舉勢必引來他的猜忌嫉恨，成為怨憤所集，但是除他以外，已無人可以進言，這或許是白在「亥敬電」裡說自己「不避斧鉞，披肝瀝膽」的真意。

「白崇禧對於進剿軍事戰略，其思想與蔣公相左，而建議又不為蔣公接受，」

一九六〇年代擔任過蔣介石侍衛長的郝柏村，分析白崇禧的動機：「從好的方面看，他只有與李（宗仁）倒蔣，才能求得國民黨政權生存的機會。」[10]這番話可說是中肯之論。

III

但是「請蔣先生暫時避開」又和美國援助國民黨政府的意願密切相關。一九四八年春季起，美國軍方和國務院決策階層普遍相信，中國將會因為內戰而走向分裂崩解一途。此後在中國各地的美國外交與情報人員，開始忙與各地軍政實力派人物建立直接聯絡管道，桂系應當也在其中。[11]

到了十二月初，美國透過各種管道，傳達希望蔣介石下野的訊息。自馬歇爾調停國共關係任務失敗後，杜魯門當局即有意識地與蔣介石保持距離，以免美國被國民黨在大陸的困境所拖累。遼瀋、徐蚌會戰結束後，國民黨大廈將傾，從華府的立場來看，如果蔣介石下台，能夠讓國共兩黨回到談判桌上，甚至將解放軍阻擋在長江北岸，那麼蔣

9 「白崇禧致黃旭初函」（1948年12月26日），黃旭初編，《健生書簡（二）》（未刊本）。

10 郝柏村，《郝柏村解讀蔣公日記》，頁392。

11 The Ambassador in China (Stuart) to the Secretary of State, July 16, 1948, United States Department of State ed., *Foreign Relations of the United States, the Far East: China*, Vol. VII, pp. 364-365.

就沒理由繼續留在總統位置上。從現實權力角度而言，蔣氏已盡失民心，且無力挽回大局，那麼給國民黨內其他有能力的人一個機會來試試看，或許能扭轉局面。⓬

美國駐華大使司徒雷登透過其特別助理傅涇波，對包括桂系在內的各方暗示：如果蔣介石下野，杜魯門政府將會改變現在對華政策，積極援助國民黨政府。孫科準備接替翁文灝出任行政院長時，傅涇波曾往訪孫科，明白告訴孫科，南京政府今後唯一的出路是與共產黨和談，而蔣介石下野又為進行和談所必須。⓭

李、白也分別得到了這一消息。傅涇波明確告知李宗仁，孫科曾當面問司徒雷登：「傅涇波的關於蔣下野的建議是否出自大使本人的意見？」司徒雷登說：「作為美國大使，他不便干涉中國內政，但就個人來說，確實衷心贊助和議運動。」而白崇禧則於十二月二十六日致廣西省主席黃旭初的密函中表示：「據可確消息杜魯門電司徒大使表示：一、希望和平，二、可以援華，三、請蔣先生休息。此電由司徒之顧問傅涇波先生轉致孫（科）先生再轉蔣先生。」⓮

不過桂系似乎對美國援助抱持太過樂觀的想像。一九四九年一月十一日，白宮國家安全會議最新出爐的報告表明：美方在中國的最高戰略目標，是防止中國淪為蘇聯附庸，但是在局面還未塵埃落定之前，須保持彈性立場，盡可能避免對中國境內不同派系做出太多承諾。⓯

蔣介石總統如果下野，按憲法便由副總統李宗仁繼位。表面上，白促蔣下野，似乎是為了讓李奪取總統之位。但是無論李或白應該都很清楚：單憑桂系實力，縱使有美國支持，也無法掌握整個政府。證諸前面張任民聽到白崇禧在長途電話裡對張治中所說：「我的意思並不是要德公出來負起這個談和的責任，他是負不起的呀！」白似乎想要造成類似一九二七年八月蔣總司令第一次下野時的局面：由李接任總統表達和談誠意，由何應欽指揮黃埔系與桂系通力合作，再締造一次扭轉乾坤的「龍潭大捷」。

問題在於蔣介石的態度將會如何？如今的蔣總統是否會像當年的蔣總司令一樣下野離開？

IV

回頭來說南京的情形。十二月二十二日中午，吳忠信、張群兩人在蔣介石總統邀宴時，報告白崇禧派鄧翔海轉達請其「暫時退休」。由於早有白動作的情報，蔣最初的反應十分鎮定。「**白崇禧派鄧漢翔〔鄧翔海之誤〕來告，屬其二人勸告余從速下野，否則後悔莫及，恐各省將有通電勸辭也。**」蔣在當天日記中寫道，「**余聞此，反甚寬慰，毫不為奇，以若輩早有此陰謀也。**」聽取吳、張兩人報告以後，蔣表示：「退休並無不可，惟應顧及三個前提」。第一，退休辦法如何，「**必須先有安國保民不受奸匪欺詐之辦法**」；第二，「**繼任者必須先有切實準備，並須正式交替**」；最後，目前在河南永城一帶

⓬ 林孝庭（著、校訂）、黃中憲（譯），《意外的國度：蔣介石、美國、與近代台灣的型塑》（台北：遠足文化，2017年），頁108-109、112-113。

⓭ 程思遠，《白崇禧傳》，頁277。

⓮ 「白崇禧致黃旭初函」（1948年12月26日），黃旭初編，《健生書簡（二）》（未刊本）；黃旭初，《黃旭初回憶錄——廣西前三傑：李宗仁、白崇禧、黃紹竑》，頁247-248。

⓯ 林孝庭，《意外的國度》，頁115。

被圍的國軍杜聿明集團，「渠等情如我子弟，正患重病，我不忍在其病時走開，」必須救援出險。為了試探白的意向，並且爭取時間，蔣指示吳、張二人，不可將他已知情的情況告知鄧翔海，只說成是以兩人揣度蔣的意思來回答。[16]

這時蔣介石已經遭遇來自各方逼退的壓力，尤其是美國。一九四八年下半，所謂蔣氏下台，美援才會來的謠諑，在京滬一帶已極為盛行。蔣氏身邊親信，主張和中共停戰講和者也大有人在。美國駐華大使司徒雷登更是直接明白的對奉蔣氏之命前來探詢的張群表示：多數美國人有一印象，即大部分的中國民眾認為蔣氏是和平的障礙，應該下野，而美國對華政策，就是根據中國民眾的意向來制定的。[17]

「美國大使館幾乎為反華倒蔣之大本營，顯受其政府之意圖，」十二月十八日，蔣介石在日記寫道：「無異催逼我急倒，並使我國各反動派更形梟張。」但蔣氏自認愈受逼迫，愈是頑強，不願就此屈服：「此等狂妄之徒，對余之人格性情以及中國歷史文化毫不研究，一味以經濟與物質之力可以被其屈服也。殊不知余因此而反堅定我意志與信心，非與此種全世界惡勢力奮鬥到底，無以保種衛國盡我革命之職責，若不力圖自力更生，何以立於天地之間耶。」[18]

話雖如此，蔣得知中共正藉由李濟深多方拉攏桂系，尤其希望華中白崇禧能「按兵不動」，[19]他也對桂系傳達若干自己即將引退的暗示，試圖穩住桂系。十二月六日，蔣派長子經國與吳忠信談話，晚間又約見進餐。蔣經國奉父命與吳忠信談話，是想了解黨內高層對和戰的意向；蔣介石約吳忠信見面，則是當面告知將任命他為總統府秘書長。吳長期奉蔣命與桂系聯繫，和李、白都有深厚交情，此時蔣突然任命他接任總統府秘書長，似乎有過渡權力的用意。吳忠信一時不能明白蔣的意思，連忙推辭，但他向總統進言：「主和的人太多，大家都要我向總裁進言，我因事體太大，又無和戰把握，故未來報告。」蔣又問吳的和戰見解，吳答：「現在軍事、政治、經濟都只能短時間維持，已臨最後關頭，」而能撐下去與否，「關鍵在美國援助」。[20]

但是美國倒蔣的態度愈來愈明顯，蔣不會不知道；吳忠信的進言，更讓蔣警覺：黨內支持他的人已經不多。十二月二十四日的立法院正副院長改選，對蔣更有如致命的打擊：由於立法院原任院長孫科出任閣揆，副院長陳立夫入閣，因此正副院長同時進行補選。就在吳忠信和張群向蔣報告白總司令意見的同一日，蔣拍板決定提名李培基、劉健群為正副院長候選人。消息公布後，各界多半認為劉健群應可順利當選，而李培基則不樂觀。果然，二十四日進行的立院正副院長選舉，由立院國民黨內各次級團體「新政俱樂部」、「自由民主社」等推出的童冠賢，以一九六票擊敗僅得到一二三票的李培基，當選為立法院長。[21]

對蔣介石而言，黨的提名人選竟不得立法院黨籍委員的支持，等於是對黨魁政治路線的一次否決投票，代表蔣氏已無法控制黨。「**此為平生入黨以來任黨務後唯一之打**

[16]「蔣中正日記」（未刊本），1948年12月22日；《吳忠信日記》，1948年12月22日。
[17] Kenneth W. Rea and John C. Brewer ed., *The Forgotten Ambassador: The Reports of John Leighton Stuart, 1946-1949* (Boulder, CO: Westview Press, 1981), p. 285.
[18]「蔣中正日記」（未刊本），1948年12月18日，上星期反省錄。
[19]「保密局呈蔣中正情報」（1948年12月13日），《蔣文物》，典藏號：002-020400-00024-094。
[20]《吳忠信日記》，1948年12月6日。
[21] 劉維開，《蔣中正的一九四九：從下野到復行視事》（台北：時英，2009年），頁23-27。

擊，從此本黨等於破產，革命歷史完全為若輩叛徒所賣，立法院亦無法維持矣。」他在日記裡寫道：「余乃決心下野，非重起爐灶，另造幹部，無以革命矣。」[22]

同時間，蔣氏收到白崇禧的「亥敬電」，正值立法院長選舉落敗，對蔣而言更是雙重打擊：「今（二十四）日以立法院未照本黨提名選舉，以及白之跋扈背叛，實為近年來最慘之悲劇也。」「正午岳軍、禮卿、文白持白崇禧要求和平，其實即要求下野之電報來談，」他在隔天的日記裡繼續寫道：「余以立法院長選舉，未能遵黨決議之時決心辭職下野，今復得桂白之背逆脅制，乃更促成我下野之決心」。[23]

蔣既然決心下野，一面開始布置退路，同時則派張治中、張群、吳忠信和李宗仁接洽。前面提及白崇禧與張治中通長途電話，就發生在這段時間。吳忠信於二十八日就任總統府秘書長。二十七、二十八兩日，蔣接連致電在美國求援的夫人宋美齡，促她盡速回國，並表示「不論某國（指美國）政策是否好轉，兄已決心於月底回鄉，不復改變。」[24] 似乎有在一九四九年元旦宣布下野的意向。

至此，蔣總統下野，看似已成定局，可是到了二十八日，情況卻再起變化，原因是之前表面上一直保持沉默的副總統李宗仁，突然亮牌出招。

V

十二月二十八日上午，黃紹竑從上海抵達南京，旋即前往傅厚崗李宗仁官邸密商。

據黃紹竑日後回憶：白崇禧在漢口拍發「亥敬電」，事前他毫無所悉。「我在上海得知白崇禧通電的消息，如同晴天霹靂，害怕極了，」黃接著表示：「說老實話，自從我勸白崇禧任華中剿總之後，沒有同他通過信或電報電話。現在我說來恐怕都沒有人相信，何況當日的蔣幫人員呢？」㉕不過黃紹竑在當時得知白拍發電報後的反應，卻不是退縮恐懼，而是將此當作李宗仁掌握政權的良機。他與李宗仁密商以後，使得李氏改變原本「沉默等待時機」的態度，正式提出主張。

在與黃紹竑密商之後，李宗仁旋即在中午約見張群、吳忠信、張治中三人，由黃紹竑對三人提出一份謄寫在「副總統用箋」上的「建議書」。內容共分為八條：㉖

一、蔣先生以俯察輿情，顧全國本，不失其歷史立場，主動下野。
二、李先生依法繼承大任，宣布和平主張。
三、和談以內閣為主體，由大總統賦予全權。
四、和談事先準備：（甲）改組內閣，網羅全國和平民主人士，充實和平陣容（人選另案研究）；（乙）發動全國民意，一致擁護和平主張；（丙）運用外交使

㉒「蔣中正日記」（未刊本），1948年12月24日。
㉓「蔣中正日記」（未刊本），1948年12月25日。
㉔「蔣中正致宋美齡電」（1948年12月27日、28日），《蔣文物》，典藏號：002-040100-00006-017；002-040100-00006-018。
㉕黃紹竑，〈李宗仁代理總統的前前後後〉，《新桂系紀實》，下冊，頁141-142。
㉖「李宗仁所屬致蔣中正函」（1948年12月28日），《蔣文物》，典藏號：002-020400-00030-001；「李宗仁所屬」即為黃紹竑，見劉維開，《蔣中正的一九四九》，頁28-31。

美蘇英法對中國和平取得諒解，並予以支持；（丁）主動爭取香港方面以前反政府政治團體，勿使為和平障礙。

五、和平宣布時，我方的表示：（甲）撤銷以前頒布之戡亂命令，停止敵對行為；（乙）部隊主動撤離戰場（平津沽除外），彼此保持若干距離，以免衝突（軍事部署另案研究）；（丙）釋放政治犯及戰俘。

六、和談時機，宜主動迅速，務在平津失陷、蚌埠敵攻勢未發動之前。

七、和談地點，以上海為宜，並作如左之準備：（甲）宣布上海為和平都市；（乙）軍事指揮機關及部隊撤離市區，治安由警察維持；（丙）保證各黨各派的政治自由活動；（丁）以和平人士主持市政。

八、和平條款另案研究。

這份建議書清楚表明李宗仁「取蔣而代之」的意圖，而且主張運用此時群集香港的反蔣人士、第三方面政治團體和中共接觸（主要為李濟深和「中國國民黨革命委員會」）。

在此之前，李宗仁對於是否願意代行總統職權，態度並不明確。自從八月從北平回來以後，李副總統就保持沉默，不作公開表態，僅在暗中多方接觸聯絡，等待有利時機。他曾與司徒雷登大使的顧問傅涇波接觸，清楚美方現在暗中支持倒蔣的意向，自然明白蔣氏一旦辭職下台，他就能順理成章接替成為總統，但是一切舉措都需要等待有利時機，不能輕舉妄動。

據李宗仁後來回憶，十二月中旬，蔣介石曾兩度約見，表示其準備引退，由他頂起局面與中共講和。「我聞言大驚，」李宗仁回憶其當即對蔣說道：「這局面你都幹不了，我如何頂得起！」竭力推辭。實際上，李氏的推卻，是因為他此時尚不能確認蔣是否真要下野：「我與蔣先生相處二十餘年，深知其詭計多端，說話不算話」。[27]

白崇禧的「亥敬」電，打亂了李宗仁原本「沉默待機」的盤算，不得不有所表示。因此他一方面向白埋怨「何苦把這些麻煩弄到自己頭上」，同時又對奉蔣命前來商談總統職位交接的吳忠信等人解釋，白崇禧拍發「亥敬」電，他事前毫不知情。在確認蔣氏決定下野以後，李宗仁方才表示，對於接代總統一事雖然相當惶恐，但是願意接受；「當以總統之意旨為意志，如必須我看家，自當遵命。」[28]等黃紹竑抵京，李就藉黃的名義提出方案。

同日下午，蔣獲悉李宗仁、黃紹竑提案內容之後很是憤怒，認為這一方案「無條件投降與毀滅國軍陰謀畢露」，他無法接受，「乃決心留職奮鬥，不能再作下野之妄想。否則國家民族與革命基礎五千年歷史皆將由此滅絕矣。」此時蔣已認定黃紹竑的提案、白崇

[27] 唐德剛（撰寫），《李宗仁回憶錄》，下冊，頁815-816。按照李宗仁的回憶，蔣最早向他透露自己有下野意願，是在十二月中；而根據程思遠回憶，十二月四日時，吳忠信曾拜訪李，「說蔣介石徵求他的意見，要他出任總統府秘書長，接替吳鼎昌的職位。吳禮卿問：『這是什麼意思？我不是幹秘書長的材料。』這時，蔣介石才說明真意：『看來我幹不下去了，要由李德鄰來過渡，你是扮紅娘一類的角色，把李德鄰送上轎後，去留由你決定。』吳唯唯，把這訊息告訴了李宗仁。」（程思遠，《白崇禧傳》，頁277。）但據吳忠信日記，蔣當面徵詢吳出任總統府秘書長，是在十二月六日晚間，至十八日，蔣猶準備「奮鬥到底」，可知蔣向李透露下野意向，當在二十四日。

[28] 《吳忠信日記》，1948年12月26日。

禧的通電，都是桂系整個奪權計畫的一環；而白氏雄鎮武漢，手握大軍，要是在此時有所異動，更加可慮，因此蔣在日記裡寫道：「防白在武漢叛亂，發表和平宣言」。次日傍晚更去電給美國蔣夫人：「刻有無法下野之勢，故決留京不辭也。」[29]

三十日上午，張群、吳忠信、張治中三人銜蔣之命再和李宗仁、黃紹竑會談。張群等向李、黃表示，如果按照二十八日所提方案實施，則蔣拒絕下野。[30]雙方因此逐條商討建議案的內容，將原案的五至八條全部刪除，重新草擬第五條，並大幅修改措辭，如將「李先生依法繼承大任」改為「李先生依法代行總統職權」，以及添入「為保證和平談判之順利，軍事應有嚴密之部署，尤須鞏固軍心，團結一致」等語。[31]

然而就在南京高層人士穿梭協商的這幾日之間，徐淮戰況持續惡化，局勢愈來愈嚴峻，於是又有了白崇禧的「亥全」電。

VI

十二月三十日，眼見南京方面經過六天仍無回音，白崇禧於是再發一電，也就是「亥全」電：[32]

> 總統蔣鈞鑒：手呈「亥敬電」諒蒙鑒察，當今局勢，戰既不易，和亦困難，以言繼續戰爭，則戰力懸殊，外援不繼；以言和平，則敵燎方張，不易接受，觀其近日廣播，宣布戰爭罪犯，可以判斷其乘我士氣不振，繼續用兵，使我京滬平津失陷，

革命武力消滅，以遂赤化整個中國之野心。顧念時機促迫，懇請乘早英斷，職意應將謀和誠意，迅告友邦，公布國人，使外力支持和平，民眾擁護和平，對方如果同意，藉此可以開和平之機，如其窮兵黷武，殘民以逞，則國人不值所為，友邦亦將扶助，所以怒我而惰寇也。總之，我方無論和戰，必須迅速決定，整個團結，方有生機，萬不可被敵分化，以蹈各個擊破之慘境。職因病未能赴京面報，謹再電陳，伏乞睿鑒。職白崇禧親亥全漢叩。

29 「蔣中正日記」（未刊本），1948年12月28日；「蔣中正致宋美齡電」（1948年12月29日），《蔣文物》，典藏號：002-040100-00006-019。

30 林秋敏（編），《事略稿本》，冊78（台北：國史館，2013年），頁284-285。

31 修改後的方案為：

一、蔣先生為便於政策之轉變，主動下野。
二、李先生依法代行總統職權，宣布和平主張。
三、和談由內閣主持。
四、和談事前準備：（甲）組織舉國一致之內閣，其人選另行研究；（乙）運用外交，特別加強對美蘇英之合作關係，以期對中國和平之實現獲得贊助；（丙）主動爭取過去不滿政府、主張和平之政治團體及人士。
五、為保證和平談判之順利，軍事應有嚴密之部署，尤須鞏固軍心，團結一致。

見黨史館藏鋼筆原件，轉引自劉維開，《蔣中正的一九四九》，頁31-32。對於修正後的建議案，蔣氏表示「仍堪痛心」。「蔣中正日記」（未刊本），1948年12月30日。

32 「白崇禧致蔣中正電」（1948年12月30日），《蔣文物》，典藏號：002-080101-00020-001。

這封電報的主旨，在於「時機促迫」，籲請蔣介石盡早做出決斷；電報中提到的廣播宣布「戰爭罪犯」，則是十二月二十五日新華社廣播宣布四十三人名單，以蔣介石為「頭等戰犯」，李宗仁居次，白崇禧則名列第四。[33]

就在白崇禧「亥全」電報拍到後，湖南、河南也相繼通電呼應。首先是河南省主席張軫的電文，措辭直接：「現民心已失，士氣消沉，美援亦復絕望，全國心理均渴望早日實現和平，多留國家一份元氣，多存民眾一線生命，且各省民意機關及其他有力者，皆一致醞釀有不利於鈞座之舉動，」末尾甚至明白要求蔣：「毅然引退，表示政治家作風。」[34]

長沙綏靖公署主任程潛則在三十一日致電蔣氏，稱「健生力主和議，用心良苦，」程潛在電文中寫道，「惟局勢如此，險象環生，健生既有表示，難保不進而公開倡導，彼時附和者多，收拾愈難，此誠危急存亡之秋，亟宜妥籌應付。」用語雖然比張軫電報來得和緩，實際上卻是在告訴蔣：若再拖延時日，各省響應白氏主張者，將會愈來愈多。[35]

蔣介石認為各省「呼籲和平」通電，全是白崇禧在幕後操縱。「一、白來第二逼迫之電，應坦白規戒之；二、張軫竟來電明催余下野；三、程潛來電態度亦變。此皆受白煽惑鼓動，亦應以懇切勸導，曉以利害是非，當能挽救乎。」蔣雖然繼續約集黨內高層，商討新年文告，藉以凝聚黨內對和戰方略的共識，但是原來於年底下野的盤算已經打消。[36]

在桂系眼中，這是因為白崇禧的「亥全」電所致。據程思遠記述：李宗仁得知白崇禧拍發「亥全」電以後，不禁拍腿大呼：「糟了！糟了！老蔣已把他的下野意圖告訴我們，而今健生發了這份電報，他將誤會我們裡應外合，逼他早日下台，這真是幫倒忙也！」[37]「蔣總統秉性堅強，」黃旭初也說：「所以白電來後，就不談引退問題了。」黃紹竑更在幾天以後明白對黃旭初表示，蔣本意要剿共到底，不願言和，「白電蔣勸其和平，蔣疑白及廣西將造反。」[38]

正是在這個時候，蔣介石確立了往後方略，將桂系視為首要大敵。蔣氏認為桂系趁徐蚌戰局失利時陰謀奪權，「**今日大難不在敵寇之共匪，而乃在內奸之桂逆也**」，對於白崇禧尤其銜恨切齒，對其痛憤的程度，甚至超過李宗仁、黃紹竑。蔣在日記中逐漸改用昔日「桂白」、「白逆」稱呼白崇禧，視白氏勸其和平為「**在內最大之危機**」，深感遭到白氏的「**跋扈背叛**」。[39]簡單說，蔣不再視白為部屬，而將他看成對手，一個必須以對手視之的叛徒。

一九四九年元旦，蔣介石總統發布新年文告，隨即約見李宗仁。蔣本人審定的史事長編《事略稿本》記載：這場約見，蔣對李告以自己去職，必須經過一段時間準備，不

---

33 〈陝北某權威人士談戰犯名單問題　蔣介石等應列為頭等戰犯　全國身受戰禍的人民均可酌情提名〉，《人民日報》，1948年12月27日。

34 「張軫、魯道源致蔣中正電」（1948年12月30日），《蔣文物》，典藏號：002-020400-00028-010。魯道源（1898-1985），雲南昌寧人，此時為第五綏靖區副司令官兼第五十八軍軍長。

35 「程潛致蔣中正電」（1948年12月31日），《蔣文物》，典藏號：002-020400-00028-012。

36 「蔣中正日記」（未刊本），1948年12月31日。

37 程思遠，《白崇禧傳》，頁279。

38 黃旭初，《黃旭初回憶錄——廣西前三傑：李宗仁、白崇禧、黃紹竑》，頁313；「黃旭初日記」（未刊本），1949年1月12日。

39 「蔣中正日記」（未刊本），1948年12月31日，上月反省錄。

能草率從事，希望李轉勸白崇禧稍安勿躁。而蔣氏的秘書曹聖芬在隔壁房間詳細記錄下蔣李對話的情況：[40]

> 總統告李目前健生所為，實違反做人道理，凡舉事必為後人作榜樣，健生與余相從二十年，今所為若此，後人將語之何耶？余已決心休息數月，國事即由汝來負責，盼轉告健生，毋用紛擾，否則汝將來難收拾矣。李猶唯唯謂總統勿作此語，總統曰：余意決矣，照此為之，於黨於國皆有裨益……。

蔣認為自己與國家實為一體，因此白反對他即是叛國賣黨。他內心對白崇禧的痛恨，雖然這時還沒有表露出來，不久之後終會對大局造成影響。

VII

一九四九年一月一日，蔣介石發布元旦文告，聲稱自己「畢生革命，早置生死於度外，只望和平果能實現，則個人的進退出處，絕不縈懷。」宣告政府有意與中共和談，而蔣氏本人則在能夠實現和平的情形下，願意考慮下野。[41]

研擬元旦文告時，蔣於三十一日夜間邀集黨內重要人員會商，文稿遭遇多人反對，意見大多集中在「只望和平果能實現，則個人的進退出處，絕不縈懷」一段。「晚課後約宴中央常委，研討文告內容徵求同意，多不贊成，蓋其未明全般情況，故意見分歧。余不能明告為苦，」蔣氏在三十一日的日記中寫道：「以今日大難不在敵寇之共匪，而乃在內奸之桂逆也，故此文用意對桂多於對共，惟有如此，方能止其煽惑與藉口，以杜絕其野心奸謀于一時耳。」無法對黨內幹部明說桂系才是他心中大敵，蔣有苦難言。據在場的徐永昌記道：王世杰、張道藩、谷正鼎等人多不贊成在文告中放入此段。但是蔣總統堅持非加入此句不可，並且憤慨表示：「諸位不要我下野，但是盡做令我下野的事。」言畢，以手擊桌，拂袖而去。[42]

隔日，蔣便以元旦文告為主旨，逐一向白崇禧、程潛、張軫等來電主張和平者拍發回電。回覆白崇禧的電文，起始文句讀來懇切莊重：「亥敬亥全兩電均悉，中正元旦文告，諒荷閱及，披肝瀝膽而出，自問耿耿此心，可質天日，今日吾人既已傾吐精誠，重啟和平之門，假令共黨確能翻然悔禍，保全國家之命脈，顧念生民之塗炭，對當前國是，能共商合理合法之解決，則中正決無他求，即個人之進退出處，均惟全國人民與全體袍澤之公意是從。」接著，蔣氏藉答覆白崇禧「亥全」電內「整個團結，方有生機」之語，委婉之中，語帶機鋒：[43]

---

40 林秋敏（編），《事略稿本》，冊 78，頁 338；曹聖芬，〈三十八年一月日記〉，曹志漣（編），《一片祥和日月長：報人曹聖芬》（台北：開元書印，2002 年），頁 69。類似記載亦見程思遠，《白崇禧傳》，頁 282。

41 蔣中正，〈中華民國三十八年元旦告全國軍民同胞書〉，《總統蔣公思想言論總集》，卷 32，頁 207。

42 「蔣中正日記」（未刊本），1948 年 12 月 31 日；《徐永昌日記》，第 9 冊（台北：中央研究院近代史研究所，1991 年），頁 193。

43 〈復白崇禧電〉（1949 年 1 月 2 日），《總統蔣公思想言論總集》，卷 37：別錄，頁 377。

惟言和之難，卓見已詳，如何乃可化除共黨赤禍全國之野心，以達成保國保民之利；如何乃可防止共黨翻雲覆雨之陰謀，以免戰禍再起之害；想兄熟慮深籌，必已有所策劃，甚冀惠示其詳，俾資借鏡。今大計雖已昭明，而前途演變尚極微妙，望兄激勵華中軍民，持以寧靜，藉期齊一步驟，鞏固基礎，然後可戰可和，乃可運用自如，而不為共匪所算，則幸矣。

實際上，蔣內心對於白崇禧與桂系能否「鞏固基礎」、「可戰可和」，毫不抱持希望，此時他正在加緊部署引退之後的各項安排。

首先是中央銀行庫存的黃金銀圓，蔣介石在一九四八年十一月底時便下令分批秘密運往廈門、台灣存放。之後隨大局日壞，加緊進行。到了十二月三十一日，央行總裁俞鴻鈞向蔣報告：黃金一百餘萬市兩、白銀一百二十噸，皆已由上海、南京運抵廈門、廣州、台灣等地存放。[44]

一月十五日，蔣下野局面已逐漸明顯，他再次就「中國、中央兩銀行外匯處理要旨」指示俞鴻鈞，「**總勿使兩行外匯為後來者消耗於無形**」，也就是連外匯都不可讓桂系動用。[45]

台灣四面環海，中共勢力微弱，是蔣選定「縮小範圍」、另起爐灶的基地，必須由絕對忠誠之人鎮守。因此先前因胃病來台休養的前參謀總長陳誠，就成了蔣氏眼中最佳人選。蔣在一九四八年十二月二十八日急電陳誠，告知即將任命他為台灣省主席，要其盡速準備接任；當陳誠隔日覆電，表示仍請原任省主席魏道明負責省政，自己願從旁協助時，[46] 蔣氏非常焦急，立刻覆電催促：[47]

台灣。陳委員辭修：為何不速就職？若再延滯，則必夜長夢多，全盤計畫，完全破敗也。何日就職立復！中正手啟。

蔣氏一生曾三次下野，以這一次事前部署最為周全。[48] 此時台灣儼然已成了蔣部署退路的重心，至於引退的時機，他還在緊張的盤算。首要之務，是穩住桂系；為了了解白崇禧的意圖，於是有張群的漢口之行。

VIII

對於能否達成和平局面，白崇禧也不敢樂觀。「應發動人民向雙方呼籲和平，」他在電話中對黃旭初表示：「如中共不接受，則其曲在彼，我有詞矣。」[49] 更重要的，還是爭取時間、恢復實力，此後無論是和是戰才能有所憑依。「和平之門，我方雖已自動打

44 吳興鏞，《黃金往事：一九四九民國人與內戰黃金終結篇》（台北：時報出版，2013年），頁92-94。
45 「蔣中正日記」（未刊本），1949年1月15日。
46 「蔣中正致陳誠電」（1948年12月28日），《蔣文物》，典藏號：002-020400-00028-007；「陳誠致蔣中正電」（1948年12月29日），《陳誠副總統文物》，典藏號：008-010108-00012-061。
47 「蔣中正致陳誠電」（1949年1月2日），《蔣文物》，典藏號：002-020400-00028-017。
48 汪朝光、王奇生、金以林，《天下得失：蔣介石的人生》，頁58-59。
49 「黃旭初日記」（未刊本），1949年1月2日。

開，對方（中共）是否願意接受，實屬疑問。我應備戰以謀和，不可因和而忘戰。即令講和，尚有許多艱險暗礁，不可思議之危險。國共二十五年來之痛史，東南歐波蘭、羅馬尼亞、保加利亞、捷克諸邦第二次大戰後之慘痛歷史，均足為我人當前之借鏡。」白氏在給黃旭初的信函上寫道：「我省應照兄等所決策，運用行政機構，多編國民兵師，以充實力量，將來必定用得著，並且可以大用。」[50]

一面表示和平誠意，同時爭取時間備戰，這是白崇禧此時秉持的「備戰謀和」思想。一月三日，白氏以代電通令轄區內各省市政府機關、部隊：「總統於元旦文告中，復已昭示倡導和平，並以維繫法統、保全國家元氣、解除人民痛苦，本可戰可和之原則，以達保國衛民之目的，今民眾渴望和平，政府願望實現和平，民意與政府已趨一致，和平之機已啟，惟其重要關鍵即望中共能幡然覺悟，誠意接受，否則若仍窮其黷武，殘民以逞，違反民意，則仍無從實現真正和平。當此重要轉捩階段，我各級行政首長及全體將士應體念時艱，確認可戰可和，尤應抱能戰始能和，仍應積極備戰，加強軍政動員，各守崗位，各盡所能，勿懈怠為敵所乘。」[51]

「白心急，」一月二日，李宗仁的親信甘介侯在致黃旭初的長途電話中說：「勤（**桂系內部對李宗仁的代稱**）囑其勿急。數日後可明朗，雖有困難，然並不大。」[52]但是白對時局的看法顯然不如李氏樂觀，他急於了解南京現況及蔣對於進退的決定，因此在五日電邀蔣氏親信張群到漢口詳談時局。[53]

張群決定三天後啟程。一月八日，張氏偕同黃紹竑搭機飛抵漢口。按照行前蔣介石的指示，張群向白崇禧轉達兩項意見：第一、蔣氏下野對桂系的利害究竟如何？桂系是否有與中共謀和的把握？第二、蔣下野必須出於主動，不可使他陷於被動，反而無法下野。[54]

白崇禧向張群說明，他前後兩封電報所提出的主張都是備戰謀和，絕不是無原則的妥協投降。此外，他主張運用國際力量以阻止中共。「中共的氣勢絕非和平代表所能阻止的，美國領導國際力量可能阻止，美國只要不從青島撤退，派一個空軍大隊在南京，出來主持和談，或可有效。」白崇禧如是表示。[55]

九日，白寫就致蔣長函一封，託張群於十日帶回南京面呈。長函內容要點分為十一項，頭一項是向蔣保證，「自當本中央現定方針……，提高警覺，應當備戰以謀和，不可講和而忘戰。」第二至第五項與和談有關，白崇禧仍然一本「亥敬」電的主張，建請政府盡量運用外交，以美、英、蘇三國力量，限制中共軍事進展。「自東北失陷，平津被困，中國關內共軍與關外連成一片，直接與蘇聯之西伯利亞、外蒙、北韓均已通達，

50 「白崇禧致黃旭初函」（1949 年 1 月 3 日），《健生書簡》（未刊本）。

51 「中央社電訊」（1949 年 1 月 4 日），《蔣文物》，典藏號：002-020400-00028-021。

52 「黃旭初日記」（未刊本），1949 年 1 月 2 日。

53 白氏邀約張群的電報未見於檔案。據李宗仁回憶：「一月八日蔣先生又派張群約黃紹竑自京飛往武漢和長沙，與白崇禧、程潛商討關於他引退的事。蔣先生顯然是恐懼手握重兵的白崇禧和程潛會同中共接洽『局部和平』。張、黃之行的最大目的是為穩定兩湖。」見唐德剛（撰寫），《李宗仁回憶錄》，下冊，頁 820-821；不過依照一月七日《吳忠信日記》稱：「白健生兄約張岳軍兄往漢口談時局。」應是白主動約張群至漢口一行。

54 「蔣中正日記」（未刊本），1949 年 1 月 8 日。

55 黃旭初，《廣西前三傑：李宗仁、白崇禧、黃紹竑》，頁 315-316；馬天綱、賈廷詩、陳三井、陳存恭（訪問、紀錄），《白崇禧先生訪問紀錄》，下冊，頁 863。

中共佔有外援之優越形勢，國軍屢挫之餘，此刻難以力爭，故我應將中共問題變為世界問題，將國共戰爭變為反共戰爭，使其變為國際化，庶可得國際援助，渡過難關，再圖整理。」

第六項指出，蔣氏元旦文告發表到此已將十天，中共並無正式答覆，而「觀近兩日來共方進攻天津永城傅（作義）杜（聿明）兩部，此可看作不肯接受和平之表現」。在這種情勢下，白氏認為中央似可運用國共之外的第三方面人士，向共方進行試探，明白其底線，方可應付。

第七項建議在此用兵時期，應設立一野戰軍指揮機構，統一指揮三軍作戰，國防部則移至後方，專責人事經理、戰略研究。野戰軍總司令人選，白氏提出以何應欽出任。「時危勢迫，不能猶豫，並望對何部長責以大義，寄以腹心，勉其出任艱鉅。」第八項則是關於長江防禦，希望能盡早展開部署，江北部隊能抽調者，希望能適時南調，以鞏固京滬地區與江防。第九項說明自己書此長函，是因為二日蔣氏覆電，有徵詢意見之語，「故今乘岳軍兄回京之便，謹再條陳，伏乞察納。」第十一項則是向蔣報告，年底撥發給華中轄區陳明仁所部兩個新編師的武器，均已分發完畢。

最後，白請蔣氏切勿輕信謠言。「方今時局艱危，謠言孔多，岳軍兄回京後，必能詳為轉報，鈞座如有所聞，望直接電詢，或令袁守謙、徐會之、陳明仁諸同志查報，因職（白氏自稱）朝夕均與諸同志在一處辦公，呈鈞座之亥敬、亥全兩電，亦經將電文交諸同志閱過，故渠等對華中情形極為熟悉也。」[56] 袁、徐、陳三人，都是派在華中剿總的黃埔一期學生。

張群返抵南京後，立刻攜帶白崇禧長函，到黃埔路官邸見蔣報告。蔣介石原來最擔心白崇禧在華中「局部和平」，讀了白氏回函，知道他並無此意。「晚課後約岳軍來談報告其赴漢湘視察情形，」他在當天日記中記道：「桂白叛跡逆謀似已停止，但其望我自動下野之心必更切乎？」[57]

蔣介石隔日以專函回覆白崇禧，對於白氏針對「亥敬」、「亥全」兩電的解釋，蔣幾乎全無回應，而集中篇幅於反駁白「運用外交」的建議。「惟此時我軍既處劣勢，外交運用，恐難有大效。要在吾內部能團結一致，苦撐到底，先要求其在我，而後乃能望友人之援助，此乃今日我國處境之基本要道。若我不能自立自助，則望外援之速來，是無異緣木而求魚，」蔣氏認為內部團結，更勝於請外國進行干涉，暗指白不應該逼迫他下野。

「吾人今日皆成共匪之戰犯，其必欲得而甘心，」在覆函末尾，蔣甚至還慨然表示，倘若「國家民族與軍民皆能獲得真正和平之幸福，則一切犧牲皆所不計，戰犯待戮，更甘受如飴矣。諒兄亦不以余言為河漢耶？」[58]

蔣介石對白崇禧的疑忌極深，但是至少兩人表面上都主張非團結不足挽回局面，兩封電報引起的政治風暴，似乎可以暫時平息。十一日晚間八時，蔣約集吳忠信、張群、王寵惠、吳鐵城、張治中等人晚餐，席間傳閱白崇禧致蔣親筆長函，以及蔣氏的回函。「白函強調只可備戰以言和，不可言和而忘戰。」吳忠信一心盼望桂系與蔣能開誠布

[56] 林秋敏（編），《事略稿本》，冊 78，頁 481-487。
[57] 「蔣中正日記」（未刊本），1949 年 1 月 10 日。
[58] 林秋敏（編），《事略稿本》，冊 78，頁 478。

公，通力合作，他樂觀地在日記中記道：「此一往來，謠言暫時平息，而根本問題，尚待解決。」[59]

IX

就在蔣接到白長函的同時，徐蚌會戰的最後一幕悲慘落下：國軍杜聿明、邱清泉集團全軍覆沒。徐州剿總副總司令杜聿明被俘，第二兵團司令官邱清泉自戕殉職，只有李彌、孫元良等將領率領少數殘部突圍。「**杜聿明部大半今晨似已被匪消滅，**」蔣在當天日記中寫道：「**今後下野，可以無遺憾矣。前之所以不為桂系強逼下野者，惟此杜部待援，我責未盡耳。**」[60]

杜聿明部被消滅後，一直未對南京和談要求有所回應的中共，於一月十四日以廣播發布毛澤東〈關於時局的聲明〉，提出和談的條件：「為了迅速結束戰爭，實現真正的和平，減少人民的痛苦，中國共產黨願意和南京國民黨反動政府及其他任何國民黨地方政府和軍事集團，在下列條件的基礎之上進行和平談判。」其條件分為八項：[61]

> （一）懲辦戰爭罪犯；（二）廢除偽憲法；（三）廢除偽法統；（四）依據民主原則改編一切反動軍隊；（五）沒收官僚資本；（六）改革土地制度；（七）廢除賣國條約；（八）召開沒有反動份子參加的政治協商會議，成立民主聯合政府，接收南京國民黨反動政府及其所屬各級政府的一切權力。

十五日中午，李宗仁邀吳忠信、張治中晤談，表示「中共既正式聲明願意進行和談，不妨與之談談。」[62]下午四時，蔣介石在官邸召開宣傳會報，決定將中共聲明提交中央政治會議研討，並徵詢各地方政府意見。對中共該項聲明則暫緩答覆。據程思遠記載：當日晚間，傅涇波密訪李宗仁，轉告司徒雷登的建議，要李速做準備，前往漢口與白崇禧會合，以「造成一種態勢，逼蔣早日下台」。[63]

「我內部對毛澤東之廣播對策，各種意見甚不一致，」十七日，蔣氏在給宋美齡的電報中表示：「如果黨政與桂系真欲向共匪求和，則兄（蔣自稱）必決先下野，決不能與共匪妥協。」[64]

一月十八日下午四時十五分，總統府秘書長吳忠信晉見蔣介石，首先報告中央政府五院疏散計畫，接著談及和戰問題。吳對蔣表示，當年俄國共產革命時，列寧以「和

[59]《吳忠信日記》，1949 年 1 月 11 日。
[60]「蔣中正日記」（未刊本），1949 年 1 月 10 日。
[61]〈中共中央毛澤東主席關於時局的聲明〉，《毛澤東選集》，第 4 卷（北京：人民出版社，1991 年），頁 1389。
[62]《吳忠信日記》，1949 年 1 月 15 日。
[63]程思遠，《白崇禧傳》，頁 284。
[64]「蔣中正致宋美齡電」（1949年1月17日），《蔣文物》，典藏號：002-040100-00006-025；「蔣中正日記」（未刊本），1949 年 1 月 17 日。

平」、「麵包」二口號打倒克倫斯基（Alexander Kerensky）政府，如今蔣氏「如繼續戰爭，兵無鬥志，人民厭戰，經濟亦不許可。失敗成分多而勝利成分少。就政治言必須和平，就革命精神言作戰到底再圖恢復很不容易」。連吳忠信也反對再打下去，聽了吳這番進言，蔣遂正式向吳表達自己準備下野促成和談的意願。[65]

十九日清晨，蔣致電吳忠信，囑其約李副總統於十時到官邸談話。吳遵照指示和李宗仁準時抵達。蔣對李提出下野方案：蔣準備前往廣東，副總統在南京負和談之責。如和談開始，他即下野。李宗仁初聽後表示：「對於這件大事，甚感惶恐，不敢擔任，余應以總統意志為意志，總統要我如何即如何」，但隨即提出對案：「可否依憲法請行政院長代（理），三個月內召開國民大會重新選舉總統？」蔣答以：「時間來不及。」[66]

兩人對話圖窮匕見：蔣要李代行總統職權，而李所圖卻是繼任總統。按蔣的下野方案，是引用《中華民國憲法》第四十九條後半「總統因故不能視事時，由副總統代行其職權。」而李則運用「總統缺位時，由副總統繼任，至總統任期屆滿為止。」及後句「總統、副總統均不能視事時，由行政院院長代行其職權。」另依照第五十一條，「行政院院長代行總統職權時，其期限不得逾三個月。」[67] 換句話說，李願與蔣同時退職，然後在美國與桂系的支持下，競選新任總統。

據程思遠記載，李此舉是按照白崇禧的叮囑，「蔣去李來，應援用《憲法》第四十九條上半段，而不要用下半段的條文，因為上半段是『繼任』總統，下半段是『代理』總統職務。」白認為李若代理總統職務，「名不正則令不行，將來難於有所作為。」[68]

眼看蔣、李兩人意見紛歧，吳忠信連忙表示：「最早我等與李副總統談過一個原則，就是總統出遊，由副總統行使職權，萬一和平失敗，請總統回來作戰。現在應採用此原則。」二人都認為合理。下午四時，蔣召集孫科、吳鐵城、吳忠信、邵力子、張治中、陳立夫等人，說明上午與李副總統談話要點，即兩種辦法：一、蔣到廣東，和談開始即下野；二；蔣乾脆下野，由副總統代理，並逐個徵詢與會眾人對下野方案的意見。結果眾人都認為應採取第二種辦法，蔣氏經過考慮後也決定採用第二種辦法，直接下野。

晚間九時，吳忠信、張群、張治中三人連袂會見李宗仁。李假意推託，表示「甚無膽量擔任，仍推孫院長擔任。」此時吳忠信正色說道：「倘汝不擔任，法不許可，義不容辭。」李才答允擔任，又重申自己「係蔣總統部下，以總統意志為意志，一切惟總統之命是從。」對於孫科續任行政院長等政治、軍事問題，一一表示同意。晚間談話歷時一小時半，「時至今日，總統引退由副總統代行職權一事，可謂告一段落。」[69]

---

65 《吳忠信日記》，1949 年 1 月 18 日。

66 《吳忠信日記》，1949 年 1 月 19 日。

67 《中華民國憲法》，總統府網站，網址：http://www.president.gov.tw/Portals/0/download/ 中華民國憲法.pdf。讀取日期：2017 年 5 月 5 日。

68 程思遠，《白崇禧傳》，頁 278。惟根據程的記載，白崇禧在一九四八年十二月十七日以後，每日從漢口以長途電話向程探詢南京政情，但比照蔣氏的日記、函電，十二月中下旬蔣氏下野還未定論，若謂李、白之間此時已經進展到法律層面上的探討，似乎與事實不符。

69 《吳忠信日記》，1949 年 1 月 19 日。

X

此時在漢口的白崇禧，儘管對華中各界努力宣導其「備戰謀和」的主張，[70]但苦於河南、湖南兩省仍舊不斷促其採取迅速謀和措施，於是在二十日召集李品仙、李任仁、劉斐、劉士毅、邱昌渭、張任民、韋永成、程思遠等桂系幹部到漢口商討如何應付。

晚間，白氏連續接獲李宗仁、張治中長途電話，得知蔣引退的確切消息以後，他的困難處境無形消失，轉而商討李氏上台後的應行改革，並決定翌日派邱昌渭、程思遠兩人將大家的意見帶給李副總統。據程思遠記載，當晚會議決議帶給李宗仁的意見為：一、程思遠和邱昌渭於二十一日飛返南京，助理一切；二、李宗仁在蔣介石離開以後，應繼任總統，而不是代理總統職務；三、建議以張治中為行政院長，以利和談的開展；四、起用何應欽為陸海空軍總司令，統一指揮軍隊；五、國民黨應改組，清除保守勢力，使與李濟深領導的「民革」合流。[71]

一九四九年一月二十一日下午一時，蔣介石總統召集中央高級人員十餘人於黃埔路總統官邸聚餐，席間宣布引退文告，以及李宗仁代行總統職務文告，並與李宗仁副總統分別在總統、副總統文告上簽字。下午三時，蔣氏在官邸大會議室召集臨時中常會，與會眾人對文告頗有意見，有人力持異議，辯論甚為激烈。會場氣氛低沉，充滿悲傷氣息，數人泣不成聲。[72] 四時十分，蔣氏在長子蔣經國陪同下，從官邸直接前往大校場機場，搭機飛往杭州筧橋機場。傍晚，政府正式發布蔣介石下野消息，公布蔣氏引退文告：[73]

> 中正在元旦發表文告，倡導和平以來，全國同聲響應，乃時逾兼旬，戰事仍然未止，和平之目的不能達到，人民之塗炭曷有其極！因決定身先引退，以冀弭戰銷兵，解人民倒懸於萬一。爰特依據中華民國憲法第四十九條「總統因故不能視事時，由副總統代行其職權」之規定，於本月二十一日起由李副總統代行總統職權，務望全國軍民暨各級政府，共矢精誠，同心一德，翊贊李副總統，一致協力促成永久之和平。……

以及李宗仁「奉命代行總統職權」文告：[74]

> 總統蔣公軫念國家之艱危，顧恤人民之痛苦，決然引退，以促和平之早日實現，命宗仁依據中華民國憲法第四十九條之規定代行職權，自揣庸愚，膺此重任，曷勝惶恐。惟是宗仁追隨總統，致力革命二十餘年，深知其處事持躬，悉以國家人民為重，而對於個人之進退出處，嚴謹光明。心志既決，不可移易。宗仁仰承督責，不容辭卸，惟有黽勉將事，效忠國家。……

---

70 程思遠，《白崇禧傳》，頁284。
71 黃旭初，《黃旭初回憶錄——李宗仁、白崇禧與蔣介石的離合》，頁318；程思遠，《白崇禧傳》，頁286。
72 《吳忠信日記》，1949年1月21日；曹聖芬，〈三十八年一月日記〉，頁76。
73 〈引退謀和書告〉，《總統蔣公思想言論總集》，卷32：書告，頁209。
74 「李宗仁發表奉命代行總統職權文告」（1949年1月21日），《蔣文物》，典藏號：002-020400-00028-040。

同日稍早，北平守將傅作義宣布與中共達成「和平協議」，故都陷落；幾個小時以後，大洋彼岸，杜魯門總統即將在華府凜冽的冷風中宣誓就職。坐鎮華中的白崇禧，驟然間成為支持李代總統政府的頭號實力人物。

也正是在這一日，蔣介石已經將下野後的布局部署完成：原廣東省主席宋子文請辭，由薛岳接任、余漢謀為廣州綏署主任、張發奎為海南特別行政區行政長官；同時任命張群為重慶綏署主任、朱紹良為福建省主席兼福州綏署主任、方天為江西省主席、湯恩伯為京滬警備總司令、陳誠兼任台灣警備總司令。[75]

陳誠、湯恩伯二將惟蔣命是從，方天是黃埔二期、陳誠部屬，第十八軍第五任軍長，張群與朱紹良則是蔣氏親信，此刻分據各重要軍政職位；薛岳、余漢謀、張發奎則是與桂系有恩怨過節的廣東將領。蔣氏的這些布局是針對桂系而來，他一面牢牢掌握台灣，同時加強對尚未失守的東南與西南地區的控制，至於桂系與中共的和談，無論成敗，在蔣而言只是用來拖延時間而已。[76]

白崇禧因為局面嚴重危險，加上美方暗示，因而作仗馬之鳴，主張停戰謀和，請蔣「暫時退休」；蔣介石受美國及政局逼迫，無奈之下選擇去職，然而他已認定白與桂系造反奪權，引退前所有部署，針對桂系而來。蔣與桂系還有合作可能嗎？中共大軍壓境，白崇禧與蔣介石的關係會如何發展？請見下章分解。

[75] 秦孝儀（主編），《總統蔣公大事長編初稿》，卷7下，頁239。
[76] 汪朝光、王奇生、金以林，《天下得失：蔣介石的人生》，頁58-59。

第十六章

青樹坪之戰

白崇禧是中國境內第一個陰險狡猾的軍閥。

——毛澤東

安慶激戰正熾。一九四九年三月二十六日夜晚，砲彈爆炸火光將雲幕映照通明，有如白晝。

安慶位於長江中游北岸，為武漢到南京水路交通樞紐，是古往今來大軍渡江必爭之地。當年太平天國時，湘軍主帥曾國藩認為欲取南京，必先得安慶。他命令胞弟曾國荃不計犧牲，堅持攻打，終於成功。安慶陷落，果然南京不保。

一九四九年春，徐蚌會戰結束，長江以北國軍主力喪盡，安慶孤懸江北，是阻擋共軍渡江的最後一道屏障。安慶守軍是桂軍第四十六軍第一七四師，以數千之眾面對劉伯承中原野戰軍四萬餘人的三面包圍。當時國共雖已準備在北平進行和談，然而共軍並未放慢攻勢腳步。三月二十日，中原野戰軍所部從北、西、東三面發起對安慶的進攻。守軍唯一的依託，便是身後的長江。

「安慶地位太重要了，一定要守住，」華中剿匪總司令白崇禧對第八綏靖區副司令官徐啟明叮囑道。倘若安慶有失，共軍必定從這裡渡江。徐啟明向白保證：「除非一七四師全部戰死，否則共軍休想從安慶渡江。」

三月二十三、二十四兩日，戰況激烈，共軍以人海戰術，一層層突破守軍的外圍陣地，一七四師在夜間動用預備隊發起逆襲，並集中砲兵轟擊，奪回陣地。二十六日全天，共軍猛烈進攻，守軍設在迎江寶塔上的砲兵觀測所首當其衝，被炸得粉碎。入夜之後，長江上海軍兵艦發砲助戰。在夜空中，千百道砲彈如流星劃過，超越守軍陣地向敵猛轟，火光染紅夜空。是日守軍士氣大振，瓦解共軍攻勢，殺傷二千，俘虜二百多人，此後一直到四月二十三日一七四師主動撤守為止，安慶都牢牢握在國軍手中。[1]

然而，引退後回到浙江奉化的蔣介石，卻在三月二十一日的日記中這樣寫道：

> 李、白運動立委欲將所存於台、廈現金運回，支付政費，期以半年用光了事，此種卑劣陰謀不惜其斷送國脈民命，貢獻於共匪以為快也，可痛。[2]

江北前線正在激戰，下野的總統，卻對執掌國柄的李宗仁、白崇禧如此痛斥，這段日記反映出兩個現實：一是危難當頭，蔣介石和桂系卻毫無互信可言；二是蔣雖下野，仍然掌控著兵權與財權。

I

李宗仁代理總統之後，白崇禧在漢口加緊備戰腳步。「白崇禧還自恃握有三四十萬能戰之兵，為華中擎天一柱。且西南、西北還有半壁河山，如通盤重新調整部〔布〕置，尚可與共軍做有計畫的長期作戰，劃長江而南北分治。」一位桂系軍官回憶道；為了固守武漢，白氏積極部署城防，派參謀長徐祖詒兼任城防工事委員會主任委員，著其心腹親信孫國銓任辦公室主任，專主其事。四平街守將陳明仁因被控貪汙遭到撤職查辦、離開東北，白崇禧為其重新編組第一兵團，駐防湖南；❸第十二兵團副司令胡璉在徐蚌會戰時突圍而出，在上海療傷期間，收到白氏親筆函，稱將向蔣建議，任命胡為兵團司令官，編組三個軍，撥齊裝備，駐地以湖北的咸寧、蒲圻為妥。❹

為了爭取備戰時間，白崇禧更向中共施展緩兵之計。據中共方面資料顯示：華中派代表到鄭州與中原野戰軍接觸，聲稱「基本同意毛澤東的八項條件（見前一章「亥敬亥全電」），願意充任江南攻蔣之先鋒，」但是希望保持所部軍隊不受改編，只能在名義上接受中共的指揮。這些代表回到武漢後，白為避免他們假戲真做，動搖軍心，一律加以監視看管。

❶ 本段描述，根據劉謙怡，〈戎馬生涯數十春（七）〉，《廣西文獻》（台北），第 64 期（1994 年 4 月），頁 49-50；以及陳存恭（訪問、紀錄），《徐啟明先生訪問紀錄》，頁 140。

❷ 「蔣中正日記」（未刊本），1949 年 3 月 21 日。

❸ 汪正本，〈白崇禧在武漢的圖謀〉，《新桂系紀實》，下冊，頁 183。

❹ 但是胡璉表示：「黃埔子弟，豈能『朝秦暮楚』。」未予理會。參見王禹廷，《胡璉評傳》，頁 127。

中共當然也非等閒之輩，看出這是白爭取時間的做法，於是明確表示，李、白「只有堅決站在人民方面，」徹底與蔣決裂，和中共一同消滅「美蔣反動集團」，才能「取得人民諒解，以贖前愆。」❺中共不放過分化國民黨內部的機會，一月二十九日，新華社廣播將原來四十三名「戰犯」減至十三人，李宗仁、白崇禧、孫科、吳鐵城等均被刪除。❻白崇禧的外甥海競強，兩年前於萊蕪戰役中兵敗被俘，囚於齊齊哈爾，如今也傳出即將獲釋南歸。

中共如此反應，自然不出白崇禧的意料。在白看來，此時提出和平，並不真的指望能止戈罷戰，而是為備戰爭取時間。當一位桂系幹部問白：「依健公的看法，在今天的形勢下難道還可以在和平之外找出路嗎？」白即嚴肅表示：「和平也是對等的，要實現真正的和平，只能在平等的基礎上談，否則便是投降了。在實力上我們今天還是有條件的，」即以戰爭而論，過去的失敗，是因為蔣的指揮失當造成，「國軍並非不能打仗，共軍不是神兵，他們能打，我們也能打。現在正是扭轉乾坤的時候。」❼

但此時想要扭轉乾坤，實在困難重重，不但江北有中共虎視眈眈，更大的問題來自政府內部。李宗仁上任兩周，毫無作為，二月五日廣西省主席黃旭初和黃紹竑飛往南京，李代總統對兩人大吐苦水，黃旭初「才知道他不是不執行職權，而是許多竟執行不通」。首先是行政院不聽命，院長孫科滯留上海，各部會移駐廣州辦公，只剩國防部還留守南京。李宗仁想要改組行政院，由何應欽出面組閣，但行政院長經總統提名，需要立法院多數同意，而立法委員此時分散在上海、廣州、桂林、台灣各處，集合不易。李又想春節到漢口勞軍，也因為籌不到款而無法成行。❽

桂系內部對和戰的意見也不一致。白崇禧希望至少能劃江而治，但黃紹竑卻公然表示：如果中共做得好，我們復何所求？「李寬（黃紹竑字）見解不對，」白崇禧在漢口以長途電話向黃旭初表示：「中共如此行動，不啻以敵人對我。應發動民眾促中共言和。」[9]

白崇禧明白，李代總統的政府並沒有獲得蔣介石的支持。為了化解「亥敬」、「亥全」兩電造成的嫌隙，團結面對當前嚴重局面，他希望到奉化見蔣，當面報告，並尋求蔣的指示。「自李副總統承命代理以來，仍本貫徹和平主張，對中共所提八條，允作和談基礎，更提七項和平措施，並推派和談代表，以示謀和真誠，」二月十一日，白崇禧在致蔣電文中表示：「中樞不惜一再委曲求全，作最大忍讓，固以仁至義盡，乃中共迄無誠意接受，仍繼續其軍事進攻，揆其近來所提條款與廣播，變本加厲，蠻橫無理，極盡壓迫侮蠛之能事，迷信武力，違反民意，和平前途，殆將絕望。」而此時在政府內部「一切讕言淆語，意存離間之言行，尤宜徹底澄清，庶能加強團結，齊一步伐，協力奮鬪，共挽艱危，謹掬忠誠，伏乞鈞察，並盼指示，俾資遵循。」[10]

但是白崇禧的請示，杳無回音。

---

5 楊奎松，《失去的機會》，頁 282；劉弼，〈談「小諸葛」白崇禧〉，《傳記文學》，第 12 卷第 3 期（1972 年 3 月），頁 73。

6 陶晉生（編），《陶希聖日記：1947-1956》，上冊（台北：聯經出版，2014 年），頁 205。

7 李任夫，〈武漢解放前夕我同白崇禧的幾次會晤〉，《新桂系紀實》，下冊，頁 185-186。

8 黃旭初，《黃旭初回憶錄——李宗仁、白崇禧和蔣介石的離合》，頁 323；《吳忠信日記》，1949 年 2 月 6 日。

9 「黃旭初日記」（未刊本），1949 年 1 月 30 日。

10 周美華（編），《事略稿本》，冊 79，頁 72-75。

II

自從引退下野後，蔣氏的內心深陷在遭到奪權背叛的憤恨之中。「近日德鄰專以民主自由名詞為其討好共匪、投降共匪之準備，是亦其毀滅政府基礎唯一之方針。此乃必然之事。而余愚拙，未先計及耳。」蔣研判桂系將和中共合作，共同「滅蔣」，「桂系要防制余再起，更不能不向共匪求和合作，因其要剷除國民黨基本力量與革命歷史及領導權，共、桂之目的完全一致。」[11]他不願見白，便囑咐秘書周宏濤以他的名義覆電，要華中剿總秘書長、蔣的黃埔門生袁守謙先來奉化面談，以了解華中政情。「對於先前倡和的白崇禧，蔣公的態度顯然是冷淡的。」周宏濤如是說。[12]

不過，對白崇禧在軍事部署上的各種動態，蔣卻抱持極度的關注。宋希濂的第十四兵團先前奉蔣命令回駐鄂西，該兵團副參謀長於二月十四日以密電向蔣報告，認為「白健公前請以六十師、一二三師合編成軍，並以趙援（桂系將領，華中剿總副參謀長）充軍長，其企圖控制宜昌，扼川鄂咽喉之心極為明顯」，蔣在兩天後立即以電報指示參謀總長顧祝同，「對於宋希濂川鄂湘邊區司令名義，似應即速發表。又六十師、一二三師亦同時明令歸宋之指揮。」[13]與白針鋒相對。三天後，蔣得知白崇禧飛抵南京，似乎為說服何應欽接受行政院長提名而來，據稱白且表示，如果何氏不出任閣揆，他就不回武漢。蔣疑心大起：「豈其對武漢佔領計畫已成，而乃專心處理南京乎？」同日，他接見預定出任和談代表的劉斐，蔣認為劉斐此來是受白的指使，打探蔣的動靜，他於是要劉轉告白，「切勿再如余當政時任意反抗中央，破壞法令，」還感嘆「今日離叛與加害，反對於我者，皆余昔日為情面、為敬愛提攜之人也。如無我提攜，決不有今日之彼輩，亦不

致今日有此攜貳與失敗也。豈惟桂系而已？此次所受之教訓，政治上只有怨仇而無恩義可言，殊為痛心。」⓮

白崇禧到首都，確實是為了安定政局而來。李宗仁屬意由何應欽組閣，但是何百般推卻，提出各種困難，就是不願意出掌行政院。李、白心中有數，何之所以不敢答應，是因為還沒有得到蔣的首肯。三月二日晚間八時，即將到奉化見蔣的吳忠信，於行前特地往訪李宗仁與白崇禧。李、白對吳表示，蔣先生既然已經引退，卻還在幕後指揮，干預政府，實屬不當。吳則回答，蔣執政二十餘年，門生故舊遍天下，現在下野只有月餘，對於政治自然難以忘情，李、白等人應努力讓蔣安心、放心。⓯

白崇禧深以吳氏所言為然，於是在三月三、四日，接連致函蔣，請求到奉化溪口謁見，當面說明一切。⓰這時吳忠信抵達溪口，也力勸蔣和桂系團結，共同挽救危局。吳對蔣說，現在的局面，有黃埔、桂系與中共三個勢力，和他從前在新疆主政時很相似，我

⓫「蔣中正日記」（未刊本），1949年1月26日、29日「本周反省錄」、2月1日。
⓬汪士淳（執筆），《蔣公與我》，頁92-93。
⓭「羅開甲致蔣中正電」（1949年2月14日），《蔣文物》，典藏號：002-090300-00199-006；「俞濟時致顧祝同電」（1949年2月16日），典藏號：002-020400-00028-075。
⓮「蔣中正日記」（未刊本），1949年2月19日、「本周反省錄」。
⓯《吳忠信日記》，1949年3月2日。
⓰「白崇禧致蔣中正函」（1949年3月3、4日），《蔣文物》，典藏號：002-020400-00030-015、002-080101-00028-010。

們應該與桂系合作，與中共備戰言和，如果我們不合作，必定同歸於盡。蔣聽後連聲表示：「很對的，就照這樣辦。」並說他一定支持李代總統。⓱但在內心，蔣卻這樣痛責：

革命紀律與黨德全為桂系軍閥掃地殆盡，白逆之罪惡更大，民族與國家不幸遭此劫運，不知何日方能超脫耶？上帝盍不從速拯救此可憐之國族也。

對於白氏求見，蔣表面上對吳忠信等人說「可以見面」，但私底下則認為「此輩惟利是圖，感化無望，」⓲仍舊不准白氏來見。

三月十一日，白崇禧偕同顧祝同、吳忠信、張治中等人，搭乘美齡號專機飛抵杭州，代表李宗仁敦促何應欽到南京組閣。何應欽一開始仍堅決拒絕，直到晚間八時許，吳忠信保證，蔣對他依然信任，如果有任何問題，願意代為傳達疏通，何氏方才點頭同意。⓳白崇禧等人勸駕成功，政局穩定有望，都感到十分欣慰。隔日李宗仁即向立法院正式提名何應欽出任行政院長。

但政局仍然暗潮洶湧。十三日，蔣經國向在美國的宋美齡報告：「李已正式提何為行政院長，其目的似在利用何作為工具，而進行奪取全部政權之陰謀。」⓴十六日，立法院秘書長陳克文拜見新任總統府秘書長翁文灝，翁認為「溪口的蔣先生還暗中操縱政局，對李、白仍然存著嫉忌的心理，是目前最可憂慮的事情。」㉑

III

政府和談代表團，由張治中率領，於四月一日由南京飛抵北平，和中共代表周恩來、林伯渠、林彪等人展開談判。對於和談，白崇禧的主張非常明確：關於政治上的安排，均可商量，惟共軍不能過江，共軍一過長江，和談便告破裂。四月六日，白問負責與中共聯絡的桂系幹部劉仲容：「中共對渡江有什麼決策？」劉答：「中共方面態度堅決，認為政治要過江，軍事也要過江。」白崇禧說：「他們一定要過江，那仗就非打下去不可，還要談什麼？」[22]

白崇禧和李品仙、夏威等將領都認為和談成功機會渺茫，應該立即團結備戰。[23]吳忠信不斷聽到傳聞，說是安徽前線的桂軍將讓開正面，使共軍渡江，攻擊蔣系軍隊，很是憂心；當他聽到白表示「不能和即戰爭」時，大感放心，認為「這一番話可以代表廣西態度，能如此則國民黨內部和戰意見可以一致。」

---

17 《吳忠信日記》，1949年3月5日；張治中，《張治中回憶錄》，下冊，頁788。
18 「蔣中正日記」（未刊本），1949年3月7日、8日；《吳忠信日記》，1949年3月9日。
19 《吳忠信日記》，1949年3月11日。
20 周美華、蕭李居（編），《蔣經國書信集：與宋美齡往來函電》，上冊（台北：國史館，2009年），頁95。
21 陳方正（編輯、校註），《陳克文日記》，下冊，頁1208-1209。
22 程思遠，《政海秘辛》（台北：李敖出版社，1989年），頁277。
23 《徐永昌日記》，冊9，頁289。

本章開頭的安慶保衛戰，這時正進行到最激烈階段：「最近共軍在我方和平代表北上之後，進攻安慶，白部以三團兵力，經十數日之苦戰，擊破共軍六七萬之眾，收輝煌戰果，」吳忠信因此欣慰地在日記中寫道：「蓋自國軍淮北慘敗，淮南潰退，共軍所向無敵，國軍聞風而逃，今者國軍能以少勝多，堅守安慶，其有助於和談，與大為振奮士氣，影響將來戰事，實非淺也。」[24]

但吳忠信還是太過樂觀了。為了阻止共軍渡江，白崇禧認為應將防禦重心置於皖南，能將京滬杭湯恩伯部守軍主力轉移到這裡，而非麕集於上海一隅。[25]至於武漢正面，白希望能將駐守西安的胡宗南大軍及早轉移到武漢。但是這兩項建議，都不被蔣介石接納。蔣氏仍主張集中主力在上海決戰，「**如移京滬主力于皖南守江，則京滬必先失陷而皖南主力必無形消滅與崩潰無疑**。」[26]京滬杭警備總司令湯恩伯奉有蔣的密令，自行其是，拒不接受李宗仁的調遣。[27]

四月九日，立法院祕書長陳克文和其他立法委員應邀到代總統官邸晚餐，餐後商討有關和談及今後應付時局的方策。李宗仁、白崇禧分別報告，「我們內部的意見至為分歧，軍事和財政、金融也沒有辦法，和談前途實在黯淡得很。和既不易，戰更不能。這個政府真到了山窮水盡的地步，除非客觀的環境有什麼變化，恐怕垮台便在最近的一個月之內了。」想要維持下去，最後的辦法，就是不擇手段，逼使運往台灣的外匯和黃金白銀運回來。「大家都知道這一舉動不免要和溪口的蔣先生衝突甚或破臉，但大局到此，也不惜出此一舉了。」[28]

IV

四月十六日，北平和談結束，政府代表黃紹竑、屈武攜由中共草擬的「國內和平協定」方案飛回南京。「正文按照中共一月十四日廣播的八條依次排列為第一至第八條，每條規定詳細的實施手續若干款，八條共廿四款。依照這個協定，中共可以在政府轄區自由進軍，實施軍事管制；政府領袖們要承認自己的罪行，無恥地以個人資格請求獲得其准許，才得參加聯合政府；政府官員只要有人控告，便可成為戰犯；政府官員必須把一切資產交割清楚，並照常執行職務，直到有人接替為止，到那時候，國民黨政府即自動地歸於消滅。」[29]

[24]《吳忠信日記》，1949年4月9日、11日。

[25]《吳忠信日記》，1949年4月8日。

[26]「蔣中正日記」（未刊本），1949年4月9日。

[27] 唐德剛（撰寫），《李宗仁回憶錄》，下冊，頁859-860。巧合的是，中央軍名將胡璉這時也向湯恩伯建議，兵力部署應形成重點，將防禦重心置於蕪湖、鎮江、廣德三點，採機動防禦，相互呼應，但湯恩伯不等胡璉說完，即高聲插話表示：「你應該到後方休息，至少六個月。」見王禹廷，《胡璉評傳》，頁130-131。

[28] 陳方正（編輯、校註），《陳克文日記》，下冊，頁1216。

[29] 黃旭初，《黃旭初回憶錄——李宗仁、白崇禧和蔣介石的離合》，頁335。

何應欽、白崇禧等人見到這樣的條款，都認為無異是逼迫政府無條件投降，決不能接受。李代總統派前司法院長居正攜帶條文原件飛往溪口，報告蔣介石；而白崇禧則約見吳忠信，抱怨蔣氏下野後仍在幕後指揮，掣肘李代總統，他請吳傳話：現在既然和談失敗，李將引退，請蔣出山復職，重新指揮戰爭，如蔣不願出來，就請賦予李財政和軍事的全權。蔣透過吳回覆：既然談判不成，「所有金銀武器一律拿出作戰，」至於他個人，李、白「要他從旁協助亦可，要他出洋亦可。」[30] 但是實際上蔣內心對白極不滿，在日記裡說「**白崇禧造謠中傷**」。[31]

四月十八日夜十時，李宗仁在傅厚崗官邸召集桂系要員會議，聽取黃紹竑的報告。黃紹竑一生政治立場反覆多變，當年曾經棄桂投蔣，現在又準備要投向中共。他力主接受中共的和平協定。他說：「如果德公願意簽訂這個協定，將被選為聯合政府副主席，廣西部隊也有確切的保障，共方已同意健生兄率部開回兩廣，中共決定在一年內對兩廣不實施軍事管制和土地改革。」又說：「蔣的作風永不改變，絕難振衰救蔽，戰既無勝算，此時廣西應謀自全之道，應和。」黃還認為廣西與蔣決裂是必要的，因為蔣還可以依靠台灣作為退路，「而我們則沒有這種條件，事到如今，應謀自全之道。」[32]

眾人聽後，一片沉默，李代總統終席不發一語。只有白崇禧翻閱和談協定草案後，盛怒責問黃紹竑：「虧難你，像這樣的條件也帶得回來，」並憤然表示：「所謂目前兩廣情勢不至變動，那不過是時間遲早而已，這種和法，好比一盤雞肉，肥的先被揀吃，其次雞頭雞腳，終被吃光。」若接受條件，成立聯合政府，結果一定和東歐捷克等國落入蘇聯控制相同，無異於投降，他堅決反對。說罷起身，拂袖而去。白崇禧毫無商量餘地的反對態度，終究使得李宗仁不敢輕易對和議表示認可之意。[33]

十九日全天，李、何、白在國防部召開和談指導特種委員會，討論和平協定。與會全體人員，認為此項投降式條款，不能接受，推黃少谷等起草覆文，採和平口氣，人民立場，拒絕接受，但仍願繼續談判，請先停戰。[34] 二十日，中共發起渡江戰役，隔日，安徽蕪湖荻港守軍被買通倒戈，共軍大舉渡過長江。天塹長江被突破，首都南京眼看不守，李宗仁顯得徬徨無措，但白崇禧認為局面仍有可為，他主張立刻放棄京滬，把湯恩伯的主力移至浙贛線和南潯線，與華中三十萬大軍成為犄角，以固守湘、贛，防止敵軍攻入西南。[35] 但一切做法，必須取得蔣介石的同意，於是有蔣、李、白杭州會談的登場。

[30] 《吳忠信日記》，1949年4月17日、19日。
[31] 「蔣中正日記」（未刊本），1949年4月18日。
[32] 黃旭初，《黃旭初回憶錄——李宗仁、白崇禧和蔣介石的離合》，頁335-336；程思遠，《政壇秘辛》，頁279。
[33] 黃啟漢，〈一九四九年「和談」的回憶〉，《文史資料選輯》，第67輯，頁29；馬天綱、賈廷詩、陳三井、陳存恭（訪問、紀錄），《白崇禧先生訪問紀錄》，下冊，頁878；黃旭初，《黃旭初回憶錄——李宗仁、白崇禧和蔣介石的離合》，頁336；申曉雲，《李宗仁》，頁339。
[34] 《吳忠信日記》，1949年4月19日。
[35] 唐德剛（撰寫），《李宗仁回憶錄》，下冊，頁863-864。

南京失守前夕，白崇禧（左五）隨李宗仁到杭州與蔣介石（右二）會談。照片左一為吳忠信、李宗仁，著西服青年為蔣氏秘書周宏濤，右一為張群。（國史館提供）

V

四月二十二日上午十一時三十分，李、何、白三人搭乘軍機抵達杭州筧橋機場，蔣介石偕同吳忠信、王世杰等人已在半小時前到達，隨即在空軍學校內談話。商談兩小時，這也是蔣、白自去年十月後的首次晤面。蔣在會中提出，既然和談破裂，就應堅決反共，拿出所有財力物力，與中共作戰到底，政府遷到廣州，由行政院長何應欽指揮軍隊作戰，黨則成立非常委員會，由蔣任主席，李任副主席，代行黨政大權。蔣重申他支持李代總統，自己絕不復出。白崇禧於會中建議何應欽兼任國防部長，以利指揮。㊱李宗仁始終沉默不語，蔣認為他「『惱羞成怒，積恨成仇』之色，充分表現於其面目之間」。㊲

白崇禧於會後趕回武漢防地，隨即接連致電蔣介石，提出此時應做緊急戰略布局。白崇禧建議應即刻將孤懸新疆的國軍調回，撤至甘肅、寧夏，關中胡宗南集團向南撤往湖北，固守襄陽、樊城一線，上海湯恩伯部主力則應使用於贛江以西及贛南地區，如此可屏障臨時首都廣州，並保衛西南半壁，作為反共戰爭大後方；至於上海，只需以一部兵力掩護物資撤退即可，如此國軍東西兩大集團可以連成一氣，避免遭到共軍各個擊破。㊳目前華中部隊九個軍，當中具戰力的只有四個軍，新編練的部隊，都有一個軍或師

㊱《徐永昌日記》，第9冊，頁311-312。
㊲「蔣中正日記」（未刊本），1949年4月22日。
㊳「白崇禧致蔣中正電」（1949年4月24日、29日），《蔣文物》，典藏號：002-090300-00199-070、典藏號：002-090300-00199-074。

全部是徒手士兵，國防部迄今只撥發兩千支步槍，不足裝備一個師之所需，故白氏請求撥出儲存於台灣的武器裝備，裝備華中兩個軍。[39]

對於白的建議，蔣電覆表示「卓見甚佩。關於作戰部署，兄（指白）與中意不謀而同。」承諾將轉飭國防部、參謀總長實施。[40] 可是在實際上，蔣的作為卻並非如此。湯恩伯部的部署已如前述，儲放在台灣的武器遲遲不見撥付，新疆國軍未見調動，而胡宗南大軍也依然滯留關中。[41]

徐蚌會戰後，胡宗南集團是蔣僅存的嫡系部隊，這時竟然滯留陝南，未做妥善部署，最後陷入絕境。郝柏村日後回顧此事，認為是蔣氏的戰略錯誤。[42] 蔣即使不願採納白的戰略建議，調胡部為桂系守華中，也應盡早做出籌劃，將胡部移往川北或西南，以保存這支兵力，並阻止共軍向西南進軍。但蔣竟未認真思考胡宗南集團的部署，表示此時在蔣心中，對桂系的鬥爭，重要性竟然甚於對抗中共。

VI

南京於四月二十四日失守，前一夜李宗仁倉皇搭機離去。行政院遷往廣州辦公，但李代總統專機卻未降落廣州，而是直飛桂林。共軍步步進逼，政府群龍無首，情況危急萬分。張發奎到桂林見李，回到廣州後向何應欽等人表明，李之所以不願意到廣州，是因為政、軍指揮不靈，也不贊成組設非常委員會。[43]

行政院長何應欽就任以來，夾在蔣、李之間，左右為難，現在決心辭職。他對中央訓練團教育長萬耀煌說：「李德公讓我來分蔣先生的兵權，蔣先生要我掩護他的兵權，德公利用我分蔣先生的實力，蔣先生利用我保存實力，我成為軸心，兩面不討好，我也不幹了。」白崇禧見此局面，焦急萬分，從漢口欲飛往桂林，會見李宗仁，但因氣候惡劣，無法降落。[44] 他隨後轉飛廣州，抱怨蔣仍在幕後控制軍令與財政：「總統交給李德公了，不錯，兵，李德公指揮不動一個，錢，帶到台灣去，李就有天大的本領也沒辦法。」[45]

熊式輝在廣州往訪白崇禧，見他面色抑鬱，愁眉不展。白對熊表示，「蔣總裁若再出山，則宜速行決定，否則託付他人，便應予以權力。」他又認為李宗仁也不該避往桂林，應盡快到廣州主持政府，商談具體辦法，不行再引退不遲。[46]

此時李宗仁來電，約白崇禧到桂林商談，白偕同居正、閻錫山、司法院副院長李文範等人於五月二日飛抵桂林。白見到李因軍隊不聽指揮，財庫無法動支，意志消沉，

---

39 「白崇禧致蔣中正電」（1949 年 4 月 27 日），《蔣文物》，典藏號：002-090300-00199-073。

40 「蔣中正致白崇禧電」（1949 年 4 月 29 日），《蔣文物》，典藏號：002-020400-00031-019。

41 蔡盛騏、陳世局（編輯校訂），《胡宗南先生日記》，下冊，頁 114。

42 郝柏村，《郝柏村解讀蔣公日記》，頁 438、442。

43 胡志偉（譯註），《張發奎口述自傳》，頁 636。

44 黃旭初，《李宗仁、白崇禧和蔣介石的離合》，頁 341-342。

45 賈廷詩、夏沛然、周道瞻、陳存恭等（紀錄），《萬耀煌先生訪問紀錄》，頁 469。

46 熊式輝，《海桑集》，頁 690。

痛苦萬分，便勸李道，既然蔣不肯放手，事事掣肘，不如由李敦請蔣重新復職，主持大政。[47]於是，李便藉由和居、閻、李等人談話的機會，以「談話紀錄」形式，向蔣提出六點要求。

〈談話紀錄〉是李宗仁對蔣介石的徹底攤牌，也是蔣、李矛盾的檯面化。全文分成三部分：第一部分說明主政三個月來遭遇到的困難，第二部分稱已難支持目前局面，擬請蔣復職，第三部分則表示，如果要其繼續代行總統職權，則蔣必須同意並實行下列六點要求，「宗仁始能領導政府，負責盡其最後之努力，否則惟有自請解除代總統職權，以免貽誤黨國。」這六項要求分別是：

一、憲法上規定關於軍政人事及凡屬於總統職權者，宗仁應有絕對自由調整之權；

二、所有前移存台灣之國家銀行金銀外匯，請總裁同意由政府命令運回，以應政府急需；

三、所有前移存台灣之美援軍械，請總裁同意由政府命令運回，配撥各部使用；

四、所有軍隊一律聽從國防部之指揮調遣，違者由政府依法懲處；

五、為確立憲政精神，避免黨內人事糾紛，應停止訓政時期以黨御政之制度，例如最近成立非常委員會之擬議，應請打消，所有黨內決定，只能作為對政府之建議；

六、前據居覺生先生由溪口歸來報告，總裁曾表示為個人打算，以去國愈快離國愈遠為最好，現時危事急，需要外援迫切，擬請總裁招攜懷遠，俾收內外合作之效。

文件後還有一份未署名附件，蔣介石在上面親書「此白崇禧代李代總統提出之要求」。文件中重點如下：一、現和談已經絕望，請蔣總裁出山主持軍政。二、李代總統出國，代表國民外交。三、如蔣總裁不肯負此責任，須授李代總統以軍政全權。四、改組國防部，由國防部長統一指揮陸海空軍，或另成立作戰指揮機構，專任野戰軍之指揮。五、改組行政院，一切軍事優先。六、所有財產武器，均用於第一線作戰。[48]

這份〈談話紀錄〉於五月三日由何應欽以航空快信送達蔣氏手上，隨即引起軒然大波，以及蔣對白的怒火。

VII

南京失陷後，蔣介石以局勢變化，決定離開溪口，於四月二十五日登船出海，隔日抵達上海。五月四日，蔣氏接閱何應欽轉呈的〈談話紀錄〉後，相當憤怒。「李德鄰六條件之要求，以及其談話錄之措辭，十足表示其蠻橫要脅，爭權奪利，最卑劣無賴之形態，」他在日記中寫道：「此李叛跡奸計已畢露無遺，決不能希望其回頭革命矣。」[49]於是連夜起草覆函，於隔日以飛機送到廣州，交給何應欽，轉達李宗仁。[50]

47 唐德剛（撰寫），《李宗仁回憶錄》，下冊，頁 870-871。

48 「何應欽呈蔣中正轉李宗仁專函」（1949 年 5 月 3 日），《蔣文物》，典藏號：002-020400-00028-110。

49 「蔣中正日記」（未刊本），1949 年 5 月 5 日。

50 陶晉生（編），《陶希聖日記：1947-1956》，上冊，頁 232。

蔣的覆函以長篇大論，對〈談話紀錄〉逐條逐項進行駁斥。關於軍政人事、財用動支，蔣說李代總統依據憲法有權自由調整，自己既然已經下野，當然無從過問，何況軍械款項，簿冊俱在，皆可查核，要是發現果然是他從中把持，「盡可處我以操縱公物之罪。」非常委員會的設立，是依據四月二十二日杭州會談的決定，蔣說李當時並沒有表示反對，如今李既然要打銷原決議，自可向黨中央常會提出覆議。

〈談話紀錄〉要蔣出國一項，蔣總裁的反應最是強烈。蔣說三月時他曾對來溪口探訪的張治中、吳忠信表示：「前此他們要我下野，我自可以下野，現在若復迫我出國亡命，我不能忍受此悲慘之境遇。」今天態度仍舊如此。蔣認為自己雖然引退，政治責任已告解除，而「革命責任仍自覺其無可逃避」。然而過去協助政府之舉，卻被李認為是牽制政府，是以他「從今日起，只有遯世遠引，對於政治一切，不復聞問。」[51]

覆函中還有一段，係專對白崇禧而來。李在〈談話紀錄〉中要求所有軍隊都須聽從國防部調遣，違反者依法懲處，蔣說此種不聽命令的情況，不是今日才有，「即如去年十二月以來，華中區截留軍械、阻止軍隊，甚至截留現金，不聽調度。中正深信此種事實，決非德鄰兄所願聞，更非余本人所願見。豈亦有人在幕後操縱乎？」這個「幕後操縱者」，就是白崇禧。蔣在日記中表示，他既已準備與桂系決裂，因此不留餘地，盡情訓斥，「對於白崇禧扣械、劫款、抗命、違調等事，不提其名而僅敘其事也。」[52]

在廣州方面，何應欽請閻錫山充當調人，再走一趟桂林。閻與朱家驊、陳濟棠等人於五月七日中午飛抵桂林，對前來迎接的李宗仁表示：李的六項要求，蔣已同意五項半，「不過發點牢騷，尤其對兄（李）有所責備，總裁是我們黨魁，應當發點牢騷，今已承認五事半，對我們發點牢騷，比不發牢騷還覺得安心。」[53]白崇禧於同日從長沙飛返，他讀過蔣氏回函後，認為蔣仍有復出之意；夜間白氏又與李宗仁就臨時首都設置地點、內閣人事等再作研商。[54] 於是李宗仁同意赴廣州主持政府，並於隔日和閻錫山等人同機飛抵廣州。

一場政治風暴雖然暫時落幕，但是桂系與蔣之間的矛盾並未化解。蔣介石在覆函之中以簿冊俱在來反駁干涉軍令、財政的指控，然而問題不在書面紀錄，蔣氏實際上仍然以總裁身分部署軍事、過問政務。李〈談話紀錄〉送抵蔣手上時，他正在上海「指導」防禦部署，此舉儘管激勵了一部分軍民的士氣，終究逾越了黨政分際。[55] 其實爭端的關鍵，在於日益緊縮的政治資源不容異己掌握。「外傳蔣不肯放手信任人，因之李亦不能放手去做事，」吳忠信曾對熊式輝說：「這是現實問題，以僅有之兵力財力，當然不肯輕於予人，試作孤注之一擲，況於不為笑臉者，更難放心。」[56] 吳忠信長期擔任蔣氏與桂系間的聯絡人，他一語道破蔣不願放手的真意。

相較於李宗仁的進退失據，白崇禧的立場則始終一貫：如蔣不肯放權給李，便請蔣重新復出領導。然而就在蔣、李彼此間愈走愈遠的同時，華中戰場卻突然不穩：湖南局勢有變。

---

51 「蔣中正致何應欽函」（1949年5月6日），《蔣文物》，典藏號：002-020400-00028-111。
52 「蔣中正日記」（未刊本），1949年5月5日、6日。
53 轉引自劉維開，《蔣中正的一九四九》，頁197-198。
54 黃旭初，《黃旭初回憶錄——李宗仁、白崇禧和蔣介石的離合》，頁344。
55 劉維開，《蔣中正的一九四九》，頁131。
56 熊式輝，《海桑集》，頁691。

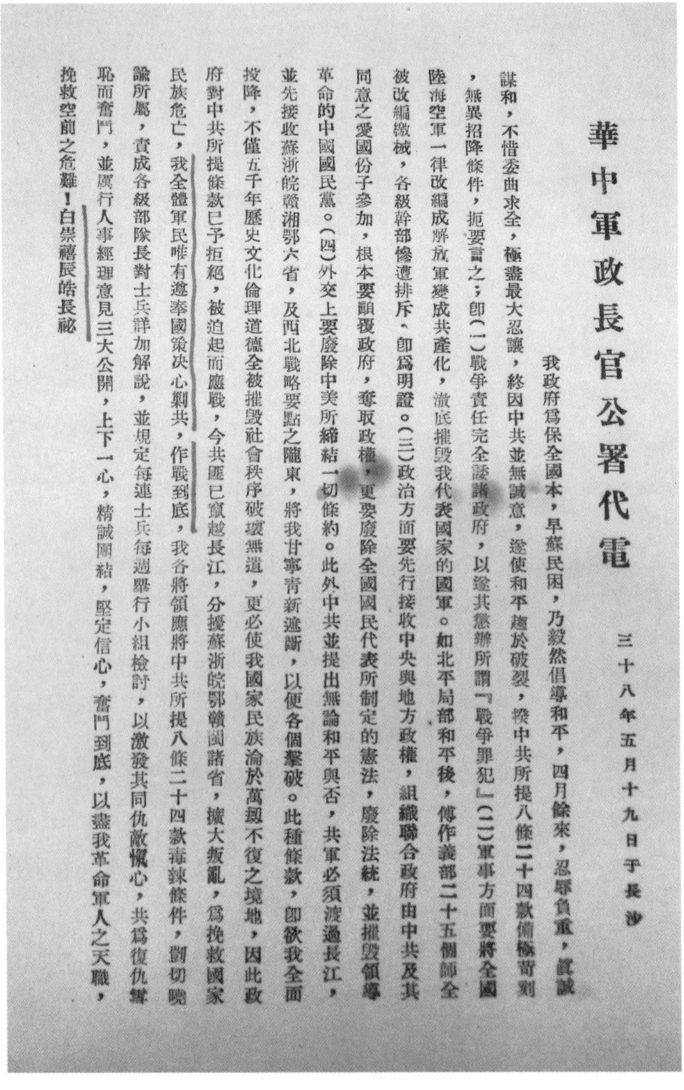

華中軍政長官公署代電

三十八年五月十九日于長沙

我政府爲保全國本，早蘇民困，乃毅然倡導和平，四月餘來，忍辱負重，實誠謀和，不惜委曲求全，極盡最大忍讓，終因中共並無誠意，遂使和平趨於破裂，揆中共所提八條二十四款備極苛刻，無異招降條件，扼要言之；即(一)戰爭責任完全諉諸政府，以遂其懲辦所謂『戰爭罪犯』(二)軍事方面要將全國陸海空軍一律改編成解放軍變成共產化，澈底摧毀我代表國家的國軍。如北平局部和平後，傅作義部二十五個師全被改編繳械，各級幹部慘遭排斥、即爲明證。(三)政治方面要先行接收中央與地方政權，組織聯合政府由中共及其同意之愛國份子參加，根本要顛覆政府，奪取政權，更要廢除全國國民代表所制定的憲法，廢除法統，並摧毀領導革命的中國國民黨。(四)外交上要廢除中美所締結一切條約。此外中共並提出無論和平與否，共軍必須渡過長江，並先接收蘇浙皖贛湘鄂六省，及西北戰略要點之隴東，將我甘寧青新遮斷，以便各個擊破。此種條款，即欲我全面投降，不僅五千年歷史文化倫理道德全被摧毀社會秩序破壞無遺，更必使我國家民族淪於萬𠜂不復之境地，因此政府對中共所提條款已予拒絕，被迫起而應戰，今共匪已竄越長江，分擾蘇浙皖鄂贛閩諸省，擴大叛亂，爲挽救國家民族危亡，我全體軍民唯有遵奉國策決心剿共，作戰到底，我各將領應將中共所提八條二十四款毒辣條件，剴切曉諭所屬，責成各級部隊長對士兵詳加解說，並規定每連士兵每週舉行小組檢討，以激發共同仇敵愾心，共爲復仇雪恥而奮鬥，並厲行人事經理意見三大公開，上下一心，精誠團結，堅定信心，奮鬥到底，以盡我革命軍人之天職，挽救空前之危難！白崇禧辰皓長祕

一九四九年五月，華中軍政長官公署遷設長沙，
宣示作戰到底。（廖彥博翻攝）

VIII

共軍渡江之後，武漢形勢孤立，於五月十五日主動棄守。華中軍政長官公署（**四月一日起剿總改稱軍政長官公署，總司令改稱長官**）同日遷設湖南長沙。白崇禧率領大軍徐徐退入湖南，避免與優勢共軍做主力決戰，但是充分利用地形地障，迅速組織反擊，阻擋共軍攻勢。

湖南是華中大軍退路，因此是關鍵要地。此時湖南省主席是兼任長沙綏靖公署主任的政壇元老程潛。程潛於二十年前曾被李宗仁扣押，一年之前，還曾和李競選副總統，他之所以開府長沙，則是受到白崇禧督師漢口的影響，是以程潛不但反蔣，而且和桂系李、白都有舊怨。他在國共和談破裂之後，便有投共之心，暗中與中共接觸。四月底時，華中得知湖南局面不穩；五月初，副長官李品仙前往視察，回來向白報告：長沙原來準備發起十萬人反內戰遊行，因為他到來的緣故臨時喊停。[57]

華中軍政長官公署遷往長沙後，程潛表面上對白崇禧極為禮敬，但是暗中操縱輿論，鼓動反對華中部隊開入湖南。六月初，湖南省參議會召開臨時大會，白崇禧應邀參加，省參議員群情洶洶，含沙射影，雖然不敢直接倡言「和平」，卻在白長官蒞會時作成決議：將來十多萬國軍入境，本省拒絕為華中部隊徵收糧食。備詢的省主席程潛和主持會議的議長仇鰲見狀故作驚慌，連忙請白長官指導。

57 黃旭初，《黃旭初回憶錄——李宗仁、白崇禧與蔣介石的離合》，頁356。

白氏早看穿這齣雙簧，於是從容走向擴音器前，先表明他本人和湖南關係深厚，請求各位相信，他絕不會加禍於湖南的父老鄉親。他個人固然是萬分同情本省民眾負擔軍糧的苦痛，然軍人守土戡亂有責，決不能擅自率部離湘。既然各位議員先生如此決議，他也不敢強迫湘省百姓供應軍糧。不過有一點，卻須事先鄭重聲明，俗話說「養兵如養虎」，老虎要是餓了，難保不吃人。萬一官兵為飢餓所迫，發生違紀行為，擾亂地方，希望全省父老不要怪罪於他。說畢目光如電，掃視全場，快步走下講台。

頓時議場鴉雀無聲，程潛、仇鰲兩人坐立難安，在白崇禧步下講台時，仇鰲高聲喊道：「請長官暫時留步！軍糧問題，還得從長計議。」於是仇以主席身分，建議在中央撥發駐防國軍糧食未到前，先由湖南籌措，以三個月為限，這項動議立刻獲得全體議員鼓掌通過。

經此一事，白崇禧知道程潛不穩，於是親自布置，預備將他調到中央出任考試院長，而省主席一職，則規劃由長沙警備司令陳明仁出掌。[58]

陳明仁本來是蔣的「天子門生」、黃埔一期出身的驍將，抗戰期間在遠征軍為第七十一軍軍長，戰功彪炳，一九四七年第三次國共四平會戰時更死守四平街，擊退林彪進攻，獲頒青天白日勳章。然而此役之後他被舉發侵佔軍用物資、縱兵劫掠，陳誠到東北督師，將其撤職查辦。陳明仁立了戰功反被免職，離開東北後，暫住在國防部招待所，把軍裝都燒了，可見他怨忿難平。當時白崇禧惜才，多次向蔣介石保舉陳明仁出任武漢警備司令，並為陳重建他的基本部隊第七十一軍，之後又擴編為第一兵團。[59] 白在陳落難時出手拉拔，可能認為陳必然感恩戴德，因此才用陳接任省主席，並監視程潛。

哪裡曉得，陳明仁暗中早已和程潛串聯，準備投共，兩人事前商量好，程潛主和，陳明仁主戰，一搭一唱，欺瞞白崇禧。白見陳態度堅決反共，不疑有他，陳因而相當得意，自誇：「我能欺了小諸葛。」[60]

到了七月，對於程、陳兩人私底下的往來，白仍然被蒙在鼓裡，毫無所悉。七月一日，白氏秘密約集湖南、湖北、河南、安徽、江西、廣西、廣東等七省軍政人物，組織「中國國民黨重建同志會」，特別將程潛列為發起人，隔日選舉白崇禧為幹事長，又增選陳明仁為幹事。[61]白滿以為能以陳明仁穩住程潛，殊不知這時兩人已經密謀串聯，共同舉事，不但要響應中共的和平條款，還要扣押白崇禧。

IX

林彪的東北野戰軍，在入關之後改稱第四野戰軍，擁有百萬之眾。四野和劉伯承的二野，分別由湖北、江西兩路攻向長沙，華中長官部決定再遷衡陽。原先長官部設於省參議會大樓，各處單位、憲兵都已撤走，只剩少數人員還隨白氏坐鎮長沙，外圍護衛都由陳明仁的第一兵團士兵擔任。白崇禧的隨從秘書楊受瓊在省議會大樓外聽見槍聲大作，說是捉拿逃兵，他驚覺情勢不對，連忙命已經上車準備撤離的警衛團全部留下。

[58] 謝康，《白崇禧傳》，頁 155-161。
[59] 馬天綱、賈廷詩、陳三井、陳存恭（訪問、紀錄），《白崇禧先生訪問紀錄》，下冊，頁 879。
[60] 康樸，〈我所知道的白崇禧與程潛的矛盾〉，中國人民政治協商會議湖北省委員會文史資料研究委員會（編），《湖北文史資料》，第 18 輯（1987 年），頁 247-248。
[61]「黃旭初日記」（未刊本），1949 年 7 月 1 日、2 日。

隔天，白崇禧準備動身，陳明仁突然求見，顯得欲言又止，猶豫不決，只是不停抽菸。楊受瓊見狀，便問他：「有什麼問題不好講嗎？」陳終於開口表示：「部隊無錢。」楊受瓊便請白長官對第一兵團先關餉三個月，白立刻簽了餉條。這時陳明仁似乎下了決心，表示要親自送白長官離開。

臨登機前，陳兵團的參謀長鮑志鴻少將拍了拍楊受瓊肩膀，說：「健公洪福齊天！唐生明對陳子良（陳明仁字）說要扣健公，現在我放心了。」原來，前一晚陳明仁在唐生智胞弟唐生明處通宵打麻將，商議「起義」。席間，唐要陳明仁「把老白扣起來」，向中共邀功。陳明仁內心天人交戰，掙扎許久不能決斷，只說：「我們打牌，今天不說這個。」實情是白對陳有恩，故陳實在下不了手。[62]直到白到衡陽後三天，陳才宣布起事，湖南接受中共八項和平條件，陳所部改為「中國國民黨人民解放軍第一兵團」。

程潛、陳明仁舉湖南投共，對白崇禧的華中防禦布局造成嚴重衝擊，不得不緊急應變。政府以代總統李宗仁名義發布命令，通緝程潛、陳明仁，並以國防部次長黃杰緊急接任湖南省主席，兼第一兵團司令官。[63]白崇禧派空軍戰機掃射叛逃的第一兵團部隊，並在長沙上空發放傳單，號召陳明仁所部反正來歸。到了八月七日，在白氏策動下，原第一兵團不願投共的四萬餘名官兵，成建制南下回歸國軍陣營。[64]林彪部共軍豈肯善罷甘休，在後緊追不捨。但白崇禧對此早有安排，已布好陣勢在等待。

X

且說林彪第四野戰軍所屬第四十九軍猛力追擊，結果一頭栽進白崇禧布好的陷阱。八月十二日上午，桂軍第四十六軍二三六師在永豐接應突圍來歸的第一兵團部隊，四野共軍在後面窮追不捨，二三六師掩護友軍，且戰且退，進入永豐近郊，一處叫做青樹坪的地方。這時擔任前線指揮官的第七軍軍長李本一，見到共軍已闖入預設口袋陣地，於是命令隱伏於附近的第一七一、第二二四師向青樹坪突進，包圍敵軍。入夜後，共軍以「人海戰術」，向口袋底的第二三六師發動連續衝鋒，試圖打破包圍圈，戰況一度危急。這時第三兵團山砲團發揮旺盛火力，空軍數架**P-51**戰鬥機也臨空助戰，壓制共軍反撲。

戰至八月十三日午間，華中兩翼部隊已經包抄至青樹坪南北兩側，白崇禧更續將控制於白菓市的第四十六軍兩個師投入青樹坪東面，阻擊共軍增援部隊，並對敗退的敵軍進行二次打擊。經過兩晝夜激戰，四野第四十九軍損失慘重，其參戰主力第一四六師幾乎全軍覆沒，死傷四千多人，被俘二千餘人，擄獲大小火砲四十餘門，步機槍三千餘

❻❷ 馬天綱、賈廷詩、陳三井、陳存恭（訪問、紀錄），《白崇禧先生訪問紀錄》，下冊，頁879-881。
❻❸ 「中央社消息」（1949年8月5日），《蔣文物》，典藏號：002-020400-00031-097。
❻❹ 軍事科學院軍事歷史研究部（編），《中國人民解放軍全國解放戰爭史》，卷5（北京：軍事科學出版社，1996年），頁342。

支。[65]蔣介石在日記裡也稱此役為「半年來連敗中之少（有）勝（利）」。[66]

青樹坪之戰也是林彪與白崇禧繼三年前四平街會戰後再次交手，林彪再度敗於白氏之手。毛澤東對於四野戰敗相當惱怒，稱白崇禧是「中國境內第一個陰險狡猾的軍閥」，[67]他告誡林彪、鄧子恢等人道：「白崇禧指揮機動，其軍隊很有戰鬥力，我各級幹部切不可輕敵」。[68]

自徐蚌會戰以來，中共百萬大軍渡過長江，解放軍長驅直進，國軍望風披靡，只有白崇禧所部，在湖南回戈一擊，大破林彪四野。在西方觀察人士眼中，白崇禧用兵靈活，麾下部隊也展現出驚人戰力，竟能在華中有效抵擋中共攻勢長達半年之久。[69]白崇禧在與蔣關係惡劣的極度不利局面下，以劣勢兵力和林彪大軍周旋，為政府爭取六個月的時間。然而國軍卻沒能利用這段寶貴時間重振旗鼓，國民黨反而陷入更嚴重的內部分裂之中。到此時，甚至連桂系內部也紛紛動搖，白崇禧的畢生志業面臨最嚴酷的挑戰。

---

[65] 這段青樹坪戰役的描寫，主要根據新任第一兵團司令官黃杰向蔣介石的報告：「黃杰致俞濟時電」（1949年8月19日），《蔣文物》，典藏號：002-090300-00201-053；三軍大學（編），《國民革命軍戰役史．戡亂》，第6冊：戡亂後期，上（台北：國防部史政編譯局，1989年），頁309-310。解放軍戰史稱四十九軍一四六師傷亡八百七十七人，見軍事科學院軍事歷史研究部（編），《中國人民解放軍全國解放戰爭史》，卷5，頁343；然而以此役後四野四十九軍幾乎未再擔任戰鬥主力的情況來看，該師傷亡程度決不只此。

[66] 「蔣中正日記」（未刊本），1949年8月31日，本月反省錄。

[67] 「軍委關於殲滅白崇禧部的部署」（1949年9月8日），《中共中央文件選集》，第18冊，頁454。

[68] 「軍委關於同意五個軍靠攏作戰給林彪等的電報」（1949年10月7日），中共中央文獻研究室（編），《建國以來毛澤東文稿》，第1冊（北京：中央文獻出版社，1996年），頁26-27

[69] Lloyd Eastman, Jerome Chen, Suzanne Pepper, Lyman van Slyke, *The Nationalist Era in China, 1927-1949* (London: Cambridge University Press, 1991), pp. 350-351.

青樹坪附近戰鬥經過圖

(民國三十八年八月十二日至十三日)

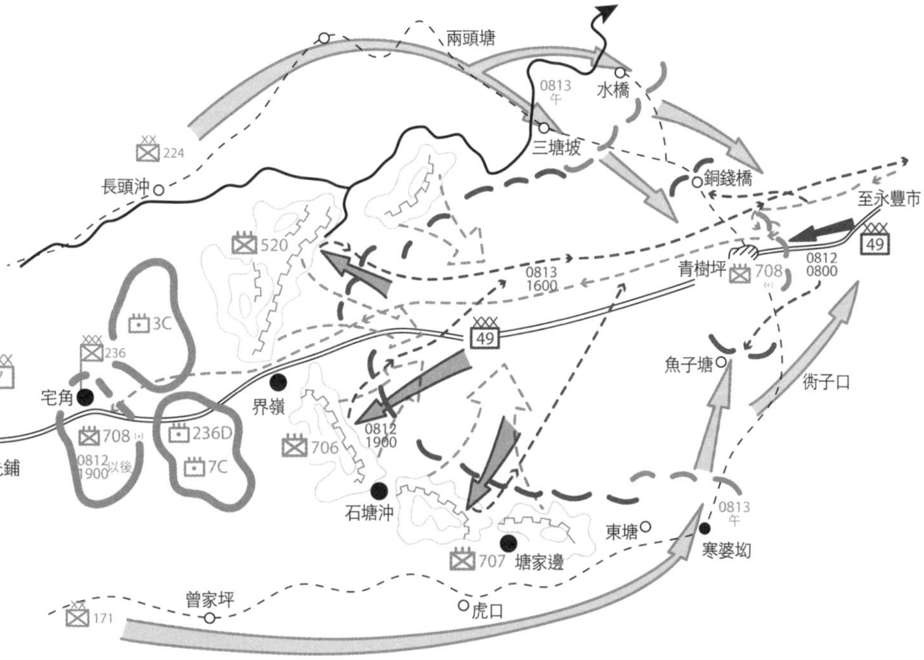

青樹坪附近戰鬥經過圖
出處：三軍大學（編），《國民革命軍戰役史．戡亂》，第6冊。

一九四九年八月三十日，白崇禧（中）至衡陽視察後留影，左一為海競強。

第十七章
向歷史交代

人生一世，歷史第一，我必對歷史有所交代，
生死利害，在所不計。
——白崇禧

一九四九年六月八日，前參謀次長、政府和談代表劉斐來到香港。這位深知國軍作戰機密情報的前桂系將領加入政府和談代表團後，許多人頓時驚覺：他很可能早就在為中共通風報信，才使得國軍在內戰中處處受挫。此時的劉斐不再是高級軍事幕僚，也非政府和談代表，他已經投靠中共，為北平做說客而來。

國府的情治負責人紛紛向蔣介石報告劉斐動向：劉斐在香港四處與國民黨人接觸，他曾託聯勤總司令郭懺在廣州找房屋安頓，而白崇禧則認為劉斐南下，事前顯然已徵得共方同意；劉又對吳鐵城表示，放眼前景，共產黨軍事絕對勝利；劉斐於十一日到廣州，暫宿總統府內，他公然表示「政府只有和戰拖三個辦法，和又不可能，戰又無

辦法，故在目前只有拖之一法」。❶「**劉斐由北平秘密回港，其必負有勾結桂系，賣黨降共之具體條件**，」蔣介石在日記裡寫道；當他聽聯勤總司令郭懺轉述，劉斐稱曾向李宗仁、白崇禧勸降，但遭到白氏堅定拒絕時，蔣不肯相信，認為「**此乃詭語，誰其信之？**」❷

劉斐此行，確實負有勸降任務：他秘密會晤李、白，勸兩人和蔣切斷關係，將蔣氏在幕後操縱政局的情形公開，而後將西南局面交給白崇禧，與中共達成和平，使西南免於戰禍。李宗仁聽了意為之動，對白崇禧說：「怎樣？你手中還有皇牌呢！」意指白氏手中尚有主力完整的廣西軍三個軍，可拿來作與中共談判的籌碼。

「如果白崇禧還想與中共妥協，則劉斐此次南來，是一個最後機會。」日後投向北京、在大陸為白氏作傳的桂系要員程思遠這樣寫道，他認為以白崇禧在此時舉足輕重的地位，「若能登高一呼，必然引起西南各省軍政首長的響應。」

但白崇禧毫不思索，對李宗仁說：「為章（劉斐）的想法過於天真，完全不值得考慮。」劉斐此行勸降不成，終於頹然而去。❸程思遠日後替白崇禧作傳，認為白對軍事局面也沒有把握，他之所以堅持不妥協，是為了向歷史交代，證明自己是一個始終如一的人。然而，程思遠卻沒有把白崇禧向歷史交代的真正原因寫出，要回答這個原因，須從此時廣州的政爭說起。

I

毛澤東在上海戰役結束之後，攻勢趨緩，並未急著向南方進軍，學者認為主因是擔心美國可能干涉，另外渡江後各部隊極為疲憊，需要休整，而中共幹部缺乏管理大城市的經驗，各沿海城市的秩序亟待恢復，也都是其中因素。❹而毛之所以不立刻發起攻取廣州的軍事行動，其實另有一個考量，那就是等待國民黨內部分裂。

國民黨內部確實難以團結。且說五月二十五日，上海失守，蔣介石與桂系李、白之間，旋即因為行政院長任命爆發新一波角力。

先是行政院長何應欽堅決請辭，李宗仁、白崇禧和廣東省主席薛岳、陸軍總司令張發奎等人會商，達成共識，希望由居正出來擔任閣揆，組織戰鬥內閣，挽救危急局面。居正是同盟會時就參加革命的國民黨元老，曾有反蔣紀錄，他表示願意同舟共濟，也希望白、張兩人鼎力相助，如出任閣揆，將任命白為國防部長、張發奎為參謀總長。薛岳為居正同意案大力奔走，爭取立法委員支持。❺

---

❶「鄭介民致蔣經國電」（1949 年 6 月 11 日），《蔣文物》，典藏號：002-080200-00660-055；「毛人鳳致蔣經國電」（1949 年 6 月 12 日），典藏號：002-080200-00660-059；「鄭介民致蔣經國電」（1949 年 6 月 14 日），典藏號：002-080200-00660-065。

❷「蔣中正日記」（未刊本），1949 年 6 月 11 日，上星期反省錄；6 月 19 日。

❸程思遠，《白崇禧傳》，頁 304。

❹朱宗震，〈一九四九年五月毛澤東的軍事部署——受美國制約的進軍〉，中國史學會、中國社會科學院（編），《近代中國與世界——第二屆近代中國與世界學術研討會論文集》，第一卷（北京：2000 年），頁 425-440。

❺胡志偉（譯註），《張發奎口述自傳》，頁 640-641。

五月二十九日，李宗仁致電蔣介石，稱「何同志堅辭行政院長，無法挽回」，準備以居正繼任；為免蔣氏掣肘，李不等蔣的回覆，便逕將提名居正案送交黨中常會通過。[6] 蔣得報以後相當震驚，在日記裡斥罵居正「**投桂賣黨**」，反對由他組閣，[7] 當日蔣緊急致電黨秘書長鄭彥棻，稱「居先生任行政院長極不相宜」，要求黨籍立法委員在行使同意權時，投下不同意票。由於三十一日立法院就將行使同意權，似乎已來不及阻止此案通過，蔣為此極為憂慮，徹夜未能安睡。[8]

三十一日，立法院為居正出任行政院長案行使同意權，結果同意票數竟然以一票之差，未能過半通過。[9]「**昨日桂李提居案最為毒辣，其必欲徹底毀滅革命基本，毫不忌憚矣。所可痛者，本黨中央幹部皆袖手旁觀，視若無睹，**」蔣氏在得知投票結果後，於日記裡這樣寫道，「**更覺李、白之用心害陷及其人格之卑劣，居、于（右任）之投桂賣黨更為可恥。**」他立刻聯繫此刻正在廣州的太原綏靖公署主任閻錫山，「如李代總統請閻先生擔任行政院長時，務望勉允其請，萬勿謙辭。」[10]

自辛亥革命開始，閻錫山一直是山西的實質統治者，他在三月底應李宗仁召請，搭機飛離深陷共軍重圍的省會太原，到首都南京就和談問題交換意見。太原在四月二十四日被共軍攻陷，閻錫山便跟著政府遷到廣州，並充當調人飛往桂林，勸李宗仁到廣州主持政府。閻錫山曾與李宗仁共同反蔣，他的資歷和份量都足以和李宗仁相提並論，又長期和蔣介石保持良好關係，李難以拒絕，因此蔣氏決定幕後運作，讓閻組閣。[11]

李代總統這方面，居正任命案沒能通過，有部分立委向他建議提名白崇禧，組成軍人內閣，張發奎等則主張重新提名居正。李宗仁認為白氏是最適合的前線主帥人選，不宜內調，而閻錫山為人機警圓滑，以他出掌政院，容易被蔣接受，他未和白、張等人商量，逕直改提閻錫山。[12] 居正同意案投票日當天，程思遠、韋永成等三位廣西立委滯留香港，竟未參加投票，李又獨斷專行改提閻任閣揆，張發奎得知此事後怒不可遏，認為李表裡不一，行事欠缺決心：「李宗仁的舉止真是深不可測。白崇禧、薛岳與我都被驚呆了。」⑬

六月三日，立法院以高同意票數，通過閻錫山成為行政院長，一場憲政危機暫告解除。但國防部長爭奪戰隨即登場，讓白崇禧踏入暴風圈中。

⑥「李宗仁致蔣中正電」（1949 年 5 月 30 日），《蔣文物》，典藏號：002-020400-00031-040。

⑦「蔣中正日記」（未刊本），1949 年 6 月 1 日。

⑧「蔣中正致李宗仁電」（1949 年 5 月 30 日），《蔣文物》，典藏號：002-020400-00031-042；「蔣中正致鄭彥棻電」（1949 年 5 月 30 日），典藏號：002-010400-00013-015；「蔣中正日記」（未刊本），1949 年 5 月 31 日。

⑨「黃旭初日記」（未刊本），1949 年 5 月 31 日。

⑩「蔣中正日記」（未刊本），1949 年 5 月 31 日、6 月 1 日；「蔣中正致閻錫山電」（1949 年 6 月 1 日），《蔣文物》，典藏號：002-020400-00031-044。

⑪劉維開，《蔣中正的一九四九》，頁 191-196。

⑫唐德剛（撰寫），《李宗仁回憶錄》，下冊，頁 889。

⑬胡志偉（譯註），《張發奎口述自傳》，頁 642。

II

杭州會談之後，政府為了因應情勢變化，將參謀總長改為國防部長之幕僚長，軍政與軍令一元化，國防部長地位顯得極為重要。桂系對這一職位勢在必得，而蔣介石則堅不放手，雙方都想藉此位置掌握軍隊。[14]

阻止對方遂行戰略部署，是掌握軍隊的重要目的。蔣、白雖然都想要保存實力，但蔣以上海吸引共軍，爭取時間退保台灣，而白想要聯合廣東，守住西南半壁江山，雙方戰略構想大不相同。[15] 六月四日，蔣在日記中檢討上海保衛戰，指責「**白崇禧如不強制湯部主力西移皖南，則不惟無此重大損失，而且保衛上海之戰亦必全勝矣；**」[16] 七日，蔣派往廣州傳話的秘書曹聖芬返回報告，預定出任財政部長的徐堪表示：「人事上如以X系擔任國防部長，則渠將在心理上首先感受威脅，而無法完成任務。」所謂「X系」，指的正是桂系白崇禧。蔣因此在隔日致電閻錫山，指示國防部長一職，如果徐永昌、何應欽都不願意接任，則由閻本人兼任，目的在於阻止白崇禧出掌國防部。[17]

六月十一日下午三時，國民黨召開中央政治與常務委員聯席會議，本次會議目的有二，一是確認非常委員會案，二要通過閻錫山所提各部會首長名單。李宗仁在會中多次起立發言，認為國防部關係極重，如果由閻院長兼任，「易成虛懸」，還是由白崇禧為國防部長最為相宜。李代總統又表示：「總裁經表示對人選無意見，吾人不宜妄為忖測，此非忠於總裁之道。」如果需要白崇禧擔任，白允不避艱苦。此話一出，與會眾人紛紛發言反對，氣氛一度緊張。會議最後仍決議，將閻院長所提閣員名單全數通過。[18]

李宗仁心裡清楚：閻錫山兼任國防部長，是遵照蔣介石的安排。蔣不點頭，白就無法出掌國防部。李準備和閻錫山聯名致電蔣，保薦白崇禧出任國防部長，但被閻拒絕。這時吳忠信將飛赴台灣見蔣，行前謁見李代總統，李表示，白已答允出任國防部長，如能順利出任，相信能有所成就。吳忠信聽後說道：「在現在環境下，健生當國防部長是做不通的，必須疏通，最要緊還是疏通官兵。」李不悅地表示，何須疏通官兵，「疏通蔣先生可矣。」[19]

自〈談話紀錄〉風波之後，蔣介石離開上海，「遯世遠引」，座艦在海上漂流十多日，不與外界聯繫，直到五月下旬才抵達台灣高雄。自此之後，蔣氏便以台灣為主要活動地點。[20]無論此時蔣的主觀意向為何，他以桂系在台前掩護，退守台灣的趨向已經非常明顯。

---

[14] 陳佑慎，《國防部》，頁 332-334。

[15] 梁升俊，〈解放前夕李、蔣爭權奪利，李、白內部矛盾片段回憶〉，《新桂系紀實》，下冊，頁 332。

[16] 「蔣中正日記」（未刊本），1949 年 6 月 4 日，上星期反省錄。

[17] 「曹聖芬致蔣中正電」（1949 年 6 月 7 日），《蔣文物》，典藏號：002-020400-00031-051；「蔣中正致閻錫山電」（1949 年 6 月 8 日），典藏號：002-020400-00031-052。

[18] 《吳忠信日記》，1949 年 6 月 11 日；「鄭彥棻致蔣經國電」（1949 年 6 月 11 日），《蔣文物》，典藏號：002-020400-00031-054。

[19] 《吳忠信日記》，1949 年 6 月 13 日；「鄭彥棻致蔣經國電」（1949 年 6 月 13 日），《大溪檔案・黨務類》，黨史館藏，檔號：028/002。

[20] 劉維開，《蔣中正的一九四九》，頁 138-144。

III

七月初，白崇禧召集桂系文武官員到長沙商討局勢。與會眾人都認為，蔣「只保台灣與海南島，把持存款及海空軍以待將來之變，至大陸能守至何時則聽其自然」。蔣已引退，故不需維持法統，「唯一辦法為用手中錢以扼死中央，尤其桂系」。面對這種情況，桂系應該繼續力爭國防部、外交部，以調整部署，爭取美援。華中的桂軍主力應調入廣東，在湘南進行決戰，以保衛臨時首都廣州，但軍隊調動需要國防部下令，因此掌握國防部為形勢所必須。[21]

為應付當面之敵，華中長官公署命令鄂西宋希濂兵團，以有力一部建立防線，阻止共軍沿沙市、常德之間公路威脅四川、湖南，而以主力向湖南華中部隊靠攏，掩護大軍左翼。[22]

但上述措施，皆與蔣介石的部署牴觸。蔣不願見到兩廣軍人連成一氣，他保衛廣州的計畫，則是將三月間從青島撤退的劉安祺兵團由海南調來，死守廣州孤城。蔣又命宋希濂兵團全軍西移，掩護四川，結果造成湘西門戶洞開，使白崇禧極為不滿。[23] 七月十四日，蔣從台北飛廣州，親自主持非常委員會第一次會議，決定以台灣省主席陳誠為東南軍政長官，統轄福建、浙江、廣東、台灣、海南島，程思遠認為蔣氏此舉，意在阻擋白崇禧退入廣東。[24] 十七日，白從前線返抵廣州晉見蔣氏，討論保衛華中戰略。蔣對白表示，兩人戰略須一致，如此美援才有希望。[25] 然而從蔣實際做法看，兩人戰略實在難有交集，更遑論一致。這天蔣的日記裡對於「戰略」隻字未提。「**下午白健生來談約一小時。**」蔣寫道，當白提起劉斐來港時曾說，蔣的心腹張治中飛北平和談，結果一去不

返，並非遭到中共扣留，乃是自願投共，蔣即發怒，斥責白「**為共匪所迷**」。㉖

蔣、白之間對國防部長一職，持續相持不下，華中部隊遲遲無法開入廣東。李代總統於七月二十六日飛往衡陽，與甫在長沙脫險歸來的白崇禧晤談（**白氏遇險一節，參見第十六章「青樹坪之戰」**）。衡陽正面軍情緊急，白崇禧數度敦促李代總統向蔣力爭，李宗仁因於七月二十八日飛抵台北見蔣，極受蔣氏禮遇。訪台期間，李曾提及由白氏出任國防部長的建議，但蔣氏回以白之所以不能擔任此職，是因為胡宗南、宋希濂兩位將領反對。㉗李回廣州後，派信使勸白，稱國防部長問題，「應稍（**任其**）自然，不必過急。」㉘

八月初，程潛、陳明仁投共，湖南局面急轉直下，華中部隊承受巨大壓力，形勢空前險峻，白崇禧部隊如果不能開入廣東、海南島，是否能以貴州、雲南作為大後方？

㉑「黃旭初日記」（未刊本），1949 年 7 月 2 日；程思遠，《白崇禧傳》，頁 306。
㉒三軍大學（編），《國民革命軍戰役史・戡亂》，第六冊：戡亂後期，上，頁 239。
㉓「宋希濂致蔣中正電」（1949 年 7 月 28 日），《蔣文物》，典藏號：002-090300-00200-010。
㉔程思遠，《白崇禧傳》，頁 307。
㉕「黃旭初日記」（未刊本），1949 年 7 月 18 日。
㉖「蔣中正日記」（未刊本），1949 年 7 月 17 日。
㉗程思遠，《白崇禧傳》，頁 307；唐德剛（撰寫），《李宗仁回憶錄》，下冊，頁 892。
㉘「黃旭初日記」（未刊本），1949 年 7 月 30 日。

IV

第十兵團司令官徐啟明在八月初應白崇禧召到衡陽會商局勢，討論之後計畫。這時程潛、陳明仁已經投共，敵我兵力懸殊。華中雖然名義上轄有四個兵團，連同廣西民團，號稱三十萬眾，但是其中有戰力的部隊，只有第三兵團的第七、第四十八軍，以及第十兵團的第四十六軍。區區這三個軍，想要抵擋劉伯承、林彪、陳毅三個野戰軍、百萬大軍的猛烈進攻，極其困難。

白崇禧在會上宣示：眼前華中部隊有兩條路走，一是退回廣西，不得已的時候退往雲南，另一條路則是經由廣東，退守海南島。然而如果退回廣西，糧彈補給將成問題；開入廣東，又與蔣總裁的部署衝突。白崇禧一向智計百出、謀定而動，但是徐啟明發覺此刻他焦慮困頓，徬徨難以決斷。「健生以前處理任何事情，採取任何抉擇，都很迅速地採取最有利的意見，但此時我發現他很徬徨，有不知要如何決定之感。」[29]

白最後決定兩路並舉：以桂軍主力在湘南、粵北與林彪決戰，確保廣東一路，同時以華中部隊開入雲南，鞏固西南退路。八月十一日，白崇禧致電蔣介石，當面陳述共軍劉伯承、林彪兩大野戰軍，加上陳毅一部，共二十五個軍，正朝向贛南、湘南壓迫而來，華中長官公署決心在湘南打擊共軍，然而白可調動的兵力只有六個軍，而廣東境內則控有七個軍的兵力，因此他請求蔣氏，廣東國軍與其消極不動，不如先抽調北上，與華中大軍合兵一處，先擊潰共軍後再回防廣州。「誠以湘南作戰，即間接為廣州保衛戰。」如果湘南失敗，廣州孤城難守，很可能將重蹈上海失敗的覆轍。[30]

「對於兄之作戰意見，甚佩。」蔣氏回電時，先客套一番，接著委婉表示：「原定保衛廣州各軍任務如常不改以外，其餘兵力則可加入湘南作戰。」實際上回絕了白的請求。蔣更認為此時在湘南決戰無必勝把握，他主張應待共軍深入廣東，再從側背襲擊。㉛

青樹坪一戰，華中國軍告捷，白再次致電蔣，申明這時正是國軍將湘江以東、長江以北共軍各個擊破、分股圍殲的大好良機，請調廣東國軍北上增援；㉜但蔣不但不予採納，反而認為白企圖「**脅制中央在粵各軍作無謂之犧牲。凡其可以消滅中央力量之勾當，無所不用其極**」。㉝華中公署原定八月二十日，乘四野共軍新敗、北方籍士兵長途跋涉、水土不服之機會，在湘西發起反擊，日後國軍戰史即指出，「此項乘戰勝氣勢，發揮攻擊精神，擴張戰果，其戰略著眼，正確可嘉。」可惜兩翼友軍不奉調遣，未能趁林彪部隊陷入疲病之時擴大戰果，進而扭轉全局。㉞

而在雲南這一路，蔣更力阻白揮軍入滇。

㉙ 陳存恭（訪問、紀錄），《徐啟明先生訪問紀錄》，頁 145-147。
㉚ 「白崇禧呈蔣中正電」（1949 年 8 月 11 日），《蔣文物》，典藏號：002-020400-031001-075。
㉛ 「蔣中正致白崇禧電」（1949 年 8 月 17 日），《蔣文物》，典藏號：002-020400-031001-075。
㉜ 「白崇禧呈蔣中正電」（1949 年 8 月 19 日），《蔣文物》，典藏號：002-090300-00200-024。
㉝ 「蔣中正日記」（未刊本），1949 年 9 月 18 日。
㉞ 三軍大學（編），《國民革命軍戰役史．戡亂》，第 6 冊：戡亂後期，上，頁 326-327。

V

九月二日，白崇禧飛貴陽，在機場會晤貴州省主席谷正倫。白氏此行，準備布置以武力解決雲南問題。白預備先以駐貴州的第八十九軍開入雲南，是為第一階段；第二階段，將雲南籍桂系將領魯道源率領的第五十八軍，分別由湘西、湘南各地集中，以飛機空運到昆明。白崇禧同時致函蔣介石，告知此項行動，表示「雲南為今後反共之基地」，其政局安定「必須求得合理之根本解決」。[35]

在廣州，李代總統為配合白的行動，要求行政院委任魯道源為雲南省主席；與此同時，李宗仁還要求行政院長閻錫山辭去國防部長兼職，改由白崇禧擔任，否則李將免其部長兼職。按憲法規定，總統發布命令，需有行政院長副署，方能生效。閻錫山拒絕辭去國防部長兼職，並稱萬一代總統將他免職，他身為行政院長將不副署，命令不生效力；閻錫山對於雲南省政府的人事改組也不贊同，不過，或許為了避免府院徹底破裂，他答應副署魯道源的任命。[36]

蔣介石此時正駐節重慶部署西南防務，他獲悉白崇禧的行動之後，立即採取反制。九月三日，蔣以俞濟時名義致電參謀總長顧祝同，要求顧從速秘密任命谷正倫為滇黔剿匪總司令，全權處理貴州、雲南兩省軍政，並關照交通部，切實管制各航空公司，勿使白氏得以順利集中、僱用飛機。[37]蔣的黃埔一期廣西學生甘麗初此時擔任桂林綏署副主任，蔣氏將甘麗初召至重慶，表示對雲南處置還需要詳加考慮再定，囑甘先對白崇禧保密。[38]

雲南自從一九四五年十月杜聿明以武力強行改組省政府、迫龍雲辭職之後，一直由龍雲舊部盧漢主政。盧漢原來對政府態度曖昧，已暗中透過龍雲與中共接觸，在得知白崇禧調兵入滇計畫以後，非常惶恐，派代表到重慶，請求晉見蔣總裁。蔣氏對盧漢代表表示，只要盧漢答應反共反龍雲、驅逐親共份子、取締反動報刊，即予維護。[39]

九月七日，盧漢由昆明飛抵重慶，蔣與盧漢談話兩小時，不但允諾撤銷魯道源任命案，更答應給予財政接濟，並為盧漢擴充兩個軍。此時閻錫山奉李代總統之命飛抵重慶，要求蔣扣押盧漢，不使其返回雲南，但被蔣拒絕。蔣氏也明白此舉必定不為李、白諒解，「但雲南實為國家存亡，革命成敗之最後關頭，如其能不血刃而能和平爭取，殊為最大之幸事」他在日記寫道，「但此不能為政府明言，否則反對者，尤其桂系必以余為獎惡欺善，更增其誹謗之口實」。[40] 九月十一日，蔣氏安撫盧漢的布置完成，於是正式致函白崇禧，稱「盧永衡（盧漢字）兄今願自動起而清共，且求徹底解決，此乃吾人之所切望也。」然後派甘麗初回衡陽向白報告一切。[41]

---

35 「黃旭初日記」（未刊本），1949年9月2日；「蔣中正致白崇禧函」（1949年9月11日），《蔣文物》，典藏號：002-020400-00032-026。
36 《吳忠信日記》，1949年9月4日；葉健青（編），《事略稿本》，第81冊，頁537。
37 「俞濟時奉命致顧祝同電」（1949年9月3日），《蔣文物》，典藏號：002-020400-00031-139。
38 葉健青（編），《事略稿本》，第81冊，頁539。
39 陶晉生（編），《陶希聖日記：1947-1956》，上冊（台北：聯經出版，2014年），頁270。
40 「蔣中正日記」（未刊本），1949年9月7日。
41 「蔣中正致白崇禧函」（1949年9月11日），《蔣文物》，典藏號：002-020400-00032-026。

桂系控制雲南的計畫，至此被蔣阻止，無法繼續進行。黃旭初以電話向白崇禧說：「蔣現正企圖（以）雲南為最後根據地，不願滇入桂人之手，極力破壞我之計畫。」[42]經此次失敗，桂系痛感因為沒有軍令權在手，致使部署多遭掣肘，更著力於爭取國防部長一職。蔣認為局勢嚴重，因而有廣州十日之行。

VI

「如白必欲爭取國防部，則國軍內訌必起，」九月九日，蔣介石在日記研判：「彼除奪取美援以外，必以徹底毀滅本黨所有基本部隊為目的，此不能不為之防制。」[43]白崇禧之前曾任首任國防部長，然而這時欲重作馮婦，遭到蔣氏全力阻撓，背後原因，在於蔣對白猜忌極深。閻錫山對徐永昌說，白崇禧一旦接掌國防部，「必至免胡宗南、免湯恩伯、甚至免陳辭修，蔣先生如抗不令交代，竟下令通緝蔣，以爭取正統，皆能做到。」[44]

九月二十二日，蔣自重慶起飛，先降落昆明與盧漢會談，接著抵達廣州，商討保衛華南戰略。蔣此番來廣州，事前頗費思量，他對待政府軍政大員，態度各有不同，對薛岳、余漢謀頗為嚴厲，對李宗仁、白崇禧則動之以情、軟硬兼施。對於李代總統要求由白崇禧出任國防部長，蔣表示他兩個月來分頭徵詢將領意見，發現「百分之八十以上不贊成」，所以主張先在非常委員會下設立軍事小組，由蔣本人和白共同負責，使各將領安心。[45]

但是蔣的這些做法，李宗仁不能接受，兩人之間談話，極不投機。九月二十六日下午，蔣召見閻錫山、張群、吳忠信等人，研究國防部長問題。蔣說及上午與李代總統晤談時，李仍然堅持由白崇禧出任國防部長，蔣則表示如果現在白擔任部長，將領必反對。

「有反對者，可以辦他。」李宗仁表示。

「新疆、綏遠、寧夏獨立，有何方法去辦他們？」蔣氏回答。

「為何獨立？」李反問。

「是政策關係。」蔣答，意指李、白部署失當，使得西北國軍退路被切斷，致使各將領反對白崇禧。李沉默以對。[46]

晚間白崇禧晉謁時，蔣氏的態度卻截然不同。「**七時半，健生親自來談彼願就國防部長之真意**。」白願意再任國防部長，究竟「真意」為何，蔣並沒有記下，但推測白氏應是向蔣說明目前急需採取協同戰略，才能有效抵禦共軍南下，而他願意擔任野戰軍總指揮。蔣則剴切回答：「**余告以將領心理與環境事實皆非其時，**」必須先在黨內非常委員會軍事小組共事一段時間，使將領安心，蔣又重提自己一月下野，認為是白氏的兩通

42 「黃旭初日記」（未刊本），1949年9月9日。
43 「蔣中正日記」（未刊本），1949年9月9日。
44 《徐永昌日記》，第9冊，頁417。
45 《吳忠信日記》，1949年9月23日。
46 《吳忠信日記》，1949年9月26日、27日。

電報所逼成，「故此種遺憾，決非一時一語所能消除也。」蔣說白崇禧聽了這番話後，「彼知我之決心已定，故不再要求，未知其今後之行動與心理如何耳。」[47]

根據白崇禧憶述，當天蔣氏係以異常懇切的態度，向白表示：「中國現在不能無我，也不能無你，願共同來支持這個艱難的局面。在過去革命過程中，我得到一個歷史的教訓，就是我們兩人團結一致，事業必定成功。北伐所以完成，抗戰所以勝利，都是我們攜手合作的成果。今後環境日趨困難，但如果我們兩人同德同心，並肩奮鬥，終必突破難關，完成反共建國的任務。」這段話不但回顧兩人過去合作奮鬥的歷史，更展現將來與白氏合作的誠意。

接著蔣更向白說明自己的戰略部署，這正是白急切希望知道的：「以胡宗南部捍衛川北。宋希濂部屏障川東。華中所轄的黃杰兵團調援貴州，策應宋部作戰；其餘張淦兵團、徐啟明兵團、魯道源兵團則分防黔湘桂邊區。至保衛廣州，已令劉安祺兵團除以卅二軍留守海南島外，其餘兩個軍都調到粵北防衛。」最後，對於國防部長問題，蔣表示：「我現在準備先在非常委員會設立三人軍事小組，由你和百川（閻錫山）、墨三（顧祝同）組成，專管有關作戰事宜，一俟西南局勢穩定，再把你調任國防部長。」[48]

白崇禧聽後相當振奮，他返回衡陽防地後對左右說：「蔣先生對我很好，很客氣，他說過去北伐勝利，是我和他合作的結果。現在，局勢雖然困難，但我們還擁有陝、鄂、湘、川、贛、閩、粵、桂幾省，胡宗南、宋希濂兩部主力仍然完整，如果我們兩人再度合作，國事仍大有可為。」[49]

蔣、白對這次談話的回憶，可以相互印證，若合符節，但兩人側重之處不同：蔣之目的在遏阻白掌國防部，而白則注重蔣氏願與他合作的誠意。蔣下野之後，如此懇切的與白晤談，這還是首次，白感動之餘，乃同意等華中戰事告一段落之後，再進入軍事小組、出掌國防部。由於張群與王世杰皆主張由白崇禧立即出任參謀總長，方能維持局面，蔣雖不贊成，但為了向白顯示決心，命參謀總長顧祝同辭職，由次長蕭毅肅先行代理。然而實際上顧氏並未離職，仍舊忠實執行蔣的意旨。[50]

這一番人事安排，白長官既已首肯，李代總統也就無話可說，「**彼即同意，毫不勉強，**」蔣氏放下心中大石，「**此乃出乎意料之。於是月來最難問題得告段落，但尚未解決耳，感謝天父。**」[51]

蔣介石暫時擋下桂系對國防部長的爭取，於十月三日搭機飛返台北。然而「（蔣）此行留穗十日，所有較重大問題都未得解決，」吳忠信在日記嘆道：「當此粵北、湘南大會戰爆發前夕，總裁究竟意旨何在，同人不得而知。」[52]所謂總裁意旨，似乎指蔣氏復出與否的問題。此時距離廣州撤守，只剩下十餘日。華中白崇禧部隊終究未能進入廣州。而國防部長之爭尚留有一段尾聲，更與蔣總裁是否復出、李代總統是否退位等問題，產生莫大牽連。

---

47 「蔣中正日記」（未刊本），1949 年 9 月 26 日。

48 「黃旭初日記」（未刊本），1949 年 9 月 30 日；黃旭初，《李宗仁、白崇禧與蔣介石的離合》，頁 363；程思遠，《白崇禧傳》，頁 308。

49 梁升俊，〈解放前夕李、蔣爭權奪利，李、白內部矛盾片段回憶〉，《新桂系紀實》，下冊，頁 334-335。

50 「蔣中正日記」（未刊本），1949 年 9 月 29 日；《吳忠信日記》，1949 年 9 月 30 日；郝柏村，《郝柏村解讀蔣公日記》，頁 442。

51 《吳忠信日記》，1949 年 9 月 29 日；「蔣中正日記」（未刊本），1949 年 9 月 29 日。

52 《吳忠信日記》，1949 年 10 月 3 日。

廣州市各界向白長官致敬，贈送錦旗。然而蔣與白部署不能一致，白部始終未能開進廣州。

VII

十月一日，毛澤東在北京天安門城樓上，以略顯緊張而尖銳的聲音，宣布中華人民共和國成立。而在廣州，政府眾人猶自計議未定，中共大軍已經迫近嶺南。蔣介石對保衛廣州費心部署多時，但包括劉安祺兵團在內，各軍全無鬥志，與共軍接戰，不是一觸即潰，就是望風而走。十月十日是民國三十八年國慶日，廣州城郊已聞砲聲。十月十二日，行政院宣布遷往重慶辦公。南京撤守時，各國使館大多派員跟隨；但這次廣州撤退，則沒有任何國家隨政府遷移。[53] 十月十五日，解放軍列隊行軍，進入廣州通衢；中華民國的國運，陷入最黑暗危急的階段。

華中白崇禧部十萬人數月以來一直守在湘粵邊境，之前計畫退守粵北、用兵雲南，都未能成功，如今共軍已經攻入廣東，白部退路有被截斷的可能。華中軍政長官公署由衡陽遷設桂林。「健生遇到他平生最難解決的問題，」徐啟明奉召於十月初到桂林開會，發現白舉棋不定，不知該退往廣東或貴州，徐啟明在會中力主不顧一切，全軍退往越南，「可是健生仍不敢採納，猶豫中仍想守住廣西。」[54]

實際上，白之所以想守住廣西，是因為此時美國方面終於傳來願意援助的消息。抗

[53] 董顯光，《蔣總統傳》，頁 540，引自劉維開，《蔣中正的一九四九》，頁 234。
[54] 陳存恭（訪問、紀錄），《徐啟明先生訪問紀錄》，頁 148-149。

戰時組織「飛虎隊」來華助戰的陳納德（Claire Lee Chennault）於十月十五日到台北晉見蔣總裁，表達希望援助白崇禧對抗中共的意願。蔣氏雖然對於陳納德援助桂系頗不情願，還是故作大度表示自己不會阻攔。「據陳納德將軍來談，美國有若干熱心反共之人士，願以捐款贈與白長官健生所部，」他隨即致電李代總統和閻錫山院長：「中（正）除對此輩人士之反共熱情表示嘉許外，並已囑陳納德即逕謁兩公請示矣。」[55]

陳納德並沒有對蔣透露，美方援助白崇禧的行動實際上由情報機關策動。美國兩名情報人員艾佛瑞德・考克斯（Alfred Cox）和馬爾孔・羅斯賀特（Malcolm Rosholt）隨即攜帶在香港兌換的現金，搭乘一架C-46運輸機飛抵桂林。此次援助白崇禧部隊的金額，至今仍然被中央情報局列為機密，美方藉由此次援助，評估白部的前景。他們認為至為黯淡，「時間正在流失。」[56]

白氏最後決定，華中國軍退回廣西，各以兩個兵團確保廣東、貴州退路。白以桂軍最後力量的第七、第四十八兩軍斷後。十月六日拂曉，第七軍在衡陽以北發起反擊，迫使當面敵軍局部後撤，打亂其全面攻勢，大軍脫離戰鬥，敵前成功撤退。[57]可是，第七軍戀戰而過遲後撤，八日於邵陽近郊遭遇解放軍一部阻擊，隨即被圍，結果桂軍四個師遭受重創，第七軍軍長李本一僅以身免。[58]

至十一月三日，華中各軍都已退入廣西。這些部隊經過數月以來連續激戰，人員與設備嚴重折損，亟需整備恢復。有鑑於此，白崇禧於十月中旬在桂林召開全省軍事會議，宣示嚴格實施總體戰。白氏將全省分為七個軍政區，以桂系中高級幹部出任正副司令官，以每村徵一兵一槍為原則，各區負責籌集一至二萬人槍，預計編成十個步兵師，各新編師由軍政區司令官擔任師長。白氏表明各軍政區的任務是自力更生、獨立作戰。其中，桂南軍政區必須集中主力確保海口交通線，準備接受美國援助，而其他各區則堅壁清野，展開游擊戰，以牽制共軍。儘管幹部、械彈兩缺，加上時間緊迫，至十一月下旬，仍然成立了四個新編師，除了撥補第七軍之外，另外還編成新的第一二五軍。[59]

然而白長官除了前線軍情外，更須兼顧重慶政局。李宗仁自任代總統以來，劃江分治不成，軍隊指揮不靈，內閣不聽號令，美援遲遲未至，而蔣介石迄仍在幕後操縱一切，內外受制之餘，胃病復又加劇，便有引退出國就醫的念頭。此前白崇禧於九月二十五日在廣州晉見蔣氏時，便曾提到「李代總統可將代字去了，仍為副總統，請蔣復總統位。」[60]但蔣當時不置可否。政府遷重慶之後，李對於蔣遲不到重慶，一切急務都沒有著落，感到萬分焦慮，「設法出國醫病以說美援我」的盤算日見具體。[61]

與此同時，蔣介石則謀重新出山，站在台前指揮全局。蔣與左右幕僚商討應否復

[55] 「蔣中正致李宗仁等電」（1949 年 10 月 18 日），《蔣文物》，典藏號：002-020400-00043-067。
[56] Kevin Peraino, *A Force So Swift: Mao, Truman, and the Birth of Modern China, 1949* (New York: Crown, 2017), pp. 218-220.
[57] 三軍大學（編），《國民革命軍戰役史．戡亂》，第六冊：戡亂後期，上，頁 329。
[58] 「黃旭初日記」（未刊本），1949 年 10 月 14 日；張文鴻，〈白崇禧敗回廣西與華中部隊被殲經過〉，《新桂系紀實》，下冊，頁 246；王光倫、趙子立，〈新桂系部隊被殲記〉，《文史資料存稿選編．軍事派系》，下冊，頁 295；軍事科學院軍事歷史研究部（編），《中國人民解放軍全國解放戰爭史》，卷五（北京：軍事科學出版社，1996 年），頁 381。
[59] 韋瑞霖，〈新桂系崩潰前夕在廣西的反動措施〉，《文史資料存稿選編．軍事派系》，下冊，頁 300-302；三軍大學（編），《國民革命軍戰役史．戡亂》，第六冊：戡亂後期，上，頁 384-385。
[60] 《吳忠信日記》，1949 年 9 月 25 日；「蔣中正日記」（未刊本），1949 年 9 月 25 日。
[61] 「黃旭初日記」（未刊本），1949 年 10 月 14 日。

這是白崇禧與蔣介石在大陸上最後一張合照。軍事局面空前嚴重，
李代總統一去不返，蔣、白兩人臉上皆是苦笑。（國史館提供）

出，他認為「只問應該不應該再起，不能問再起後之利害得失。」蔣的幕僚也大多贊同其復出主政，但是應求得李、白的諒解，蔣於是決定，對復職採被動態度，「必須李仍自動退職，出於至誠，不使內部分裂也。」[62] 蔣的親信如吳忠信等人，開始就蔣復出一事，徵詢李、白態度。

在吳忠信看來，此時李宗仁有意知難而退，正是蔣復出的良機。十月二十七日，白崇禧飛往重慶會商局勢；二十八日夜，吳忠信託交通部長端木傑往訪李代總統，探詢「將來蔣來渝關於復位總統事，如何說法？」李回答：「總裁如何說，我即如何遵辦」。[63] 隔日，白致電蔣，以時局嚴重，請求總裁早日到重慶主持大局。[64] 吳忠信則於同日對白崇禧表示：「如總裁出山，必定要請你幫忙，」似乎暗示蔣如復位，白將有大用，或能出任國防部長，吳在日記裡寫道，白氏聽了這話，甚喜。[65]

到此，重慶政界都認為白崇禧表態擁護蔣介石復出，只待蔣到重慶，大事可成。然而這時的蔣氏卻在日記中痛斥白崇禧，用詞之激烈，前所未見。

---

[62]「蔣中正日記」（未刊本），1949 年 10 月 18 日。

[63]《吳忠信日記》，1949 年 10 月 28 日；「洪蘭友致蔣中正電」（1949 年 10 月 29 日），《大溪檔案 · 黨務類》，黨史館藏，館藏號：大黨 028/035。

[64]「白崇禧致蔣中正電」（1949 年 10 月 29 日），《蔣文物》，典藏號：002-020400-00029-095。

[65]《吳忠信日記》，1949 年 10 月 29 日。

VIII

一九四九年十一月二日，蔣在日記寫道：

白崇禧昔對余之毀滅方式不僅誹謗誣衊，而且公然造謠，以白為黑，以無為有，是非倒置，功過混淆，投機取巧，寡廉鮮恥，其惡毒陰險有過於共匪之借刀殺人者。黨國不幸生此奸回，蒼蒼者不知將何止極耶？

當時西南軍政副長官胡宗南飛抵台北，晉見蔣氏商討戰況與政情。胡向蔣報告十月底在重慶時與白崇禧談話情形。「彼對白之卑劣言行，挑撥離間本極鄙視，而白亦竟用其醜態向其施用，」蔣繼續寫道：「可知其已不擇手段，不知可否，不問親疏，而一意倒行逆施，非毀滅中正不足以甘其心矣。」66

蔣氏對白崇禧這樣恚怒激烈的批評，可說是突如其來，因為在整個十月，蔣、白之間往來文電裡，找不到兩人衝突的蛛絲馬跡。十月初，因為李代總統與行政院長閻錫山衝突劇烈，蔣請白約集張群、徐永昌、朱家驊、劉士毅等人，共同協調府院。「僉謂府院應精誠團結，凝為一體，惟職權上應依法相互尊重，」白崇禧在致蔣電文中表示：「職已向代總統婉陳。」67 十月中旬，蔣得知廣州撤守，華中戰況緊張，乃致電白氏，說自己「無任繫念，望隨時電告，以慰懸慮。」68 十月二十一日，蔣更勉勵白，「重作苦撐到底之方案，以迎接再惡劣場合之到來。深信最後之勝利，必歸於吾人也。望兄積極進取，共挽此既倒之狂瀾也。」69 難以看出字裡行間有指責嗔怪之意。

因此蔣的怒火，必定與白崇禧重慶之行的言論態度有關。十一月二日，蔣氏收到顧祝同電報，稱閻錫山準備交卸國防部兼職，由白崇禧接任。顧祝同與吳忠信聞言後極力勸阻，蔣於是覆電要閻錫山緩議，一切等到他抵達重慶再談。[70] 十一月四日，黨秘書長鄭彥棻拍發致蔣經國的密電，報告在二日晚間，白崇禧造訪西南軍政長官張群，兩人有如下對話：

一開始，張群單刀直入提問：「健生對國防部長如何？」

白崇禧答：「此時談不到國防部長問題了。」

張再問：「德鄰何以不時提及請總裁出來負責？」

白答：「德鄰什麼也不知，代下去也不過知些立委國代談談而已。」

張又問：「在穗（廣州）時，你不是也請總裁出來負責嗎？」

白氏回答：「我的意思是，總裁既引退，應在後台領導，若仍對軍政直接過問，就應站在前台的。總裁引退之後，還要德鄰做林主席，這是不對的。」又說：「（**對於大局**）我向來是樂觀的，現在不得不悲觀了。」[71]

---

66 「蔣中正日記」（未刊本），1949年11月2日。

67 「白崇禧呈蔣中正電」（1949年10月5日），《蔣文物》，典藏號：002-020400-032001-029。

68 「蔣中正致白崇禧電」（1949年10月14日），《蔣文物》，典藏號：002-020400-00029-078。

69 「蔣中正致白崇禧電」（1949年10月21日），《蔣文物》，典藏號：002-080200-00414-010。

70 「顧祝同呈蔣中正電」（1949年11月2日），《蔣文物》，典藏號：002-020400-00032-093。

71 「鄭彥棻致蔣經國電」（1949年11月4日），《蔣文物》，典藏號：002-080200-00661-079。

對談所說的「林主席」，指的是國民政府故主席林森。林氏自一九三二年起擔任國府主席，直到一九四三年逝世為止，都是虛位元首，實權握於蔣委員長之手。當蔣引退下野時，其左右親信曾希望李代總統成為林森第二，吳忠信就曾當面對李宗仁表示：「自你代總統後，我對你政治主張意見不同，我主張你用國府林前主席做法，你要用蔣前主席做法，結果一切做不通，在八九個月間公私無進步無收穫。」[72] 然而白崇禧對這種看法不以為然，他始終認為若蔣要直接過問軍政，就應復職，而非以李宗仁為林森，逃避應負之責任。白說「此時談不到國防部長問題了」，則是指責蔣氏沒有履行九月底時晤談提到的戰略部署，在蔣心中，「滅桂」竟然比「抗共」來得重要。

以當時通訊條件，蔣未必能在十一月二日當天就得知會談內容，但是白所持立場，向來一貫，並非現在才提出，他的憤怒，當來自於白不肯「勸進」，以及白看穿蔣在國防部長問題上的敷衍拖延。

蔣與桂系之間，無論檯面上措辭如何友善動聽，實際上彼此懷疑，缺乏互信。十一月四日，白崇禧飛返桂林前與吳忠信談話，提出調處蔣李關係的三點建議：一、時局已到最嚴重關頭，蔣李二人固然要負責任，白自己也有責任，因此請蔣總裁趕快到重慶來，決定大計，並請吳忠信飛台北，轉呈白氏親筆函；二、白表示前次在廣州時，曾向蔣說李代總統願請蔣復位，自己仍為副總統，確實是出於誠意；三、蔣復位總統後，李可出洋辦理國民外交。吳答應轉達前二點，但不同意第三點，「如此似不合作之意，社會人士必批評蔣迫李下台出洋，批評李自己幹不下去，要蔣復位負失敗之責。」如李出國，對雙方均不利。「健生對岳軍、禮卿所說大有出入，」鄭彥棻向台北密報，「弟覺健生恐亦有對某種人說某種話之感。」[73]

按照程思遠說法，白崇禧向吳忠信提出的蔣李妥協方案，要點為：一、蔣復職；

二、李出國；三、白任行政院長兼國防部長。[74] 比對吳忠信日記，可知程的說法不是事實，白並未提出擔任閣揆的條件。

李宗仁情願放棄法統地位，只求出國治療胃疾，蔣方面猜疑很深，竟不肯答應。「這樣一來，無法再商下去了。」黃旭初日後回憶道，自此李便拒絕再返回重慶。[75] 而李、白對於是否繼續打下去，態度顯然並不一致，兩人的分歧在這時終於浮上檯面。

二十三年前，這對合作無間的青年將領率領近萬健兒昂揚走出廣西，二十三年過去，他們又回到家鄉，卻只帶著失敗與疲憊，面臨最後的結局。

IX

一九四九年四月底，南京棄守後，李宗仁巡返桂林，廣西省政府於省府大禮堂舉辦歡迎會，李代總統致答詞時，話鋒一轉，談起自己與白崇禧的關係：「人家都說：許多年來，我的行事都倚靠『小諸葛』的策略和輔助，始能成功，但也並不盡然呵。」李氏

[72] 《吳忠信日記》，1949 年 10 月 7 日。
[73] 《吳忠信日記》，1949 年 11 月 4 日；陶希聖，〈從徐蚌戰役到昆明事變日記摘存〉，陶晉生（編），《陶希聖日記》，頁 1044；「鄭彥棻致蔣經國電」（1949 年 11 月 4 日），《蔣文物》，典藏號：002-080200-00661-078。
[74] 程思遠，《白崇禧傳》，頁 312。
[75] 黃旭初，《黃旭初回憶錄——李宗仁、白崇禧與蔣介石的離合》，頁 368-369。

接著又表示：「我白有我的辦法，不一定非靠他幫忙不可。」一位在場的省參議員即敏銳的察覺，往昔向來「是二人又是一人」、合作無間的李、白，此刻已是貌合神離。[76]

廣西後三傑李、白、黃之中，李宗仁寬仁有度而為領袖，白崇禧精明多智而為輔弼，兩人相輔相成，揚長去短，故無往不利；李對白的直言多能容納，白對李也盡量尊重。可是自從李宗仁代理總統以來，既不願做有名無實的林森第二，卻又沒有能力排除蔣氏的掣肘。白崇禧本以為李氏當政，更能實現自己的戰略主張，誰知李竟連國防部長一職也無法對蔣力爭。[77] 因此在廣州時，白崇禧已不掩飾對李宗仁的不滿。閻內閣組成不久，白即在一次私人宴會中當眾批評李代總統，說李氏沒有氣魄，不知延請人才，抓不起，放不下，後來更嘆道：「德公這個人，爛泥巴糊不上。」[78]

李宗仁也不滿白崇禧。他認為自己不需事事仰仗白崇禧的建議，已如上述。七月時，李覺得白甚「專橫」；「李白之間，意見頗大，」十月中，廣西省政府委員林茂在廣州探查政情後，回來對黃旭初說道：「白當人責罵李，李避免與人討論涉及白之問題。」[79] 然而桂系所有部隊此時皆掌握在白的手中，所以李不得不在立場上做若干讓步，當中包括與中共妥協一事，李也因為白的堅決反對，不敢輕舉妄動。

中共對桂系屢屢誘降，此時已逐漸收效。桂系成員上自李代總統、下至莫樹杰等軍政幹部，對於前途失去信心，紛紛暗中與中共方面展開接觸。本章開始時已經說到六月時劉斐到香港、廣州招降，接著又有投共的桂系立委黃啟漢、何遂等人為共方充當說客。十一月初，據傳黃紹竑南下香港，與白崇禧的恩師李任仁等會合，進入南寧，住在省主席黃旭初寓所。黃紹竑等人力勸廣西宣布「局部和平」，並向白崇禧提出「和平條款」，重點包括改編所有桂軍、通電與蔣斷絕關係、廣西新省府委員，由桂系與中共各半組成等。[80]

在桂系眾人一片「妥協」跡象中，只剩下白崇禧立場堅定、毫不猶豫。對於黃啟漢揚言到桂林做說客，白長官聲明：「等黃一到，便將他關起來！」黃紹竑提出和平條件，黃旭初似有所動，白崇禧知道後力持反對，「白認為廣西軍已失敗至此，決無與共黨謀和之談判力量。如此謀和，不過是無條件投降，其結果仍為繳械受編。」黃旭初既然動搖，白於是暗示黃辭去廣西省主席，由李品仙繼任。[81]

與白崇禧私交甚篤的何遂自香港致書勸降，白氏覆信表示：[82]

> 我自追隨蔣公北伐以來，殆逾二十載，既處遇順境，亦處遇逆境，人生一世，歷史第一，我必對歷史有所交代，生死利害，在所不計，君勿為此喋喋也。

可見白崇禧內心有一個極為硬性的國家、氣節觀念，超越一切派系利益、權力算計與個人情誼。正如白氏日後稱自己「秉性理智勝於情感，故雖重私交，尤重公誼，雖愛

---

76 謝康，《白崇禧傳》，頁198。

77 申曉雲，《李宗仁》，頁372-373。

78 梁升俊，〈解放前夕李、蔣爭權奪利，李、白內部矛盾片段回憶〉，《新桂系紀實》，下冊，頁331。

79 「黃旭初日記」（未刊本），1949年7月23日、10月12日。

80 「周宏濤致俞國華電」（1949年11月23日），《蔣文物》，典藏號：002-090300-00201-113。

81 「黃旭初日記」（未刊本），1949年10月17日；陶希聖，〈從徐蚌戰役到昆明事變日記摘存〉，頁1045-1046。

82 聶佐林，〈憶念白崇禧上將〉，《廣西文獻》，第60期（1993年4月），頁58。

華中軍政長官白崇禧與代總統李宗仁合影。這對向來合作無間的戰友，如今即將分道揚鑣。

朋友，尤愛國家」，[83]即使是在一切均告絕望之時，也不改其志。李宗仁既有臨危去國之意，為了維護艱難締造的民國，白氏願意放下過去諸多恩怨轇葛，與蔣介石合作，共謀挽救大局。

正是因為這樣的觀念，白崇禧與李宗仁，這對多年來共同經歷風雨的戰友，遂正式分道揚鑣，走上不同的道路。

X

一九四九年十一月三日，李宗仁因「不願被迫勸進」蔣氏復位，以出巡為名，搭機離開重慶，前往昆明。[84]此時共軍已攻入貴州，貴陽失守，只是時間問題，西南局面萬分危急，政府群龍無首，「蔣允來而遲遲不來，李一去而不返，」於是共推吳忠信、鄭彥棻飛台灣敦促蔣介石盡快到重慶，「究竟出山與否，萬不可坐誤時機，如不出山亦應明確表示讓別人負責。」[85]

此時在台北草山（**今陽明山**）的蔣氏，以收到李、白說法歧異，無法判明桂系態

[83] 「白崇禧致蔣中正密函」（1956 年 5 月 2 日），收於：白先勇，《父親與民國》，下冊，頁 188。
[84] 唐德剛（撰寫），《李宗仁回憶錄》，下冊，頁 908。
[85] 《吳忠信日記》，1949 年 11 月 9 日。

度，決定暫時不復位。「今後李白之態度究竟如何？」十一月八日，蔣在日記中研判，「一、其本人出走，主使其廣西軍政所部交黃紹竑等整個投降。二、白率殘部向越桂邊境掙扎，希圖與法越聯繫反共，以保其反共之地位，而為將來再起之地步；三、以其知難而退，希圖歸政于余，以逃避其敗亡之責；四、李自動通電下野，依憲法規定，交行政院長代理職務，其以余阻礙把政為藉口，一切責任歸之余一身，如余不予復職，則當不外於此四種結果也。」[86]其言甚為冷酷，但是對於李、白此後的可能退路，都已算計在內，與日後情況發展相印證，前二條可說大部分命中。十一月十四日，蔣啟程搭機飛往重慶，行前與吳忠信談話。吳問：如李代總統一定請你復位，你復位否？蔣答：「我不復位。」吳再問：萬一李代總統不顧一切辭職，又該如何？蔣答：「我亦不管。」[87]

但蔣介石這次前來重慶，是在最艱難的時刻，到最危險的地方，做知其不可而為之的奮鬥，無論蔣氏之前作法如何掣肘政府，此刻他堅持到底的表現，遠遠勝過臨危出走的李宗仁。「他（蔣）這次頂到最後，這種精神博得軍民上下之擁護與愛戴，因此把李先生相形愈下了。李先生出巡即一去不返，對軍民上下沒有交代，」桂系重要幹部、總統府秘書長邱昌渭在致妻子信函裡表示：「過去對李抱同情及擁護者，今皆反其道而對蔣有好感矣。」[88]

另一方面，飛往昆明巡視的李宗仁，察覺到盧漢已起異心，雲南易幟迫在眉睫，已無法做為退路，他強自鎮定，於十一月十一日飛返桂林，這時白崇禧已先一步抵達，李、白在次日就今後策略，做了最後一次商討。李對於維持西南局面不抱希望，兩人商定，由白指揮桂軍，在廣西與共軍決一死戰，如果戰事不利，則退往海南島。至於他自己，決定出國就醫，圖謀再起。十四日，李應白的請求，同機飛往南寧視察，十六日，再飛海南島，會晤海南特別行政區長官陳濟棠，先行布置桂軍退路。[89]

十一月十七日，白崇禧託赴重慶晉見蔣氏的黃杰，向蔣報告廣西將會奮戰到底，絕不降共，請蔣放心。「**余乃安而任之**，」蔣聽後在日記寫道：「**料其將侈望美援關係，不致即降也**。」[90] 十九日，白崇禧由桂林飛南寧，對李宗仁說：「你還是代總統，中樞重心所寄，可否先在政治上部署一番，然後再行出國？」勸李對代總統職務作一交代，但不被李氏接受。[91]

二十日，李宗仁自南寧搭機飛往香港就醫，原本派定李品仙飛重慶向蔣報告，白崇禧自請前往。由於戰事吃緊，白決定當天往返。「本人於前（十八）日奉總裁命飛南寧，慰問李代總統病況，並促駕返渝，共商一是。奉電後遵於昨（十九）日自桂林飛抵南寧，晉謁李代總統，面報總裁意旨。」晚間白氏發布廣播，稱李已因胃出血病發赴港就醫：「代總統已於今（二十）晨飛港就醫。臨行面囑本人代呈總裁，謂當此艱危時

[86] 「蔣中正日記」（未刊本），1949年11月8日。
[87] 《吳忠信日記》，1949年11月14日。
[88] 「邱昌渭致周淑清函」（1949年11月30日），收於：邱凱雲選編，〈邱昌渭往來函電選〉，中國社會科學院近代史研究所近代史資料編輯部（編），《近代史資料》，第117號（北京：中國社會科學出版社，2008年），頁249。
[89] 「黃旭初日記」（未刊本），1949年11月12日；唐德剛（撰寫），《李宗仁回憶錄》，下冊，頁909-910、911-912；馬天綱、賈廷詩、陳三井、陳存恭（訪問、紀錄），《白崇禧先生訪問紀錄》，下冊，頁886。
[90] 「蔣中正日記」（未刊本），1949年11月17日。
[91] 程思遠，《白崇禧傳》，頁314-315。

會，以抱病在身，未克返渝與政府同人共挽當前危局，殊感歉疚！」[92] 蔣介石約見白崇禧，得知李赴港時大為訝異，他表示自己此時決不復職，李應先立即返回重慶，商定對內對外大計，之後「**則未始不可贊同其出國**」，但必須按照憲法，將總統職權交由行政院長代行之後，再行出國。[93]

二十二日，國民黨派出居正、朱家驊等四人飛香港，代表蔣氏挽留李宗仁。居、朱等人接連三日和李會談，李再三陳述自己赴美就醫的原因，說他的胃病必須施行手術，或許需要二至三個月始能康復，但政府不可長期陷入元首缺位狀態，因此請蔣總裁即日復位，主持大計。但李說自己願意解職，只是口頭表示，並無書面文字，使得黨中央無所依據。[94]

白崇禧決心將此事做一了結。他於十一月二十七日、國民黨臨時中常會當日致電蔣介石，表示已取得李代總統首肯，「決心解除代總統職務，請鈞座復總統職，振作軍心，挽回劫運，並懇鈞座轉外交部迅速代辦出國手續，俾得早到美國醫治」。電報末尾，白氏更表明自己心志：「職追隨鈞座二十餘年，現值共匪披猖，時局艱險，誓本北伐抗戰追隨之志，續在反共救國之國策下，奮鬥到底。」[95]「如德兄乃格於病勢，不能遄返中樞，而必須赴美療養，屆時本黨中央將特邀兄來川，共同鄭重計議，尋求解決之道。」蔣在隔日覆電表示：「過去北伐成功、抗戰勝利，均賴吾人之戮力，今日時艱事危，至於此極，本黨同志團結同生，否則俱亡。本黨若亡，國家隨之。承告患難與共奮鬥到底之決心，至深感慰。」[96]

然而此時李宗仁的態度卻突然改變。二十七日，中常會派朱家驊、洪蘭友再飛香港，在太和醫院與李氏進行懇談，李又決定以代總統名義出國就醫，並順道爭取美援。[97] 消息傳來，白崇禧非常不高興，晚年憶述此事，直批「（李）這人既不能命又不受命，利祿薰心，避不見總統（蔣）。」[98]蔣則認為李突然變計，不願辭職，是得到美國暗示所致：「李又為美國國務院所利用，允以赴美，予以便利一語，彼即變卦，不肯捨去代字，乃欲以代總統名義求援矣。」[99]

十二月五日，李宗仁帶內政部長李漢魂等隨員搭機赴美。白崇禧曾做最後努力，派其主任秘書楊受瓊飛香港勸阻，但李反而說：「叫他（白）不要向那邊（蔣）倒，不要勸進。」「在那時期，長官處境很困難。」楊受瓊日後回憶道。[100]

到此，白崇禧奔走於臨時首都，從國防部長問題到李代總統出國，所做的努力全部歸於徒勞。而前線戰場也到了最後關頭，面對中共大軍多路進擊，桂軍已是四面楚歌。

---

92 黃旭初，《黃旭初回憶錄——李宗仁、白崇禧與蔣介石的離合》，頁 370-373。
93 「蔣中正日記」（未刊本），1949 年 11 月 21 日。
94 劉維開，《蔣中正的一九四九》，頁 282-285。
95 「白崇禧呈蔣中正電」（1949 年 11 月 27 日），《蔣文物》，典藏號：002-020400-00035-003。
96 「蔣中正復白崇禧電」（1949 年 11 月 28 日），《蔣文物》，典藏號：002-020400-00035-004。
97 「李宗仁復中央常務委員會函」（1949 年 12 月 1 日），《蔣文物》，典藏號：002-020400-035-001-018。
98 馬天綱、賈廷詩、陳三井、陳存恭（訪問、紀錄），《白崇禧先生訪問紀錄》，下冊，頁 878。
99 「蔣中正日記」（未刊本），1949 年 12 月 2 日。
100 馬天綱、賈廷詩、陳三井、陳存恭（訪問、紀錄），《白崇禧先生訪問紀錄》，下冊，頁 887。

XI

十一月二十一日，也就是李代總統到香港就醫的隔天，合眾國際社駐香港專員發出一篇名為〈白崇禧將軍躍居中國救星〉（Gen. Pai Given Role as China Savior）的專題電訊。該文指出，李代總統的長期盟友、有「白狐狸」稱號、深通兵法的白崇禧，在李宗仁即將出國就醫之際，已經成為中國的新強人。白氏麾下有十萬精兵，沿廣西南境和海南島部署，他將與越南國主保大帝接洽，在中越邊境建立堅強的反共地區。[101]

然而實際情況絕非如此樂觀。中共在青樹坪一戰失利之後，針對白崇禧的戰法幾經研究，認為白「兵力少、本錢小」，盡量保全實力、避免決戰，而有尋機集中局部優勢兵力、吃掉共軍師級部隊的作戰特色。中共中央軍委於是通令各軍：不理會白崇禧的各種變陣、誘敵部署，以優勢兵力在正面徐徐推進，兩翼改以遠距離跨省迂迴，超越華中國軍退路，意圖將白崇禧部主力包圍殲滅。[102]

敵情已經如此嚴峻，國防部還要華中公署分兵守貴州。十月三十一日，參謀總長顧祝同向蔣介石報告：華中國軍目前有十二個軍的番號，但具有戰力者僅六個軍，「其作戰計畫，白長官原擬將華中全力向粵桂邊區南寧龍州轉移，如此則貴州全省暴露於匪，有首先被襲可能。」國防部與白崇禧連日來緊急協商，白氏似已同意分兵，以八個軍防禦貴州一路，另以四個軍退守雲南、越南邊境。[103] 黃旭初和李品仙均勸白崇禧「我兵力太少，分顧黔粵，將兩不能顧。」然而白認為「黃杰心終在蔣，不如順水人情，」由黃兵團防禦貴州東路。[104]「西南無論如何部署，目前必須堵住渝東黔東兩路匪軍，才有餘暇，否則潰亂不堪設想。」十一月八日，兼任國防部長的行政院長閻錫山致電蔣，稱「黔東一路，必須白部負責，如不從命，責在部隊，如不令辦，責在中樞。」請蔣催促白氏出兵。[105]蔣果然於十一日致電白，敦促「華中主力部隊，仍應依照國防部預定部署，速向貴州方面推進」。[106]可是由於局勢變化太快，黃杰兵團還未開入貴州，貴陽已失陷。十一月底，支持國府的美國聯邦參議員威廉．諾蘭（William F. Knowland）訪華，蔣總裁的幕僚在為其準備談話要點時，稱「貴州被共軍侵入，使西南全局動搖，」原因竟是「白崇禧將軍部隊靠近越邊，致貴州匪軍深入。」將失敗責任全歸於白氏。[107]

此時華中部隊糧餉不濟、進退失據。十一月十一日，白氏致電蔣，稱所部已足有兩個月「未領到一文，官兵生活已瀕絕境，補給停頓，無法作戰，」懇請迅運黃金二萬

---

[101] United Press International, "Gen. Pai Given Role as China Savior," Nov. 21, 1949. 網址：http://www.upi.com/Archives/1949/11/21/Gen-Pai-given-role-as-China-savior/7310467139108/。瀏覽日期：2019 年 4 月 2 日。

[102]「軍委關於對白崇禧及西南各敵均先完成包圍然後再打之方針的指示」（1949 年 9 月 12 日），《中共中央文件選集》，第 18 冊，頁 456-457；〈關於佔領廣州和圍殲白崇禧部的電報〉（1949 年 10 月 12 日），《建國以來毛澤東文稿》，第 1 冊，頁 46-47；軍事科學院軍事歷史研究部（編），《中國人民解放軍全國解放戰爭史》，卷 5，頁 388-389。

[103]「顧祝同呈蔣中正函」（1949 年 10 月 31 日），《蔣文物》，典藏號：002-020400-032001-034。

[104]「黃旭初日記」（未刊本），1949 年 11 月 9 日。

[105]「閻錫山呈蔣中正電」（1949 年 11 月 8 日），《蔣文物》，典藏號：002-020400-032001-036。

[106]「蔣中正致白崇禧電」（1949 年 11 月 11 日），《蔣文物》，典藏號：002-020400-00032-104。

[107]「對諾蘭參議員談話要點」（1949 年 11 月 28 日），《蔣文物》，典藏號：002-080106-00055-012。

白崇禧與來華訪問的美國參議員諾蘭在南寧合影，兩人神情凝重。
桂軍一路與共軍作戰，終至全軍覆沒。

兩、現洋二百萬元以救燃眉之急。蔣直到二十二日、也就是李宗仁出走香港二日後才覆電：「已催國防部即日飛速撥發。」[108] 這通電報可看出蔣介石控制財政、插手軍事的情形，將此電押後到李代總統到香港才回覆，是為了避人口實。

十一月初，共軍兩路大軍分別攻入黔東與粵南，對廣西採取大迂迴、大包圍態勢。由於局面嚴重，白崇禧與各兵團司令商議後緊急決定，除了第一兵團一部馳援貴州之外，其餘各軍全力向南進攻，以佔領雷州半島、確保撤往海南島港口為目標。[109]

在十一月初到李宗仁飛香港期間，白崇禧往來重慶、南寧，欲兩面兼顧卻雙雙落空，而麾下將領夏威、李品仙不敢擅專，又沒有全盤計畫，耽擱不少行動的寶貴時間。[110] 十一月二十日，一直徐徐推進的共軍中路大軍開始進攻廣西北境。二十二日，桂林失守，華中長官公署遷設南寧；二十五日，柳州也告失陷。二十八日，白氏以情況萬分危急，請求蔣派空軍運輸機到南寧，協助撤運人員和物資。但蔣回覆「據中所知，所有空運機在一星期內皆已派定重要任務，兄處疏運，在一星期以內恐難實施也。」[111]

但是白崇禧已經沒有一個星期的時間了。十二月二日，桂軍主力第三兵團南進途中在博白遭到共軍二野四兵團突襲，攻入兵團指揮部，司令官張淦被俘。不久，該兵團第七、第四十八兩軍的軍長也被共軍捕獲。白氏初時還不知道第三兵團全軍盡墨的噩耗，

[108]「白崇禧致蔣中正電」（1949 年 11 月 11 日），《蔣文物》，典藏號：002-080102-00032-004。
[109] 程思遠，《白崇禧傳》，頁 316-317。
[110] 張文鴻，〈白崇禧敗回廣西和華中部隊被殲經過〉，《新桂系紀實》，下冊，頁 248。
[111]「白崇禧致蔣中正電」（1949 年 11 月 28 日），《蔣文物》，典藏號：002-070100-00046-095。

於三日從南寧起飛，準備到海口洽商船運。白的座機在南寧上空繞飛二圈，不斷呼叫「羅盤」（第三兵團代號），而杳無回訊，才知道「羅盤沒有了」。[112]

十二月四日，白氏和陳濟棠、薛岳等廣東將領研商，決定盡起海南島所有艦隻，到欽州龍門港接應徐啟明、黃杰兩兵團突出重圍。然而徐啟明第十兵團沿路不斷遭共軍截擊，損失慘重，不戰自潰。徐和第四十六軍軍長譚何易化裝成百姓逃出。黃杰兵團接應其他殘部後退入越南。[113]廣西的各軍政區司令，或棄職潛逃，或對白「堅壁清野」的命令陽奉陰違，最後「起義」，另有部分將領退入十萬大山，繼續游擊。[114]日後，國軍戰史評論白崇禧此時的部署，認為其戰略構想與指導雖屬正確，但華中長官公署高估轄下各軍戰力、且昧於部隊士氣低落、官兵逃散的現實，猶以為憑藉地形可和敵軍長期周旋，最後戰術、戰鬥均無法支持戰略，致遭挫敗。[115]

北伐成功、抗戰勝利，民國史上稱雄二十餘年的廣西軍，就這樣灰飛煙滅了。

XII

白崇禧於十二月四日夜乘兵艦出海，到欽州龍門港外海，試圖接應突圍出來的部隊。白氏原來還寄望至少能接出一部分徐啟明兵團，但從四日到九日，他每天倚船舷翹首遠眺，望眼欲穿，卻沒能見到任何子弟兵突出重圍。白回到海口登岸時，形容憔悴，神情黯然。[116]

在海南島時，白崇禧仍盡全力搶救入越國軍。黃杰兵團進入越南境內不久，就遭到越軍繳械，與華中長官公署失去聯絡。白崇禧透過外交部與法方交涉，試圖將黃兵團殘部四萬餘人連同武器設備轉運海南島，增強防衛力量。[117] 蔣介石雖然覆電表示，已請外交部歐洲司長袁子健及駐西貢總領事等人和法方交涉，[118] 但入越國軍最終仍被移送富國島。

蔣於十二月十日結束西南之行，返回台北。西南保衛戰至此已經將近尾聲。行政院於八日遷設台北辦公，留下胡宗南殘部在大陸做最後抵抗，雲南的盧漢則於九日宣布「起義」。蔣於十八日派湯恩伯到海口，慰問白崇禧、陳濟棠、薛岳等將領，並探詢軍情。[119] 海南島內部既有共軍游擊縱隊，防衛軍海陸兵力又薄弱不足，瓊州海峽對岸，共軍已經大集，白氏於是電請蔣「迅速先行增派海軍阻敵渡海，再徐圖加強陸軍，」以確保海南。[120] 蔣認為台灣防衛兵力尚嫌不足，對於海南島防務，只能自求多福。

---

112 莫樹杰，〈解放前夕新桂系在廣西的反動措施片段回憶〉，《新桂系紀實》，下冊，頁 281-282。

113 陳存恭（訪問、紀錄），《徐啟明先生訪問紀錄》，頁 150-153。

114 蟄翁，〈舊夢依稀廿七年——西南大撤退之際白崇禧竟毫無作為！〉，《春秋》，第 454 期（1976 年 6 月 1 日），頁 13-14；宋厚祁，〈爭取莫樹杰率部和平改編〉，《文史資料存稿選編．軍事派系》，下冊，頁 324-328；賴慧鵬，〈回憶靖西起義〉，《新桂系紀實》，下冊，頁 308-313；羅奇，〈甘麗初將軍傳〉，《廣西文獻》，第 3 期（1979 年 1 月 26 日），頁 74。

115 三軍大學（編），《國民革命軍戰役史．戡亂》，第六冊：戡亂後期，上，頁 425-426。

116 申曉雲，《李宗仁》，頁 377。

117 「白崇禧致蔣中正閻錫山電」（1949 年 12 月 22 日），《蔣文物》，典藏號：002-090103-00015-339。

118 「蔣中正致白崇禧電」（1949 年 12 月 26 日），《蔣文物》，典藏號：002-090103-00015-351。

119 「蔣中正致白崇禧電」（1949 年 12 月 18 日），《蔣文物》，典藏號：002-020400-00032-158。

120 「白崇禧致蔣中正電」（1949 年 12 月 25 日），《蔣文物》，典藏號：002-090300-00200-090。

廣西部隊既然全數潰滅，李宗仁又不顧一切出國，蔣介石就不必再對白崇禧虛與委蛇。東南軍政長官陳誠想請白氏就蔣復職一事表明態度，蔣致電陳誠：「請健生表示態度事，此時殊無必要，不必進行。」[121] 蔣的親近部屬向他建議，應思考如何安置白崇禧在內的桂系人員，但蔣一聽白的名字，厭惡之情見於顏色。十二月中旬，徐永昌晉見蔣氏，徐先問蔣，海南能否守住？蔣回答：恐怕很難。徐聽後說，既然如此，總裁更應該親自前去坐鎮，「一則親加指導與調整統一，做最後之努力，俾能守住，一則協助健生，使其龍州之部隊大得進入安南」。徐說得興起，更表示最好目前在雲南的中央軍，不必反攻昆明，而統歸由白崇禧指揮，如此才能在滇越邊境保住這一支兵力。

徐接著表示，回憶起夏季在高雄時，蔣曾問他：今後還能與李、白合作嗎？徐認為李不能而白能，徐又說，白崇禧「其輕聽不甚識人、好衝動固其所短，勤奮勇敢，熱心愛國，是其所長。人才難得，望留意之。」蔣一聽此言，突然瞪視徐，讓徐吃了一驚。徐這才發覺：「今日談話，蔣先生始終皺眉，似甚不快。」[122]

蔣的情緒反應其來有自。由於蔣氏認為自己與國家不可分割，自己下野與白崇禧作為有關，反蔣等於誤國，因此對於白恨之入骨。「李、白倒蔣不成，繼之以不惜毀國，」蔣在一九四九年的日記年度反省錄寫道：「所有廿餘年來所樹之軍力、財力、國力、民力之革命基業規模，皆為廣西子於十個月內顛覆盡淨，而於革命精神與紀律之損傷更為痛心。悲乎，人格掃地，廉恥蕩然，國幾不國，而桂系亦隨之而同歸於盡，此豈廣西子所及料乎？」[123] 如此痛恨，加上此刻桂系已無實力，蔣根本不願考慮安置白的問題，所謂以閣揆職位誘白來台的說法，更加不可能。

然而白崇禧仍毅然決定到台灣去。當時台灣風雨飄搖，中共在福建、廣東集結大軍，儼然下一步就是攻取台灣。而桂系已是花果飄零：要員之中，李宗仁出國，黃紹竑投共，黃旭初、夏威等人則滯留香港。白崇禧可以效法黃旭初停留香港，或是以穆斯林身分，赴中東朝聖、做寓公，但他卻在這最危險的關頭，到台灣與中華民國共患難，他日後曾如是說道：[124]

> 我們大陸丟了，我們是現役軍人，負很大的罪過，中央不處罰我，自己良心自責。台灣是復興基地，祖國領土只剩這一點點，希望在這生根發展回去，除此之外，現役軍人死無葬身之處，跑到哪裡去？

是故在數十年之後，有論者寫道，白氏最後並未在毛澤東、蔣介石、李宗仁之間作抉擇，而是選擇了中華民國，和民國共存亡，白向歷史交代，是要保全自己最後的尊嚴。[125]

一九四九年十二月三十日，白崇禧自海口飛抵台北，他於隔年一月十二日致函蔣介石，稱「鑒於大局艱危，對內對外，職尚有管見面陳，」請蔣氏能約見面談，顯然希望還能有所作為。[126]然而從此時開始，白氏迎來的卻是投閒置散，以及情治單位的跟蹤監控。

---

121 「蔣中正致陳誠電」（1949年12月9日），《蔣文物》，典藏號：002-010400-00014-035。

122 《徐永昌日記》，第9冊，頁475-476。

123 「蔣中正日記」（未刊本），1949年12月31日，本年反省錄。

124 馬天綱、賈廷詩、陳三井、陳存恭（訪問、紀錄），《白崇禧先生訪問紀錄》，下冊，頁883。

125 章詒和，〈將軍空老玉門關，讀書人一聲長嘆：白先勇《父親與民國》讀後〉，《中國時報》，2012年5月1日。

126 「白崇禧呈蔣中正函」（1950年1月12日），《蔣文物》，典藏號：002-020400-00029-154。

作者簡介

白先勇

一九三七年生，廣西桂林人。台大外文系畢業，愛荷華大學「作家工作室」（Writer's Workshop）文學創作碩士。

白先勇為北伐抗戰名將白崇禧之子，幼年居住於南寧、桂林，一九四四年逃難至重慶。抗戰勝利後曾移居南京、上海、漢口、廣州。一九四九年遷居香港，一九五二年到台灣與父母團聚。一九六三年赴美留學、定居，一九六五年獲碩士學位，赴加州大學聖芭芭拉分校東亞語言文化系任教中國語言文學，一九九四年退休。一九九七年加州大學聖芭芭拉分校圖書館成立「白先勇資料特藏室」，收錄一生作品的各國譯本、相關資料與手稿。

白先勇是小說家、散文家、評論家、戲劇家，著作極豐，短篇小說集《寂寞的十七歲》、《台北人》、《紐約客》，長篇小說《孽子》，散文集《驀然回首》、《明星咖啡館》、《第六隻手指》、《樹猶如此》，舞台劇劇本《遊園驚夢》、電影劇本《金大班的最後一夜》、《玉卿嫂》、《孤戀花》、《最後的貴族》等。兩岸均已出版《白先勇作品集》。白先勇的小說多篇曾改編為電影、電視、舞台劇，並翻譯成多國文字。關於白先勇文學創作的研究，兩岸均不斷有學者投入，人數眾多，面向多元，形成白先勇文學經典化現象。

加大退休後，投入愛滋防治的公益活動和崑曲藝術的復興事業，製作青春版《牡丹亭》巡迴兩岸、美國、歐洲，獲得廣大迴響。從「現代文學傳燈人」，成為「傳統戲曲傳教士」。

二〇一四年在台灣大學開設《紅樓夢》導讀通識課程三個學期，將畢生對《紅樓夢》的鑽研體會，傾囊相授學子，深受兩岸學生歡迎。課程錄影先置台大開放式課程網站與趨勢教育基金會網站，供校內外人士點閱，之後並出版《白先勇細說紅樓夢》、策畫編纂《正本清源說紅樓》。

近十年開始致力整理父親白崇禧的傳記，二〇一二年出版《父親與民國——白崇禧將軍身影集》，在兩岸三地與歐美漢學界，都受到重視，並引起廣大迴響；二〇一四年出版《止痛療傷：白崇禧將軍與二二八》；與廖彥博共同輯整白崇禧將軍一生史料，完成著作《悲歡離合四十年——白崇禧與蔣介石》。

廖彥博

國立政治大學歷史系碩士，美國維吉尼亞大學歷史系博士班。

著有《三國和你想的不一樣》、《蔣氏家族生活祕史》、《個人旅行：西雅圖》、《時代之子：康熙》、《一本就懂中國史》、《止痛療傷：白崇禧將軍與二二八》（與白先勇合著）、《決勝看八年：抗戰史新視界》等；譯有《大清帝國的衰亡》、《中國將稱霸21世紀嗎？》、《謊言的年代：薩拉馬戈雜文集》、《漫遊中古英格蘭》、《OK正傳》、《流離歲月：抗戰中的中國人民》、《社群．王朝：明代國家與社會》、《中國的靈魂：後毛澤東時代的宗教復興》、《世紀中國：近代中國百年圖像史》、《悲歡離合四十年——白崇禧與蔣介石》（與白先勇合著，全三冊）等書。

www.cosmosbooks.com.hk

書　　名　悲歡離合四十年：白崇禧與蔣介石——國共內戰
作　　者　白先勇、廖彥博
責任編輯　林苑鶯
美術編輯　郭志民
出　　版　天地圖書有限公司
香港黃竹坑道46號
新興工業大廈11樓（總寫字樓）
電話：2528 3671　傳真：2865 2609
香港灣仔莊士敦道30號地庫（門市部）
電話：2865 0708　傳真：2861 1541
印　　刷　亨泰印刷有限公司
柴灣利眾街德景工業大廈10字樓
電話：2896 3687　傳真：2558 1902
發　　行　香港聯合書刊物流有限公司
香港新界大埔汀麗路36號中華商務印刷大廈3字樓
電話：2150 2100　傳真：2407 3062
出版日期　2020年10月／初版

ISBN ：978-988-8549-07-8